U0882245

国家出版基金项目
NATIONAL PUBLICATION FOUNDATION

国家高端智库
CTTT
CHINA TOP THINK TANKS

智库研究丛书-09

丛书主编 黄宪起
丛书副主编 张 伟

中国特色新型智库研究概览

张 伟 赖先进◎编著

中共中央党校出版社
The Central Party School Publishing House

图书在版编目（CIP）数据

中国特色新型智库研究概览/张伟，赖先进编著．
—北京：中共中央党校出版社，2017.6
（智库研究丛书）
ISBN 978-7-5035-5630-2

Ⅰ.①中… Ⅱ.①张… ②赖… Ⅲ.①咨询机构-研究-中国 Ⅳ.①C932.82

中国版本图书馆 CIP 数据核字（2015）第 230321 号

中国特色新型智库研究概览

策划统筹 曲　炜
责任编辑 楚双志　王　琪
版式设计 尉红民
责任印制 王洪霞
责任校对 马　晶
出版发行 中共中央党校出版社
地　　址 北京市海淀区大有庄 100 号
电　　话 （010）62805830（总编室）　（010）62805821（发行部）
（010）62805034（网络销售）　（010）62805822（读者服务部）
传　　真 （010）62881868
经　　销 全国新华书店
印　　刷 三河市华润印刷有限公司
开　　本 700 毫米×1000 毫米　1/16
字　　数 209 千字
印　　张 15.25
版　　次 2017 年 6 月第 1 版　2017 年 6 月第 1 次印刷
定　　价 45.00 元

网　　址：www.dxcbs.net　**邮　　箱：**cbs@ccps.gov.cn
微 信 ID：中共中央党校出版社　**新浪微博：**@党校出版社

版权所有・侵权必究
如有印装质量问题，请与本社发行部联系调换

智库研究丛书

〉〉〉总 序

纵观当今世界各国现代化发展历程，智库在国家治理中发挥着越来越重要的作用，体现了一个国家的综合实力。智库不仅作为公共政策咨询体系的“硬”支撑，同时也是协商民主广泛多层制度化发展的助推器，是引领社会思潮、启发民智的思想库，是联通政学两界高端人才的旋转门，是政府与社会有效互动的纽带，是国际合作共赢的沟通平台，是撬动全球竞争格局的杠杆。无论在各国的国内事务领域还是在国际政治经济舞台上，都活跃着一大批智库的身影。智库日益成为国家治理、全球治理体系中不可或缺的组成部分。

对于现代中国，智库建设显得尤其迫切。在政府决策中，我国历来重视发挥专家咨询的作用，一些具有智库性质的机构也一直承担着一定的“辅政”功能。但随着当前形势发展，破解改革发展稳定难题、应对全球性问题的复杂性艰巨性前所未有，相对于当前各领域决策科学化民主化的迫切需求，相对于现代国际智库整体发展水平，我国传统智库体系发展已经严重滞后，智库建设跟不上、不适应现象日益突出。为推动国家治理体系和治理能力现代化、增强国家软实力，尽快实现中国智库建设现代化，其意义重大、刻不容缓。

当前，中国特色新型智库建设进入“春天”。尤其党的十八大以来，以习近平同志为核心的党中央高度重视智库建设，要求把智库作为国家软实力的重要组成部分，智库建设被提升到国家战略的层次和高度。2013年11月，党的十八届三中全会通过的《中共中央关于全面深化改革若干重大问题的决定》首次提出，“加强中国特色新型智库建设，建立健全决策咨询制度”。2014年10月27日，习近平总书记在中央全面深化改革领导小组第六次会议审议《关于加强中国特色新型智库建设的意见》时指出：我们进行治国理政，必须善于集中各方面智慧、凝聚最广泛力量。改革发展任务越是艰巨繁重，越需要强大的智力支持。2015年1月，中共中央办公厅、国务院办公厅专门印发《关于加强中国特色新型智库建设的意见》，作为中国特色新型智库体系建设的总方案，中国特色新型智库建设迎来历史上前所未有的战略机遇，迅速形成中央积极引导、各地方各部门踊跃投入的氛围。2015年11月，中央全面深化改革领导小组第十八次会议通过《国家高端智库建设试点工作方案》，共有25家机构入选首批国家高端智库建设试点单位。

在中国特色新型高端智库发展新格局中，中央党校具有格外重要的位置和优势。在中央和国家支持下，中央党校实施了“创新工程”，把智库建设作为与教学并列的两大创新主题之一，足见中央党校对智库建设的重视。被明确列入先行开展试点建设的国家高端智库名单，对中央党校智库建设又是一个巨大推动。中央党校有条件、有能力建设国家亟须、特色鲜明、制度创新、影响突出、引领发展的新型高端智库，并在智库研究领域发挥排头兵作用。

当前，我们对于中国特色新型智库的研究和认识整体上仍处于初始阶段，难免存在诸多理论误区和困惑。对于如何着手开展中国特色智库建设，难免出现一哄而起、无所适从的现象。如果不能及时广开言路、开阔视野、紧贴中国现实深入开展研究讨论，将不利于我国智库建设进程的顺利推进和长远发展。近两年来，国内智库研究呈迅速增长态势，但总体上，关于智库的学术成果数量还比较少；我们仍然主要处于借鉴学习阶段，尤其是对美国智库建设的借鉴学习比较多；核心作者数量不多，整体研究力量仍显薄弱；研究成果的整体学术质量有待提高，经验性、应用性、普及性的研究成果比例较高；研究主题散乱现象比较明显，规范性、系统性、理论性方面存在欠缺，[①] 尤其是对智库专门的系统的学术研究，至今还是空白。

为推动中国特色新型智库的建设实践和理论研究，我们酝酿策划了这套丛书，首批推出九本，试图从多个研究视角对智库建设进行剖析。其中，《新型智库基本问题研究》就我国智库建设中的一些重大理论问题，尤其是一些容易形成理论误区的基本问题进行分析；《中国特色新型智库研究概览》选编了近期有关中国特色新型智库建设的观点著述，包括高层论述、论坛研讨、学术观点、国外经验等；《智库能力评价与创新》就当前国内外关于智库能力评价的经验做法进行梳理，提出关于中国智库能力的新框架，并相应就如何进行智库能力创新进行探讨；《智库协同创新研究》基于中国智库机构的“条条化”特点，以党校系统为例，探索智库协同创新问题；《智库建设法治化研究》基于国外智库建设法治化实践经验，探讨了如何促进中国智库法治化的目标与路径；《国际智库发展模式》从政策参与、影响社会、制度促进、组织管理、项目管理、全球化发展等角度，探讨了国际智库的发展经验；《中国民间智库发展研究》探讨了中国民间智库发展的历程、现状、制度环境、困境、策略等，并借鉴国外经验，提出中国民间智库发展的对策；《智库研究与管理方法》从微观层面入手，对智库研究方法和智库管理方法进行了梳理；《国外智库研究要览》从多个层面和角度汇集了国外关于智库的

① 参见邱均平：《中国智库理论研究的最新进展与趋势》，《重庆大学学报（社会科学版）》2016年第2期。

学术研究现状、成果、经验等。

本丛书作者以中青年学者为主，他们在已经非常繁忙的现有教学、科研工作中额外付出大量心力，勇于在一个全新的领域进行探索，其精神可嘉。不必讳言，作为智库研究领域的新探索，这套丛书肯定存在着很多不足甚至缺陷。因为本丛书研究视角“多元”，而且定位“学术”研究，在当前国内智库研究总体水平不高、文献成果总体数量不多、专门研究者缺乏的情况下，研究深度必然受到“局限”，结合中国特色场景时难免生硬，在研究内容上难免出现交叉、重复。本丛书立足于抛砖引玉，所著材料和观点仅供广大研究者和实践者参考，期望能对大家理解中国特色新型智库建设的新思想、新观点、新目标和新举措等有所启发。我们能够承诺的是，丛书作者们将会继续在智库研究领域进行“深耕”，希望有机会能够对丛书中的内容不断进行更新，就更多、更具体的课题进行探讨，适时推出新的版本，使丛书内容更加丰富，更加贴近现实。诸多不当、不足之处，文责自负，请读者朋友谅解并指正。

本丛书得到了2016年度国家出版基金项目资助，得到了中央党校科研基金重点项目资助。在本丛书策划、出版过程中，中央党校出版社曲炜、楚双志两位编审付出大量心血。本丛书在写作中参考了许多国内外文献，体现了原著者、论者的理论和学术贡献。在此，对他们一并表示感谢。

黄宪起

2017年6月

目录

第一部分　高层论述

第二部分　国家高端智库建设

第三部分　观点碰撞

第四部分　一家之言

第五部分 国外经验

第一部分　高层论述

2012年11月，党的十八大报告提出："坚持科学决策、民主决策、依法决策，健全决策机制和程序，发挥思想库作用。"2013年11月，十八届三中全会《中共中央关于全面深化改革若干重大问题的决定》指出："加强中国特色新型智库建设，建立健全决策咨询制度。"

一、《关于加强中国特色新型智库建设的意见》

2015年，中共中央办公厅、国务院办公厅印发了《关于加强中国特色新型智库建设的意见》，并发出通知，要求各地区各部门结合实际认真贯彻执行。《关于加强中国特色新型智库建设的意见》全文如下[①]。

为深入贯彻落实党的十八大和十八届三中、四中全会精神，加强中国特色新型智库建设，建立健全决策咨询制度，现提出如下意见。

（一）重大意义

中国特色新型智库是党和政府科学民主依法决策的重要支撑。决策咨询制度是我国社会主义民主政治建设的重要内容。我们党历来高度重视决策咨询工作。改革开放以来，我国智库建设事业快速发展，

---

① 参见《加强中国特色新型智库建设》，《人民日报》2015年1月21日。

为党和政府决策提供了有力的智力支持。当前，全面建成小康社会进入决定性阶段，破解改革发展稳定难题和应对全球性问题的复杂性艰巨性前所未有，迫切需要健全中国特色决策支撑体系，大力加强智库建设，以科学咨询支撑科学决策，以科学决策引领科学发展。

中国特色新型智库是国家治理体系和治理能力现代化的重要内容。纵观当今世界各国现代化发展历程，智库在国家治理中发挥着越来越重要的作用，日益成为国家治理体系中不可或缺的组成部分，是国家治理能力的重要体现。全面深化改革，完善和发展中国特色社会主义制度，推进国家治理体系和治理能力现代化，推动协商民主广泛多层制度化发展，建立更加成熟更加定型的制度体系，必须切实加强中国特色新型智库建设，充分发挥智库在治国理政中的重要作用。

中国特色新型智库是国家软实力的重要组成部分。一个大国的发展进程，既是经济等硬实力提高的进程，也是思想文化等软实力提高的进程。智库是国家软实力的重要载体，越来越成为国际竞争力的重要因素，在对外交往中发挥着不可替代的作用。树立社会主义中国的良好形象，推动中华文化和当代中国价值观念走向世界，在国际舞台上发出中国声音，迫切需要发挥中国特色新型智库在公共外交和文化互鉴中的重要作用，不断增强我国的国际影响力和国际话语权。

智力资源是一个国家、一个民族最宝贵的资源。近年来，我国智库发展很快，在出思想、出成果、出人才方面取得很大成绩，为推动改革开放和社会主义现代化建设作出了重要贡献。同时，随着形势发展，智库建设跟不上、不适应的问题也越来越突出，主要表现在：智库的重要地位没有受到普遍重视，具有较大影响力和国际知名度的高质量智库缺乏，提供的高质量研究成果不够多，参与决策咨询缺乏制度性安排，智库建设缺乏整体规划，资源配置不够科学，组织形式和管理方式亟待创新，领军人物和杰出人才缺乏。解决这些问题，必须从党和国家事业发展全局的战略高度，把中国特色新型智库建设作为一项重大而紧迫的任务，采取有力措施，切实抓紧抓好。

（二）指导思想、基本原则和总体目标

指导思想。深入贯彻党的十八大和十八届三中、四中全会精神，高举中国特色社会主义伟大旗帜，坚持以马克思列宁主义、毛泽东思想、邓小平理论、“三个代表”重要思想、科学发展观为指导，深入贯彻习近平总书记系列重要讲话精神，以服务党和政府决策为宗旨，以政策研究咨询为主攻方向，以完善组织形式和管理方式为重点，以改革创新为动力，努力建设面向现代化、面向世界、面向未来的中国特色新型智库体系，更好地服务党和国家工作大局，为实现中华民族伟大复兴的中国梦提供智力支撑。

基本原则。

——坚持党的领导，把握正确导向。坚持党管智库，坚持中国特色社会主义方向，遵守国家宪法法律法规，始终以维护国家利益和人民利益为根本出发点，立足我国国情，充分体现中国特色、中国风格、中国气派。

——坚持围绕大局，服务中心工作。紧紧围绕党和政府决策急需的重大课题，围绕全面建成小康社会、全面深化改革、全面推进依法治国的重大任务，开展前瞻性、针对性、储备性政策研究，提出专业化、建设性、切实管用的政策建议，着力提高综合研判和战略谋划能力。

——坚持科学精神，鼓励大胆探索。坚持求真务实，理论联系实际，强化问题意识，积极建言献策，提倡不同学术观点、不同政策建议的切磋争鸣、平等讨论，创造有利于智库发挥作用、积极健康向上的良好环境。

——坚持改革创新，规范有序发展。按照公益服务导向和非营利机构属性的要求，积极推进不同类型、不同性质智库分类改革，科学界定各类智库的功能定位。加强顶层设计、统筹协调和分类指导，突出优势和特色，调整优化智库布局，促进各类智库有序发展。

总体目标。到 2020 年，统筹推进党政部门、社科院、党校行政学

院、高校、军队、科研院所和企业、社会智库协调发展，形成定位明晰、特色鲜明、规模适度、布局合理的中国特色新型智库体系，重点建设一批具有较大影响力和国际知名度的高端智库，造就一支坚持正确政治方向、德才兼备、富于创新精神的公共政策研究和决策咨询队伍，建立一套治理完善、充满活力、监管有力的智库管理体制和运行机制，充分发挥中国特色新型智库咨政建言、理论创新、舆论引导、社会服务、公共外交等重要功能。

中国特色新型智库是以战略问题和公共政策为主要研究对象、以服务党和政府科学民主依法决策为宗旨的非营利性研究咨询机构，应当具备以下基本标准：（1）遵守国家法律法规、相对稳定、运作规范的实体性研究机构；（2）特色鲜明、长期关注的决策咨询研究领域及其研究成果；（3）具有一定影响的专业代表性人物和专职研究人员；（4）有保障、可持续的资金来源；（5）多层次的学术交流平台和成果转化渠道；（6）功能完备的信息采集分析系统；（7）健全的治理结构及组织章程；（8）开展国际合作交流的良好条件等。

（三）构建中国特色新型智库发展新格局

促进社科院和党校行政学院智库创新发展。社科院和党校行政学院要深化科研体制改革，调整优化学科布局，加强资源统筹整合，重点围绕提高国家治理能力和经济社会发展中的重大现实问题开展国情调研和决策咨询研究。发挥中国社会科学院作为国家级综合性高端智库的优势，使其成为具有国际影响力的世界知名智库。支持中央党校、国家行政学院把建设中国特色新型智库纳入事业发展总体规划，推动教学培训、科学研究与决策咨询相互促进、协同发展，在决策咨询方面发挥更大作用。地方社科院、党校行政学院要着力为地方党委和政府决策服务，有条件的要为中央有关部门提供决策咨询服务。

推动高校智库发展完善。发挥高校学科齐全、人才密集和对外交流广泛的优势，深入实施中国特色新型高校智库建设推进计划，推动高校智力服务能力整体提升。深化高校智库管理体制改革，创新组织形式，整合优质资源，着力打造一批党和政府信得过、用得上的新型智库，建设一批社会科学专题数据库和实验室、软科学研究基地。实施高校哲学社会科学走出去计划，重点建设一批全球和区域问题研究基地、海外中国学术研究中心。

建设高水平科技创新智库和企业智库。科研院所要围绕建设创新型国家和实施创新驱动发展战略，研究国内外科技发展趋势，提出咨询建议，开展科学评估，进行预测预判，促进科技创新与经济社会发展深度融合。发挥中国科学院、中国工程院、中国科协等在推动科技创新方面的优势，在国家科技战略、规划、布局、政策等方面发挥支撑作用，使其成为创新引领、国家倚重、社会信任、国际知名的高端科技智库。支持国有及国有控股企业兴办产学研用紧密结合的新型智库，重点面向行业产业，围绕国有企业改革、产业结构调整、产业发展规划、产业技术方向、产业政策制定、重大工程项目等开展决策咨询研究。

规范和引导社会智库健康发展。社会智库是中国特色新型智库的组成部分。坚持把社会责任放在首位，由民政部会同有关部门研究制定规范和引导社会力量兴办智库的若干意见，确保社会智库遵守国家宪法法律法规，沿着正确方向健康发展。进一步规范咨询服务市场，完善社会智库产品供给机制。探索社会智库参与决策咨询服务的有效途径，营造有利于社会智库发展的良好环境。

实施国家高端智库建设规划。加强智库建设整体规划和科学布局，统筹整合现有智库优质资源，重点建设 50—100 个国家急需、特色鲜明、制度创新、引领发展的专业化高端智库。支持中央党校、中国科学院、中国社会科学院、中国工程院、国务院发展研究中心、国家行政学院、中国科协、中央重点新闻媒体、部分高校和科研院所、军队系统重点教学科研单位及有条件的地方先行开展高端智库建设试点。

增强中央和国家机关所属政策研究机构决策服务能力。中央和国家机关所属政策研究机构要围绕中心任务和重点工作，定期发布决策需求信息，通过项目招标、政府采购、直接委托、课题合作等方式，引导相关智库开展政策研究、决策评估、政策解读等工作。中央政研室、中央财办、中央外办、国务院研究室、国务院发展研究中心等机构要加强与智库的沟通联系，高度重视、充分运用智库的研究成果。全国人大要加强智库建设，开展人民代表大会制度和中国特色社会主义法律体系理论研究。全国政协要推进智库建设，开展多党合作和政治协商制度、社会主义协商民主制度理论研究。人民团体要发挥密切联系群众的优势，拓展符合自身特点的决策咨询服务方式。

（四）深化管理体制改革

深化组织管理体制改革。按照行政管理体制改革和事业单位分类改革的要求，遵循智库发展规律，推进不同类型智库管理体制改革。强化政府在智库发展规划、政策法规、统筹协调等方面的宏观指导责任，创新管理方式，形成既能把握正确方向，又有利于激发智库活力的管理体制。

深化研究体制改革。鼓励智库与实际部门开展合作研究，提高研究工作的针对性实效性。健全课题招标或委托制度，完善公开公平公正、科学规范透明的立项机制，建立长期跟踪研究、持续滚动资助的长效机制。重视决策理论和跨学科研究，推进研究方法、政策分析工具和技术手段创新，搭建互联互通的信息共享平台，为决策咨询提供学理支撑和方法论支持。

深化经费管理制度改革。建立健全规范高效、公开透明、监管有力的资金管理机制，探索建立和完善符合智库运行特点的经费管理制度，切实提高资金使用效益。科学合理编制和评估经费预算，规范直接费用支出管理，合规合理使用间接费用，发挥绩效支出的激励作用。加强资金监管和财务审计，加大对资金使用违规行为的查处力度，建立预算和经费信息公开公示制度，健全考核问责制度，不断完善监督机制。

深化成果评价和应用转化机制改革。完善以质量创新和实际贡献为导向的评价办法，构建用户评价、同行评价、社会评价相结合的指标体系。建立智库成果报告制度，拓宽成果应用转化渠道，提高转化效率。对党委和政府委托研究课题和涉及国家安全、科技机密、商业秘密的智库成果，未经允许不得公开发布。加强智库成果知识产权创造、运用和管理，加大知识产权保护力度。

深化国际交流合作机制改革。加强中国特色新型智库对外传播能力和话语体系建设，提升我国智库的国际竞争力和国际影响力。建立与国际知名智库交流合作机制，开展国际合作项目研究，积极参与国际智库平台对话。坚持“引进来”与“走出去”相结合，吸纳海外智库专家、汉学家等优秀人才，支持我国高端智库设立海外分支机构，推荐知名智库专家到有关国际组织任职。重视智库外语人才培养、智库成果翻译出版和开办外文网站等工作。简化智库外事活动管理、中外专家交流、举办或参加国际会议等方面的审批程序。坚持以我为主、为我所用，学习借鉴国外智库的先进经验。

（五）健全制度保障体系

落实政府信息公开制度。按照政府信息公开条例的规定，依法主动向社会发布政府信息，增强信息发布的权威性和及时性。完善政府信息公开方式和程序，健全政府信息公开申请的受理和处置机制。拓展政府信息公开渠道和查阅场所，发挥政府网站以及政务微博、政务微信等新兴信息发布平台的作用，方便智库及时获取政府信息。健全政府信息公开保密审查制度，确保不泄露国家秘密。

完善重大决策意见征集制度。涉及公共利益和人民群众切身利益的决策事项，要通过举行听证会、座谈会、论证会等多种形式，广泛听取智库的意见和建议，增强决策透明度和公众参与度。鼓励人大代表、政协委员、政府参事、文史馆员与智库开展合作研究。探索建立决策部门对智库咨询意见的回应和反馈机制，促进政府决策与智库建议之间良性互动。

建立健全政策评估制度。除涉密及法律法规另有规定外，重大改革方案、重大政策措施、重大工程项目等决策事项出台前，要进行可行性论证和社会稳定、环境、经济等方面的风险评估，重视对不同智库评估报告的综合分析比较。加强对政策执行情况、实施效果和社会影响的评估，建立有关部门对智库评估意见的反馈、公开、运用等制度，健全决策纠错改正机制。探索政府内部评估与智库第三方评估相结合的政策评估模式，增强评估结果的客观性和科学性。

建立政府购买决策咨询服务制度。探索建立政府主导、社会力量参与的决策咨询服务供给体系，稳步推进提供服务主体多元化和提供方式多样化，满足政府部门多层次、多方面的决策需求。研究制定政府向智库购买决策咨询服务的指导意见，明确购买方与服务方的责任和义务。凡属智库提供的咨询报告、政策方案、规划设计、调研数据等，均可纳入政府采购范围和政府购买服务指导性目录。建立按需购买、以事定费、公开择优、合同管理的购买机制，采用公开招标、邀请招标、竞争性谈判、单一来源等多种方式购买。

健全舆论引导机制。着眼于壮大主流舆论、凝聚社会共识，发挥智库阐释党的理论、解读公共政策、研判社会舆情、引导社会热点、疏导公众情绪的积极作用。鼓励智库运用大众媒体等多种手段，传播主流思想价值，集聚社会正能量。坚持研究无禁区、宣传有纪律。

（六）加强组织领导

高度重视智库建设。各级党委和政府要充分认识中国特色新型智库的地位和作用，把智库建设作为推进科学执政、依法行政、增强政府公信力的重要内容，列入重要议事日程。建立健全党委统一领导、有关部门分工负责的工作体制，切实加强对智库建设工作的领导。

不断完善智库管理。有关部门和业务主管单位要按照谁主管、谁负责和属地管理、归口管理的原则，切实负起管理责任，建章立制，立好规矩，制定具体明晰的标准规范和管理措施，确保智库所从事的各项活动符合党的路线方针政策，遵守国家法律法规。加强统筹协调，做好整体规划，优化资源配置，避免重复建设，防止一哄而上和无序发展。

加大资金投入保障力度。各级政府要研究制定和落实支持智库发展的财政、金融政策，探索建立多元化、多渠道、多层次的投入体系，健全竞争性经费和稳定支持经费相协调的投入机制。根据不同类型智库的性质和特点，研究制定不同的支持办法。落实公益捐赠制度，鼓励企业、社会组织、个人捐赠资助智库建设。

加强智库人才队伍建设。各级党委和政府要把人才队伍作为智库建设重点，实施中国特色新型智库高端人才培养规划。推动党政机关与智库之间人才有序流动，推荐智库专家到党政部门挂职任职。深化智库人才岗位聘用、职称评定等人事管理制度改革，完善以品德、能力和贡献为导向的人才评价机制和激励政策。探索有利于智库人才发挥作用的多种分配方式，建立健全与岗位职责、工作业绩、实际贡献紧密联系的薪酬制度。加强智库专家职业精神、职业道德建设，引导其自觉践行社会主义核心价值观，增强社会责任感和诚信意识，牢固树立国家安全意识、信息安全意识、保密纪律意识，积极主动为党和政府决策贡献聪明才智。

二、建设中国特色新型智库的重要意义

2013年4月15日，习近平总书记对我国智库建设作出重要批示。这是迄今为止中央最高领导专门就智库建设作出的最为明确、内涵最丰富的一次重要批示。习近平总书记的批示包括四个重要内涵：一是把智库作为国家软实力的重要组成部分。二是指出我国智库发展相对滞后，应发挥更大的作用，既指出差距，又表明发展需求迫切、空间很大。三是提出“中国特色新型智库”的建设目标。四是探索中国特色新型智库的组织形式和管理方式。① 2014年3月，国家主席习近平在访问德国时，强调在中德两国成为全方位战略伙伴关系中，加大政

① 参见胡鞍钢：《建设中国特色新型智库：实践与总结》，《上海行政学院学报》2014年第2期。

府、政党、议会、智库交往。把智库建设提上了国家外交层面，“智库外交”将会成为我国国际交流与合作的“第二轨道”①。

2014年7月8日，中共中央总书记、国家主席、中央军委主席习近平主持召开经济形势专家座谈会，听取专家学者对当前经济形势和做好经济工作的意见和建议。习近平总书记指出，党的十八大和十八届三中全会要求加强中国特色新型智库建设，建立健全决策咨询制度。经济形势专家座谈会，就是落实这个决策部署的重要体现。广泛听取各方面专家学者意识并使之制度化，对提高党的执政能力、提高国家治理能力具有重要意义。希望广大专家学者深入实际、深入群众、深入基层，倾听群众呼声，掌握真实情况，广泛调研，潜心研究，不断拿出具有真知灼见的成果，为党中央科学决策建言献策，为推进决策科学化、民主化多作贡献。②

2014年10月27日上午，中共中央总书记、国家主席、中央军委主席、中央全面深化改革领导小组组长习近平主持召开中央全面深化改革领导小组第六次会议并发表重要讲话。会议审议了《关于加强中国特色新型智库建设的意见》，审议通过了《关于国家重大科研基础设施和大型科研仪器向社会开放的意见》，建议根据会议讨论情况进一步修改完善后按程序报批实施。习近平总书记强调，智力资源是一个国家、一个民族最宝贵的资源。我们进行治国理政，必须善于集中各方面智慧、凝聚最广泛力量。改革发展任务越是艰巨繁重，越需要强大的智力支持。近些年来，我国智库发展很快，在出思想、出成果、出人才方面取得了很大成绩，为推动改革开放和现代化建设作出了重要贡献。同时，随着形势发展，智库建设跟不上、不适应的问题也越来越突出，尤其是缺乏具有较大影响力和国际知名度的高质量智库。要从推动科学决策、民主决策，推进国家治理体系和治理能力现代化、增强国家软实力的战略高度，把中国特色新型智库建设作为一项重大

---

① 参见李国强：《为国家治理提供高质量智力支持》，《光明日报》2014年7月29日。

② 参见习近平：《遵循经济规律科学发展　遵循自然规律可持续发展》，新华网2014年7月8日，http：//news. xinhuanet. com/2014－07/08/c _ 1111518411. htm.

而紧迫的任务切实抓好。要坚持党的领导，把握正确导向，充分体现中国特色、中国风格、中国气派；坚持科学精神，鼓励大胆探索；坚持围绕大局，服务中心工作；坚持改革创新，规范发展。要统筹推进党政部门、社科院、党校行政学院、高校、军队、科技和企业、社会智库协调发展，形成定位明晰、特色鲜明、规模适度、布局合理的中国特色新型智库体系，重点建设一批具有较大影响和国际影响力的高端智库，重视专业化智库建设。①

2015 年 11 月 9 日，中共中央总书记、国家主席、中央军委主席、中央全面深化改革领导小组组长习近平上午主持召开中央全面深化改革领导小组第十八次会议。会议审议通过了《国家高端智库建设试点工作方案》。会议强调，开展国家高端智库建设试点工作，要紧紧围绕"四个全面"战略布局，以服务党和政府决策为宗旨，以政策研究咨询为主攻方向，以完善组织形式和管理方式为重点，以改革创新为动力，优先选择若干基础条件较好、专业特色突出的机构进行试点，建设一批国家亟须、特色鲜明、制度创新、引领发展的高端智库。要加强试点工作的组织领导和统筹协调，规范决策研究、成果转化、考核评估、经费投入等工作，选好配强首席专家，建好专业研究团队，重点围绕国家重大战略需求，开展前瞻性、针对性、储备性政策研究，及时总结和推广试点经验。②

2011 年，在第二届全球智库峰会上，李克强同志指出：智库汇聚了各学科、各领域的知识精英，不仅为各国政府决策提出了重要建议，也为人类生存和发展、全球和地区安全、国际难点热点化解等提供了宝贵的建设性意见。当今世界，如何解决全球经济治理中存在的问题，既是对决策者的挑战，也是对人类智慧的考验。希望全球智库同仁能

---

① 参见习近平：《全面推进依法治国也需要深化改革》，新华网 2014 年 10 月 27 日，http://news.xinhuanet.com/politics/2014－10/27/c_1112998021.htm.

② 参见《习近平主持召开中央全面深化改革领导小组第十八次会议强调，全面贯彻党的十八届五中全会精神依靠改革为科学发展提供持续动力》，中国政府网 http://www.gov.cn/xinwen/2015－11/09/content_2963005.htm.

够借此机会、利用好这个平台，各抒己见，畅所欲言，为完善和创新全球经济治理贡献经验和智慧。①

2015年12月1日，国家高端智库建设试点工作会议在京召开。中共中央政治局常委、中央书记处书记刘云山出席并讲话②，强调建设中国特色新型智库是推进国家治理体系和治理能力现代化、提升国家软实力的重要举措，要深入贯彻党中央精神，精心组织试点工作，着力建设一批国家亟需、特色鲜明、制度创新、引领发展的高端智库，推动我国智库建设实现新的发展。

刘云山指出，服务决策是智库的基本职责，推进国家高端智库建设，重要的是围绕党和国家发展战略，提升咨政建言能力，以科学咨询支撑科学决策。要把握正确政治方向，把坚持党的领导、坚持中国特色社会主义道路、坚持国家和人民利益至上、坚持按国家宪法和法律办事贯穿到智库工作之中。要坚持高端定位，凝练主攻方向、突出专业特色、注重成果质量，增强理论和政策创新能力，努力推出原创性研究成果。要聚焦“四个全面”战略布局，强化问题导向、应用导向，开展前瞻性、针对性、储备性政策研究。当前要围绕党的十八届五中全会作出的重大战略部署来确定研究的方向和重点，为贯彻五大发展理念、决胜全面建成小康社会多献务实之策。

刘云山指出，高端智库服务党中央决策、服务国家发展，还应在阐发中国理论、贡献中国智慧方面走在前列。要树立高度的理论自觉和理论自信，保持应有的学术追求和学术担当，全面深入地总结中国实践、提炼中国经验，用中国理论回答中国问题，用中国话语解读中国道路，更好地在国际上发出中国声音，让世界真正读懂中国，为人类文明进步提供中国思想、中国价值。

刘云山强调，开展高端智库建设试点，要在体制机制创新上先行先试。要注重解决吸引人才、凝聚人才的问题，选好首席专家，建设

① 参见李克强:《完善全球经济治理　促进各国共同发展》,《人民日报》2011年6月27日。

② 参见《刘云山在国家高端智库建设试点工作会议强调，积极推进中国特色新型智库建设》,《人民日报》2015年12月3日。

好研究团队，形成开放、竞争、流动的人才机制。要创新智库内部治理，完善制度设计，激发智库活力，加快形成灵活高效的管理运行机制。要加强智库与决策部门的沟通联系，搭建常态化互动平台，做到供需有效对接、工作一体联动。要开门办智库、开放办智库，完善国际合作交流机制。智库建设主管部门、国家高端智库理事会要加强对试点工作的统筹协调，各级党委、政府和各方面都要关心支持智库发展，为智库发挥作用创造良好条件。

三、中国特色新型智库建设的必要性和紧迫性

时任教育部部长袁贵仁认为，在经济全球化、世界多极化、社会信息化深入发展的大背景下，中国面临深化自身改革和推动世界发展的双重使命，迫切需要一批能够广泛参与全球竞争的新型智库，为巩固党的执政地位、服务国家战略决策、推动经济社会发展、增强国际话语权等提供有力支撑。

他认为，建设中国特色新型智库有三个方面的客观需要①：

第一，建设新型智库是坚持和发展中国特色社会主义道路的迫切需要。发展中国特色社会主义，必须坚持走中国道路、弘扬中国精神、凝聚中国力量。需要我们及时总结改革发展经验，深入研究重大战略问题，阐释宣传中国特色社会主义道路的历史必然性、理论体系的科学性和社会主义制度的优越性，解答群众思想困惑，引导社会舆论走向。为此，必须建设一批新型智库，为增强道路自信、理论自信、制度自信，推进中国特色社会主义实践创新、理论创新和制度创新提供强有力的学理支撑，为实现中华民族伟大复兴的中国梦贡献智慧和力量。

第二，建设新型智库是全面深化改革和全面推进依法治国的迫切

① 参见袁贵仁：《努力建设一批新型高校智库　服务党和政府科学民主决策》，《人民日报》2015 年 1 月 23 日。

需要。当前，我国正经历着空前广泛的社会变革，改革已进入深水区、攻坚期，决策的复杂性、艰巨性前所未有，加快政府职能转变、创新管理方式、完善公共服务体系的任务更为紧迫，对建设服务政府、责任政府、法治政府、廉洁政府的要求更高。准确判断重要战略机遇期内涵和条件的变化，全面把握机遇，沉着应对挑战，迫切需要建设一批新型智库，围绕“五位一体”总布局和“四化同步”新任务，提出具有科学性、综合性、战略性的理论支撑和政策建议，为破解改革难题、建设法治中国提供智力支持。

第三，建设新型智库是增强我国国际话语权的迫切需要。智力资源是一个国家、一个民族最宝贵的资源，是思想力和创造力的集中体现。经过 30 余年的改革开放，中国已成为世界第二大经济体，大国地位日益彰显，国际影响显著提升，为全球经济增长、消除贫困与和平发展作出卓越贡献。智库在传播国家价值理念、凝聚社会共识、引导国际舆论等方面具有独特而重要的作用，迫切需要建设一批能在国际舞台提出“中国主张”、阐释“中国理念”、发出“中国声音”、讲好“中国故事”的新型智库，为进一步增强国际话语权发挥关键作用。

时任国家行政学院党委书记、常务副院长陈宝生认为，建设中国特色新型智库是时代赋予的使命。当前，我国经济社会发展的内外部环境正在发生深刻变化，建设中国特色新型智库是适应新形势新任务、应对新机遇新挑战的客观需要。他认为，智库建设主要表现为三个方面的客观需要①：

第一，保持经济社会持续健康发展的需要。我国经济发展正处在“三期叠加”的复杂环境中，爬坡过坎，任务艰巨而繁重。推动经济向中高速增长换挡、结构向中高端升级、发展方式向创新驱动转变，保证经济发展顺利步入“新常态”，决策的难度越来越大，要求越来越高。要准确研判发展态势，保证及时正确决策，有效破解发展难题，迫切需要更广泛、更高水平的智力支撑。智库的首要职能就是服务于

① 参见陈宝生：《以改革创新推动中国特色新型智库发展》，《光明日报》2015 年 1 月 26 日。

决策。加强智库建设，更好地发挥专家学者作用，更充分地凝聚民智民意，将有力支撑科学民主依法决策，推动经济社会持续健康发展。

第二，推进国家治理变革的需要。党的十八届三中全会把完善中国特色社会主义制度，推动国家治理体系和治理能力现代化，作为改革的总目标。围绕这一目标全面深化改革，将使国家治理内容、主体、方式发生深刻变化。要适应利益格局多样化、信息来源多极化、价值判断多元化趋势，国家治理包括政府治理、市场治理和社会治理，都需要构建程序合理、环节完整的协商民主体系，从各层次各领域扩大社会参与，形成现代治理体系，提高国家治理能力。智库是国家治理体系的重要组成部分和重要环节，是国家治理与公众参与的重要桥梁和纽带。推进国家治理体系和治理能力现代化，必须切实加强中国特色新型智库建设，充分发挥智库在治国理政中的重要作用。

第三，服务于中华民族伟大复兴的需要。当前，我国正处于实现中华民族伟大复兴中国梦的关键时期，按照“两个百年”的战略部署，“十三五”规划承前启后，既要完成全面建成小康社会的任务，又要为后小康时代进行战略谋划。实现中国梦，既需要强大的物质基础，也需要健全的制度保障；既需要增强经济等硬实力，也需要提高文化等软实力；既需要保持国内稳定和谐，也需要提高国际影响力。从中外历史看，智库在提升国家软实力、增强国家话语权、提高国家影响力方面发挥着重要作用。现代智库于20世纪初诞生于美国，伴随着美国崛起，成为美国话语权的代言人、影响力的放大器。面对国际环境和大国力量对比关系的深刻变化，要实现中华民族伟大复兴，不断增强我国国际影响力和国际话语权，就必须加强智库建设，发挥智库在对外交往中的桥梁作用，通过智库的研究交流和沟通阐释，在国际上树立中国好形象，发出中国好声音，推动中国产品走向世界，推动中国文化价值影响世界。

国务院发展研究中心主任李伟认为①，建设高质量中国特色新型

---

① 参见李伟：《探索中国特色新型智库发展之路》，《人民日报》2014年4月22日。

智库是时代要求。在我国革命和建设前期，我们党就高度重视决策咨询和调查研究工作，但尚未形成较为专业、完整的团队形式的智库。20世纪70年代后期，尤其是改革开放以来，我国相继成立了中国社会科学院、国务院发展研究中心等政策理论咨询研究机构。据上海社会科学院统计，目前我国比较活跃的各类智库有200多家（不包括高校智库），初步形成了官方智库为主、高校智库、企业智库和民间智库共同发展的格局。围绕党和国家的重大战略部署以及我国经济社会发展中的热点和难点问题，各类智库认真履行职责，产生了一批具有较高政策价值和重大影响的研究成果，推动了决策科学化、民主化进程，为我国改革开放和社会主义现代化建设事业贡献了智慧和力量。有些智库在国际上也产生了较大的影响力。

他认为，当前，我国正处于全面深化改革的攻坚期和经济增长阶段的转换期，世情、国情、党情发生深刻变化，所面临的发展机遇和严峻挑战前所未有，无论是改革方案还是重大政策制定的社会利益相关性、复杂性都不亚于以往任何时期，党中央、国务院对科学决策、民主决策、依法决策以及决策正确度的要求越来越高。可以毫不夸张地说，大变革的新时代已经发出了呼唤智库彰显能量的最强音，历史赋予智库的任务更为艰巨、责任更加重大。过去，我国智库应改革开放之运而生；当今，正是我国智库顺改革开放之势而为的大好时期。与时代新要求相比，我国智库发展还相对滞后。一是对中国特色新型智库的组织形式和管理方式的探索刚刚起步，智库作为国家软实力的重要组成部分既缺乏制度性保障，也未能得到系统性体现。二是智库对决策的影响多处于若即若离状态，在党和国家科学、民主决策体系中缺乏制度化、规范化、程序化的安排。三是我国智库多以官方、半官方为主，智库本身难以平衡体制属性与政策研究独立性之间的关系。四是智库研究成果向决策咨询、社会效益转化的渠道不够畅通，效率有待提高。五是我国智库总体而言战略谋划和综合研判能力不足，政策研究质量和水平有限，尚不适应新时期决策的需要。

中国社会科学院院长王伟光认为，加强中国特色新型智库建设是支撑党和政府科学民主决策、推进国家治理体系和治理能力现代化、增强国家软实力的迫切需要[①]：

加强中国特色新型智库建设是形势发展的迫切需要。新中国成立60多年来，我们党在治国理政的过程中，始终高度重视集中各方面智慧、凝聚最广泛力量。为此，国家先后设立了一大批学术研究和决策咨询机构，赋予其现代意义上的智库功能。改革开放30多年来，由政府主办、靠财政支持的学术研究和决策咨询机构发展很快，同时由企业、基金会和民间力量支持的各类专业研究机构也蓬勃兴起。但是，总体而言，我国智库建设还不能完全适应形势发展的需要，不能完全适应党和政府科学决策、民主决策的需要，不能完全适应国家治理体系和治理能力现代化的需要。据有关机构统计，截至2013年，全球已有超过6800家各类型智库，最发达的G8国家拥有其中的43%，美国以1828家智库的数量雄踞榜首。目前我国各类智库只有200多家，具有较大影响力和国际知名度的高质量智库就更少。这是与我国所享有的国际地位和国际影响、经济规模和人口数量非常不相称的。

当前，全面建成小康社会进入决定性阶段，全面深化改革进入攻坚期，迫切需要大力加强中国特色新型智库建设，健全中国特色决策支撑体系，以科学咨询支撑科学决策，以科学决策引领科学发展。全面深化改革，全面推进依法治国，推进国家治理体系和治理能力现代化，完善和发展中国特色社会主义制度，建立更加成熟更加定型的制度体系，迫切需要大力加强中国特色新型智库建设，充分发挥各类智库在我们党治国理政中的重要作用。同时进一步增强我国软实力，树立好中国形象、宣讲好中国故事、传播好中国声音，推动中华优秀传统文化和当代中国价值观念走向世界，为我国经济社会发展营造良好的国际环境，也迫切需要大力加强中国特色新型智库建设，在公共外交和文化互鉴中有更大的作为，发挥更大的作用，以不断提升我国的

---

① 参见王伟光：《努力建设具有国际影响力、世界知名的中国特色新型智库》，《人民日报》2015年1月30日。

国际影响力和国际话语权。

四、中国特色新型智库的内涵、特点

中国国际经济交流中心理事长，国务院原副总理曾培炎认为，建设中国特色新型智库是时代赋予的使命①。中国特色新型智库是国家软实力的重要组成部分，也是国家治理体系和治理能力现代化的重要内容，应该发挥越来越大的作用。

曾培炎认为，要回答什么是中国特色新型智库？应重点把握好“中国特色”和“新型”两个关键词。“中国特色”特在哪里？就是要坚持中国道路、采用中国视角、聚焦中国发展。坚持党对智库的领导，坚持中国特色社会主义理论、制度和道路，在路线方针上与党中央保持一致，坚持社会主义市场经济方向，不搞西方所谓自由市场经济。善于运用中国视角，立足中国国情和世界经济地位变化，从维护国家根本利益出发，发出“中国声音”、提出“中国倡议”、提供“中国方案”。致力于研究提出解决中国经济社会发展、深化改革开放、国家安全稳定方面重点难点问题的建设性意见，创造高质量思想产品。

“新型”智库新在何处？首先是新定位。新型智库不同于传统体制下的研究机构，它在党和政府的领导下开展研究工作，也应具有相对独立性。其次是新机制。智库不是机关，需要淡化行政色彩，引入市场竞争机制，增强灵活性，营造研究探讨氛围，聚引高端人才，做到智力制胜。最后是新模式。坚持求真务实的科学精神，树立“问题导向”的研究模式，针对现实和长远问题开展对策研究，加强数据分析、案例分析和模型分析，提出决策层信得过、用得上的政策建议。

建设中国特色新型智库是一项长期而艰巨的任务，需做如下努力：

第一，坚持为党和政府决策服务的战略定位。专注于为党和政府建言献策这个“专项”，针对国际国内现实问题、长远问题和战略问题

---

① 参见曾培炎：《探索建设中国特色新型智库》，《光明日报》2014 年 12 月 25 日。

进行对策研究。坚持服务中心工作，紧紧围绕全面建成小康社会、全面深化改革、全面推进依法治国等党和政府决策急需的重大课题，集中精干力量研究，拿出专业化、建设性、可操作的政策建议。围绕国家大战略开展民间外交、公共外交，既为研究解决中国问题提供多样化视角，又充当“宣传和交流大使”，让国际社会更好地了解中国。

第二，始终把提高研究质量作为生命线。国际上一些智库“百年老店”之所以享有较高的声誉，就在于这些机构高度重视研究成果的质量，视质量为智库立足之本，不断推出有影响、有价值的创新产品。创造高质量思想产品，首先要善于判断国际国内大势，把握经济社会发展规律；其次要重实情、讲真话，深入调研，掌握第一手资料；最后要善于发现问题、揭示问题本质。

第三，善于汇集和发掘人力资源宝库。智库需要把不同领域、不同年龄层的人才有效结合起来，释放出更强的战斗力。畅通智库人才流动的进口和出口，推动人才有序流动。建立正确反映德能勤绩的人才评价和激励机制，探索有利于调动研究人员积极性的多种分配方式。坚持开门搞研究，加强与有关部门、国内外同行和社会各界的联系，“走出去”和“请进来”相结合，广泛听取各方面意见。

第四，探索建立符合智库发展规律的体制机制。智库发展有自身特点，应兼具灵活性和公益性。在管理体制上，按照行政管理体制改革和事业单位分类改革的要求，针对不同类型智库加快推进改革，尽快构建各类智库相互促进、有效互补的发展新格局。在内部管理上，尽量减少层级，实现扁平化管理，提高效率。在课题立项上，多采用市场化方式，确保公正公平公开。在经费使用上，完善监督机制，增加透明度。在成果评价和应用转化上，构建多元评价相结合的指标体系。

第五，把不断提升影响力作为追求目标。仅看数量，中国已是世界第二智库大国，但缺少高水平、具有国际影响力的一流智库。今后应朝此方向努力，至少培养四种意识——品牌意识，要明确目标，突出重点，力争有所建树，形成一些核心品牌；前瞻意识，要放远眼光，未雨绸缪，时刻站在理论和实践的前沿，提高对宏观问题的洞察力；创新意识，把它作为创造高质量思想产品的灵魂，促进各种思想和观点碰撞切磋；全球意识，运用开放思维，加强与国外知名智库的深度交流，提升中国智库的国际话语权。

第六，健全智库发挥作用的保障体系。落实政府信息公开制度，方便智库及时准确地获取政府信息，增强智库对重大问题研究的针对性和有效性。建立政府向智库购买决策咨询服务的制度，将智库提供的战略研究、规划设计、咨询报告等服务纳入政府采购范围。将智库纳入重大决策征求意见、重大政策评估的范围，探索建立智库参与政府有关重大决策座谈会、听证会等的长效机制。

时任教育部部长袁贵仁认为，建设中国特色新型智库，要准确把握其鲜明特点①：

第一，坚持正确导向。要坚持党管智库，确保智库遵守国家宪法法律，始终以维护国家和人民利益为根本出发点，沿着正确方向健康发展。加强和规范智库管理，创造积极向上的舆论环境，更好地服务党和国家工作大局。

第二，体现中国特色。要坚持运用马克思主义立场观点方法，紧密结合中国实际，体现时代要求，突出中国特色。既要有国际视野，学习借鉴西方发达国家智库建设成功经验，又要立足中国国情，绝不能简单照抄照搬西方智库模式。

第三，突出专业高端。新型智库以提供决策咨询服务为主要功能，长期从事某一领域的专门研究，应具备显著的专业性和持续性。不同类型智库应结合自身实际，凝练主攻方向，发挥专业特长，开展前瞻性、针对性、储备性政策研究，形成独特的综合研判和战略谋划能力。

第四，提高成果质量。新型智库要紧扣国家急需，拿出高水平、建设性、切实管用的政策建议，形成质量高、效果好、针对性强的研

① 参见袁贵仁：《努力建设一批新型高校智库　服务党和政府科学民主决策》，《人民日报》2015年1月23日。

究成果，让智库的“文章”变为政府的文件，让智库的“谋划”变为组织的规划，让智库的“言论”变为社会的舆论，让智库的“对策”变为党和政府的决策。

第五，创新组织管理。遵循智库发展规律，推进不同类型智库建设从分散向集聚转变，从封闭向开放转变，从单兵作战向联合攻关转变，促进跨学科、跨部门、跨地区的优化组合，不断激发智库的创新活力。要建立智库与政府实务部门联系沟通机制，定期开展合作研究，搭建互联互通的信息共享平台，畅通信息获取及反馈渠道，使决策咨询意见得到及时的评估、反馈和运用，有效提高研究工作的针对性实效性。

五、中国特色新型智库的功能、作用

国务院研究室原主任、国家行政学院原党委书记、常务副院长魏礼群认为，中国特色新型智库在全面建成小康社会、全面深化改革、全面依法治国、全面推进国家治理现代化中的作用，是不可或缺的，也是不可替代的。中国特色新型智库，是以战略问题和公共政策为主要研究对象，以服务党和政府科学、民主、依法决策为宗旨的研究咨询机构。智库的主要功能是咨政建言、理论创新、舆论引导、社会服务、公共外交和集贤育人。中国特色新型智库的这种机构属性和主要功能，决定着它在治国理政中可以发挥以下六个方面的重要作用①：

第一，服务党政决策。根据国内外形势变化和改革发展稳定的需要，进行政策研究，向党和政府提出决策咨询建议，积极建言献策。这也是各类智库的首要职责和主要任务。提供的政策建议、决策依据越多越好，发挥的作用就越大。这也是衡量一个智库质量的基本标准。

第二，推进理论创新。围绕改革发展、治国理政面临的难点、重

① 参见2014年12月20日作者在中国智库研讨会上题为《建设高质量的智库》的主旨演讲，北师大中国社科管理研究院网 2014 年 12 月 30 日，http://casm.bnu.edu.cn/yzjh/944.jhtml.

点问题，提出有价值、有影响的新概念、新判断、新概括、新观点、新思想，为研判形势、谋划战略、制定决策提供科学理论或方法，推动理论创新、学术创新、方法创新。

第三，引导社会舆论。阐释党的科学理论，解读党和国家的大政方针、决策部署和公共政策，研判社会舆情，正确引导社会舆论，疏导公众情绪，凝聚社会共识，助力壮大主流舆论和正能量。

第四，提供社会服务。接受社会各界、各个方面委托的咨询服务，承担各类咨询项目，开展第三方评估，发挥智库的咨询研究平台和智力支持作用。

第五，参与公共外交。开展多种形式的对外交流活动，加强与国外智库的合作交流，在国际舞台上发出中国声音，讲好中国故事，树立社会主义中国的良好形象，推动中华文化和当代中国价值观念走向世界，增强我国的国际影响力和国际话语权。

第六，培养输送人才。智库是知识密集、人才密集的机构，汇聚了大量的高端人才，也可以说智库是人才库。智库出思想、出成果与出人才密不可分，相互促进、相辅相成，智库是培养、造就治国理政人才的重要阵地，可以通过交流轮岗，为党政部门输送优秀人才。

国务院发展研究中心主任李伟认为①：智库是现代国家治理体系的重要组成部分。智库又称“思想库”，一般是指研究公共政策的专业机构，主要职能是提供高质量的思想产品，为公共决策者解决经济、政治、社会、外交等方面的问题出谋划策。现代意义上的智库产生于19世纪的西方国家，是社会分工精细化和决策科学化、民主化的结果。上世纪中叶以来，随着科技进步，世界政治力量格局和经济秩序持续发生重大变化，各国面临形势和环境的复杂性不断增强，人类社会发展史上以个体形式为主的谋士、幕僚的能力已远远不能适应决策者应对挑战的需要，迫切需要团队形式的智库为决策者提供更高质量的专业咨询和政策方案。各类智库由此得到快速发展，决策咨询服务

① 参见李伟：《探索中国特色新型智库发展之路》，《人民日报》2014 年 4 月 22 日。

水平不断提高，政策影响力日益扩大，决策层与智库的关系愈加紧密。智库逐渐成为国家治理体系的重要组成部分，在国家治理中发挥着越来越重要的作用。据有关机构统计，到 2013 年全球各类比较活跃的智库已达 6826 家。美国在二战前只有布鲁金斯学会、胡佛研究所等 20 多家智库，到 2013 年智库的数量已增至 1828 家，形成了与其社会治理体制相适应、较为完善的决策咨询体系。

他认为：现代意义上的智库主要以专业、客观、独立的方式提出公共政策主张，帮助决策者制定和推行政策，并就有关政策进行论证、评估。由于社会治理体制、文化传统、发展阶段等原因，西方发达国家的智库多以政府体制外的社会性智库为主；而在东亚地区，一些主要经济体的政府在上世纪后期主动建立大量智库，形成了以“官办”智库为主的东亚特色。无论智库的属性如何，它们都在当代国家的发展和治理中发挥着重要作用。西方国家政府或政党提出政纲和各类法案、议案，通常会与智库进行深入讨论和反复论证，有时直接采用智库的建议方案。美国大西洋理事会在里根执政期间完成了《今后十年的对华政策》，报告中的主要观点成为当时美国政府处理中美关系的重要依据。美国兰德公司对苏联第一颗卫星发射时间、越战撤军、中美建交、古巴导弹危机、德国统一等国际重大事件的成功预测和战略研判，奠定了其在美国政府决策中的地位，为其赢得了世界著名智库的声誉。可以说，二战后美国政府推出的每一项重大战略的背后，都可以找到智库的影子。另外，西方国家的议员们在立法机构就各类公共政策发言或辩论，背后往往是不同智库主张之间的交锋。日本综合研究所提出的“综合安全保障战略”，指导日本顺利渡过了第二次石油危机。以韩国开发研究院（KDI）为代表的数十家官办智库，为韩国实现工业化、现代化出谋划策，作出了社会公认的贡献。不难看出，智库的质量与水平已经成为现代国家治理能力的重要体现。

李伟认为，现代智库的作用主要体现在四个方面：

一是咨政辅政。以思想库和参谋助手的角色，为决策者提供政策思路和建议方案以影响决策，并对有关行动方案和实施效果作出论证、评估，为政策实施向社会作出必要的说明和引导。

二是启迪民智。通过深入广泛的调研和听取社会各界的意见，以专家学者的角色撰写文章、出版论著、发表评论、开展研讨，对社会公众进行政策传播和普及。

三是平衡分歧。在利益群体和诉求多元化的环境下，智库借助其客观、公正的立场提出政策观点，为不同群体的利益诉求提供交流平台。

四是聚贤荐才。西方国家的智库充分发挥人才“旋转门”作用。政府经常在智库的研究人员中选拔高级官员，而离任的政府高级官员中也有相当一部分人进入智库开展政策研究工作，继续发挥专长和影响力。官员在政府和智库之间的角色转换，进一步密切了政府与智库的联系，强化了智库对政府决策的影响力。

六、建设高质量、高水平、高端智库的总体方向

2015 年 3 月 25 日，中共中央政治局委员、中央书记处书记、中宣部部长刘奇葆出席高端智库建设专家座谈会，强调要深入学习贯彻习近平总书记关于智库建设的重要指示精神，认真落实《关于加强中国特色新型智库建设的意见》，坚持高起点推进、高水平建设，打造一批直接为党和政府决策服务、综合研判和战略谋划能力强、国内外影响力大的高端智库，为协调推进“四个全面”战略布局、坚持和发展中国特色社会主义提供强大智力支持。刘奇葆强调，加强高端智库建设，要把准方向、走对路子，坚持党的领导，坚持中国特色社会主义方向，坚持立足中国国情，突出公益服务导向，充分体现中国特色。要吸引一流人才，靠一流人才创造一流成果、打造一流品牌。要树立问题导向，凝炼主攻方向，突出专业特色，多提供有创意、有个性、具有真知灼见、切实管用的对策建议。要创新组织运行形式，建立需求与供给直接联系机制、信息享用机制、经费保障机制，健全内部治

理机制，激发智库的创新动力和创造潜力①。

2016年1月22日，刘奇葆出席国家高端智库理事会扩大会议时强调，国家高端智库理事会要深入学习贯彻中央关于智库建设的部署要求，牢牢把握正确方向，加强宏观指导和统筹协调，确保高端智库建设试点工作扎实推进，实现良好开局。刘奇葆指出，理事会是智库建设的议事机构和评估机构，要把定标准、定规矩作为最重要职责，指导高端智库把握好定位和方向，有大的担当、大的格局、大的谋略，在服务中央决策上发挥引领作用，在世界知名智库中争取一席之地。要发挥好决策部门与智库之间的桥梁纽带作用，推动智库研究与国家和社会的发展方向结合起来、与党和国家重大决策需求结合起来、与决策部门的重点工作结合起来，做到供需对接、供适所需。要加强对智库的评估评价，建立科学合理的指标体系，推动形成能进能出、优胜劣汰的竞争机制。刘奇葆强调，高端智库要明确研究方向，坚持走专业化路子，着力在提升研究质量上下功夫，多出优秀成果。要发挥自身优势，在对外交流、公共外交、舆论引导中展现更大作为，深化拓展与国际智库的交流合作，在国际舞台上积极发声、善于发声，增强国际话语权。②

2014年12月20日，中国智库研讨会在京召开。国务院研究室原主任、国家行政学院原党委书记、常务副院长魏礼群对如何建设高质量、高水平、有特色的智库进行深入分析，他认为应该把握以下几点③：

第一，坚持正确的政治方向。紧紧服务于中国特色社会主义事业的完善和发展。这是智库发挥作用的根本政治方向、根本政治原则和根本前提。无论是全面深化改革、全面推行法治，还是全面推进国家

---

① 参见《高起点高水平建设中国特色新型智库》，《人民日报》2015年3月26日。

② 参见《刘奇葆在国家高端智库理事会扩大会议上强调，推动高端智库建设实现良好开局》，新华网 http://news.xinhuanet.com/politics/2016－01/22/c_1117867512.htm.

③ 参见2014年12月20日作者在中国智库研讨会上题为《建设高质量的智库》的主旨演讲，北师大中国社科管理研究院网 2014年12月30日，http://casm.bnu.edu.cn/yzjh/944.jhtml.

治理现代化，都有一个根本方向和道路问题。智库各种作用的发挥，都必须有利于完善和发展中国特色社会主义事业。为此，必须立足中国国情，坚持从国情出发，提供思想产品和建言献策都不能脱离现阶段的中国国情；同时，必须主动服务党和国家工作大局，在大局下思考、谋划、创新、行动，只有坚定正确的政治方向和大局意识，才能出高质量的智慧、高质量的思想、高质量的成果，智库作用也才能得到有效和充分的发挥，才能大有作为。

第二，着力提高研究成果质量。不断推出有价值、有影响力的创新产品。要紧紧围绕党和政府决策急需的重大问题，围绕全面建成小康社会、全面深化改革、全面推行法治、全面推进国家治理现代化的重大任务，开展前瞻性、针对性、储备性政策研究，提出专业化、建设性、切实管用的政策建议，着力提高科学研判、战略思考和战略谋划的能力。如何提高研究成果的质量？我认为要抓住三个关键环节：一是要站高望远，顺应时代进步的潮流，善于把握国内外发展大势，正确把握和运用发展规律，敢于出主意、早出主意、出大主意，做到先见、先知、先谋；二是要深入调查研究，了解实际情况，掌握第一手材料，以问题为导向，从问题出发，特别是要重视倾向性、苗头性、潜在性问题的研究；三是要运用创新思维、战略思维、辩证思维、底线思维，独立思考，揭示问题的本质，提出真知灼见。

第三，充分发挥优势和彰显特色。找准各个智库的定位，最大限度地发挥自身优势和长处。不同类型的智库有着不同的定位、职能、任务和相应的条件、环境。从职能上看，有综合性的，也有专业性的、项目性的；从规模上看，有大、中、小之别。每个智库都有自己的性质定位、专业领域、机构状况、队伍组成等方面特点。这就要从实际出发，善于对自己智库研究的领域作全面研究、系统研究、跟踪研究、长期研究，不断拓宽研究的广度和深度，努力形成自己的特色和品牌。例如，在高校中办智库，就要充分发挥高校学科门类齐全、基础研究实力雄厚，人才培养和对外交流广泛的优势，着力推动理论创新和跨学科研究，着力推进研究方法、政策分析工具和技术手段创新，为决策咨询提供学理支撑和方法支撑，并要积极开展人文交流，推动公共外交。

第四，注重成果多样性和转化应用。智库研究成果注重应用性、对策性和时效性，不强求全面性、系统性，突出提供服务决策咨询的成果。研究成果的价值，不仅要体现在高水平的质量上，还要体现在研究成果的时效性上。一项有价值的研究成果，如果不能适时地为决策者提供参考，其价值作用就会大打折扣。在实际工作中，可以就研究领域的一些重点、热点和难点问题，分期分批、多种形式、及时地提交有关研究成果。要拓展成果应用渠道，有些研究成果可以通过内部刊物直接向党政领导和有关部门报送，不涉及国家秘密的，可以在媒体公开发表，可以通过举办论坛、召开研讨会等方式，发布、推介研究成果，还可以出版系列研究报告。总之，研究成果不能只是束之高阁的厚本子，要有阶段性、时效性强的研究成果；同时，要注重研究成果的及时转化应用。要从各个智库实际情况出发，建立灵活有效的成果转化工作机制。现在，社会智库研究成果上报决策机关的渠道不够畅通，党政领导应帮助解决这方面问题。

第五，切实加强人才队伍建设。建设高质量的智库，关键在于拥有一批优秀的研究型、专家型的高素质人才。没有一流的人才，就不可能建设一流的智库。要不拘一格选人才，延揽人才；同时，要有合理的人才队伍结构。一个智库里，既需要有领导人才、专业研究人才，更需要有多学科、多领域复合型研究人才；既需要有专职研究人才，也需要有兼职研究人才；既需要有研究型专业人才，也需要有管理型人才、辅助型人才；既需要有中青年人才，也需要有经验的老年人才，做到老、中、青结合，搞好传、帮、带。总之，由各方面人才组成强大有力、和谐相处的团队，不仅可以做到博采众长，集思广益，而且可以优势互补，各显其能。关键是要建立良好的人才集成机制，把个体人才的智慧凝聚成智库整体优势。要创造良好的智库制度安排和生态环境，特别要实行有效的激励机制和政策，充分调动各类人才的积极性和创造性。要加强智库队伍教育培训，不断提升基本素质；既要有过硬的工作能力和水平，更要有忠于职守的思想境界和良好作风。要大力培育和营造智库文化。智库应多吸引人才、多培养人才、多输送人才。这样，才能增强智库的凝聚力、吸引力、战斗力和公信力。

国务院发展研究中心李伟认为，通过建设高质量的中国特色新型智库，力争为各级党政组织及各类经济实体的决策提供管用的政策建议和咨询意见，提升国家软实力，推进国家治理体系和治理能力现代化。他认为，应当从以下方面着手推进高质量智库建设①：

准确把握中国特色新型智库的职责定位。各类智库建立背景不同，功能和职责定位也应准确把握。发展中心是直接为党中央、国务院经济社会发展重大决策提供研究咨询服务的体制内智库。我们建设中国特色新型智库，就是要通过全面深化改革，建立科学高效、充满生机活力的体制机制；加强决策服务和专业能力建设，打造高层次的政策研究人才队伍；建立适应经济全球化新形势的对外交流平台，提升统筹利用国内外各类智库资源和专业人才的能力。为此，要准确把握职能定位，认真遵循决策咨询工作规律。结合中央决策对智库需求的新特点，我们尝试开展“国家新型智库建设创新工程”建设，推进机构设置、科研机制、人才管理等方面的改革，着力提升研究质量和水平。一是在做好全局性、综合性、战略性、长期性重大问题研究的同时，着力加强对当前经济社会发展重点难点问题的研究。二是加强政策研究的问题导向，着力提高政策建议对决策的实际应用价值。三是依托高水平的专家队伍，面向公众和国际社会解读国家重大公共政策，着力提高政策解读的准确性、影响力和社会效果。四是发挥智库的客观性和专业性优势，探索做好经济社会发展有关改革方案、重大政策及实施效果的第三方评估工作，着力提升评估的规范性、正确性和专业化水平。

勇于创新中国特色新型智库体制机制。制度创新是建设中国特色新型智库的关键，这就要求我们在创新中国特色新型智库体制机制上

---

① 参见李伟：《探索中国特色新型智库发展之路》，《人民日报》2014年4月22日。

下足功夫。一是建立高质量完成中央交办研究任务的保障体系。紧紧围绕中央关注的重大问题，从准确把握决策需求、快速组织开展研究、提高成果质量、加强政策建议的及时性和管用性等方面建立完整有力的服务保障程序。二是完善重大课题选题机制。在做好决策需求分析的基础上，根据问题导向和趋势导向相结合的原则，规划年度重点研究课题。三是建立灵活有效的科研组织机制。实行课题负责人制度，根据课题需要组建跨部门、跨领域课题组，集中优势力量并有效整合国内外研究资源参与决策咨询研究。四是实行研究成果分类送审制度和质量把关制度。上报的每一项研究成果，都要经过研究部门主要负责人审核、分管领导审改和主要领导审定三级质量把关。五是形成竞争导向的科研评估机制。提高科研组织、课题评审和业绩评价的透明度，强化竞争，提高评审标准和淘汰率，加大对优秀成果的激励力度。

不断加强中国特色新型智库能力建设。根据服务决策、适度超前、相对独立的智库建设要求，我们要不断加强四个方面能力建设。一是提高综合研判和战略谋划的能力。世界已经进入大数据时代，智库要善于运用现代化的信息技术和研究方法去把握事物发展的内在规律和本质，及时发现经济社会发展中具有苗头性、趋势性的重大问题，前瞻性地作出战略谋划。二是提出科学可行政策建议的能力。从某种意义上说，政策的正确程度与政策制定者的综合能力成正比，而智库政策咨询能力正是这一综合能力的重要组成部分。提升智库的这一能力，其一要夯实学术理论根基；其二要提高自身政策水平；其三要深入社会实践；其四要实现前三者紧密结合、相互支撑。三是推动政策形成和实施的能力。智库的作用，就是力求掌握充分的信息、数据，以令人信服的分析、推理和研究结论，把应对经济社会问题和矛盾的政策建议提供给决策层，对政策设计的实现目标、实现动机、现实条件等作出透彻且合乎实际的阐述，积极推动有关政策的形成与实施。这也是智库决策影响力的直接表现。四是增强重大政策解读传播的能力。不仅要在国内提升政策解读的准确性、影响力，而且要加强国际交流合作，积极参与国际智库对话，开展政策对外解读，广泛传播中国的实践经验和政策主张，增强在全球主流媒体和国际组织平台的话语权。

加强中国特色新型智库人才队伍建设。建设中国特色新型智库，培养和造就一批德才兼备的专业人才和管理人才是关键。智库作为思想库，其影响力的实质在于研究人员的影响力，在于人才团队的影响力。要营造既坚持原则又宽松活跃，小荷“尽”露尖尖角、人皆可成才的人才成长环境，进而增强智库的人才吸引力。倡导研究人员要具备高度的责任感、使命感和荣誉感，具有优良的精神品质；秉持“唯实求真、守正出新”的政策研究价值观，坚持实事求是的精神；树立科学严谨、客观务实的思想作风，培养独立思考、勇于创新的品质。还要继续坚持开门办智库，在政策研究过程中尽可能吸收政府官员、企业高管、著名专家担任顾问或课题组成员；更多与世界银行、壳牌等国际著名研究机构、企业联合开展如《2030 年的中国》《推进高效、包容、可持续的城镇化》《中国中长期能源发展战略研究》《中国天然气发展战略研究》等重大项目研究；坚持“引进来”与“走出去”相结合，建立顾问委员会、各领域顶尖专家库、访问学者研究制度；进一步通过举办高层次论坛、组织高水平的学术报告会等多种形式，加强与国内外各类智库和经济社会发展各个领域著名专家学者的联系、交流、合作，相互学习，相互借鉴，共同提高。

七、高校建设中国特色新型智库的主要方向

中共中央政治局委员、国务院副总理刘延东在北京主持召开座谈会时强调①，要深入贯彻落实党的十八大精神和中央领导同志有关要求，充分发挥高校学科齐全、人才密集的优势，繁荣发展高校哲学社会科学，为建设中国特色新型智库作出贡献。刘延东指出，建设中国特色新型智库是服务党和政府科学民主决策、破解发展难题的迫切需

① 参见《发挥高校独特优势　为建设中国特色新型智库贡献力量》，《人民日报》2013 年 5 月 31 日。

要，对于坚持和发展中国特色社会主义、提升国家软实力、全面建成小康社会具有重要意义。高校作为我国哲学社会科学事业的生力军和各学科人才聚集的高地，是建设中国特色新型智库的重要力量，要以服务决策为导向，以提升能力为核心，以改革创新为动力，以哲学社会科学繁荣发展为依托，努力打造一批在国内外具有重要影响的高端智库。

刘延东强调，高校要聚焦重大问题，服务国家战略，坚持求真务实、奋发有为，多出具有前瞻性战略性和针对性可操作性的研究成果，为党和政府科学决策提供高质量的智力支持，努力做改革发展决策方案的建言者、政策效果的评估者、社会舆论的引导者。要创新体制机制，加强平台建设，强化协同创新，增强内生动力，推动形成特色鲜明、结构合理、形式多样的智库发展新格局。要深化对外交流，积极参与全球性问题国际合作研究，提升中国话语权，为世界和平发展和人类文明进步贡献中国智慧。

时任教育部部长袁贵仁①指出，推动高校智库发展完善的相关举措，具有十分重要的指导意义。我国高校聚集80%以上的社科力量、近半数的两院院士，以及规模庞大的研究生本科生队伍，学科门类齐全，学术积累深厚，对外交流广泛，具备建设中国特色新型智库的良好条件和独特优势。为党和政府提供高水平决策咨询服务，既是衡量高校综合创新能力和社会服务水平的重要标准，更是高校自身的职责所在、使命所系。近年来，高校紧密围绕国家需求，积极建言献策，一批优秀成果及时转化为政府决策和政策。2011—2013年，高校社科界为党和政府及企事业单位提供咨询报告26530份，累计有14043份被采纳。高校法学专家参与了《物权法》《民事诉讼法》《刑事诉讼法》等几乎所有重要法律的起草和修订工作。高校科技专家和研究机构为国家行业产业发展、科技战略规划提供了有力支持。教育部社科委、

① 参见袁贵仁：《努力建设一批新型高校智库　服务党和政府科学民主决策》，《人民日报》2015年1月23日。

科技委、专业学会、研究中心向有关部门呈报了系列专家建议。2011年以来，重点培育和建设了司法文明、南海问题、国家领土主权与海洋权益、两岸关系和平发展、中国特色社会主义经济建设、出土文献与古代文明、中国基础教育质量监测等一批服务国家重大需求的协同创新中心。同时，进一步深化高校人文社科重点研究基地管理方式和组织形式改革，推动基地总体上向问题研究导向转型，这些都为高校发挥智库作用、推进智库建设奠定了良好基础。但是，我们必须清醒地认识到，高校智库建设仍明显滞后，与国家经济社会发展需求相比还存在很大不足，有分量、有影响的智库很少，结构也不尽合理，每年提交的咨询报告对重大决策产生影响也较少。根本原因是问题意识不强、联系实际不足、改革力度不够。2014 年 2 月，教育部印发了《中国特色新型高校智库建设推进计划》，明确提出，紧扣国家重大需求，整合优质资源，创新体制机制，形成结构合理、形式多样的高校智库发展格局。

他认为，加强高校智库建设整体规划和科学布局，统筹整合优质资源，启动高端智库建设试点，重点打造一批国家急需、特色鲜明、制度创新、引领发展的高端智库，推动高校智库服务能力整体提升。主要方向是：

第一，把研究解决重大现实问题作为主攻方向。围绕党和政府关注的重大现实问题、人民群众关心的热点难点问题，出思想、谋战略、提对策，是智库的根本功能。一是聚焦国家急需和人民期盼。围绕“五位一体”总布局和“四化同步”新要求，确定主攻方向，力求在一些关键领域、关键环节以及亟待解决的问题上取得重大突破。二是建立需求对接新模式。邀请实际工作部门直接参与、共同确定重点任务，联合组建研究团队，从源头上解决科学研究与决策需求脱节的问题。三是建立重大决策跟踪机制。密切关注，全程跟踪，及时提供动态监测、实时预警、效果评估和信息反馈。

第二，把产出高质量成果作为核心任务。能否拿出实用、管用的政策建议，是衡量智库水平的重要标志。发挥智库作用，建设新型智库，必须牢固树立质量第一的理念。一是着力提高理论联系实际能力。积极创造条件，选拔推荐优秀学者到国际组织任职，到实际部门挂职，参与政策制定，推动人才在实践中锻炼成长，增长才干。二是加强战略预测研究。做长线、谋长远，就未来可能出现的问题进行超前研究，提供决策储备。三是推动方法创新。综合运用自然科学和社会科学的方法手段，建设决策模拟和数据采集分析系统，为提高咨政服务质量提供方法和数据支撑。四是规范成果发布。定期报送高水平专家建议，及时提供理论分析和政策建言，适时发布研究报告，主动引导社会舆论。

第三，把创新体制机制作为改革重点。建设新型高校智库，关键在于深化综合改革，激发创新活力。一是改进评价办法。建立以政府、企业、社会等用户为主的评价机制，把解决国家重大需求的实际贡献作为核心标准，加强绩效评估。二是大力推动协同。强化校府、校校、校所合作，建立强强联合、优势互补、深度融合的协作机制，改变封闭分散、各自为战的局面，推动高校建设一流智库。三是改革管理方式。根据新型智库特点和发展需求，建立第三方遴选、协议制管理、后期赎买式资助、实际用户评价、动态流动新机制，在研究生招生、经费投入、项目支持等方面给予重点倾斜，在组织管理、人员评聘、科研活动安排等方面赋予更大的自主权，建立健全政策指导到位、保障措施得力、责权关系清晰、有利于激发智库活力的管理机制。

八、党校、行政学院建设中国特色新型智库的主要方向

2014 年 6 月 20 日，中央党校常务副校长何毅亭在海南省委党校座谈会上指出，党校要着重抓好四项工作，即干部培训、思想引领、理论建设、决策咨询。其中，决策咨询是中央党校重要职能。他认为①：“党校聚集了大批思想理论人才，除了做好教学工作，还应该逐

① 何毅亭：《在海南省委党校座谈会上的讲话》，2014 年 6 月 20 日，中共中央党校网 2014 年 7 月 18 日，http：//www.ccps.gov.cn/ccps_news/xldxw/201408/t20140827_52841_1.html.

步地向党委政府关注的重大问题聚焦，围绕这些问题进行深入研究，多为党委和政府科学决策提供参考建议。中央党校原来有《研究报告》、《思想理论内参》两份内参，差不多办了10年以上了。我到中央党校后，对这两份内参进行整合，从形式到内容都作了调整改进，核心是围绕‘聚焦重大问题，服务中央决策’来办刊。聚焦重大问题，就是聚焦中央关注的问题，聚焦改革发展稳定的突出问题，聚集社会关注的热点难点问题。只有聚好焦，才能起作用。改版以来，《研究报告》已经出了89期，《思想理论内参》出了33期，中央领导同志很重视，有不少批示，对实际工作起到了作用。中央第二次新疆工作座谈会前，我们的内参聚焦治疆稳疆建疆，针对不同方面的问题发了八九篇研究报告，反映是好的。最近，南海问题成为关注焦点，中央党校成立南海问题调研组，我任组长，校委委员梁言顺同志任副组长。前几天，言顺同志带队在海口、琼海、三亚作了调研，还到西沙实地进行了考察，目前正抓紧时间撰写研究报告。党校的调研，不是为调研而调研，而是提高教学质量和水平的现实需要。党校要抓好主业，高质量完成干部培训工作，必须使理论与实际相结合，既要有理论的高水平，也要有现实的针对性，做到问题导向和学理支撑的有机统一。只有深入基层、深入实际、深入群众，把问题弄清楚、研究透，从工作一线来党校学习的同志才会觉得党校课堂是理论联系实际的，是接地气的，他们通过在党校的学习培训才会真正有所收获、有所提高。为了推动教学科研接地气，中央党校正在起草一个关于加强调查研究的意见，准备提出一些具体的鼓励措施。总之，过去党校的干部培训、理论建设职能大家比较熟悉，做得较多，但思想引领和决策咨询职能不是很明确，作用发挥得相对少一些。以后，我们要把这四项职能全面抓起来，全面发挥党校职能作用。”

时任国家行政学院党委书记、常务副院长陈宝生认为①：《关于加

① 参见陈宝生：《以改革创新推动中国特色新型智库发展》，《光明日报》2015年1月26日。

强中国特色新型智库建设的意见》，为国家行政学院决策咨询工作提出了新的任务要求，为学院智库建设提供了难得的历史机遇，也是国家行政学院的一项重要任务。借这股东风，把学院建设成为有重要影响的高端智库，既是贯彻落实《意见》的重要任务，也是学院事业发展的内在要求。今后一个时期，学院要在梳理总结经验基础上，积极探索智库发展之路：

第一，坚持正确方向，增强智库服务功能。紧紧围绕党和政府中心任务和工作大局，及时提出客观专业、切实管用的政策建议。积极主动对重大战略、公共政策和社会热点问题发声，正确阐释党的理论，解读公共政策，研判社会热点，引导社会舆情。

第二，彰显优势特色，提高智库能力水平。突出教学、科研、咨询“三位一体”办学特色，突出“行政”学科特色，突出开放办学特色，努力提高咨询服务质量。

第三，推进改革创新，完善智库管理体制。着力打造智库拳头产品，加强综合性、开放式和网络型智库平台建设，深化组织协调、咨询研究、经费使用、成果转化等体制机制改革，健全学院智库发展的制度保障体系。

第四，加强人才队伍建设，提高智库核心竞争力。要充分发挥广大教研人员在智库建设中的主体作用，注重发挥学员层次高、实践经验丰富的优势，广泛吸收和组织学院兼职教师和院外专家学者共同参与咨询研究，形成一支专兼结合、内外互补、结构合理、有特色高水平的智库专家队伍。深化人事管理制度改革，形成以品德、能力和贡献为导向的人才评价机制和激励机制。

九、社科院建设中国特色新型智库的主要方向

中国社会科学院院长王伟光提出，努力实现把中国社会科学院建设成为最具国际影响力的世界知名智库的发展目标。习近平总书记关于中国特色新型智库的重要论述和《关于加强中国特色新型智库建设

的意见》为中国社会科学院智库建设进一步指明了前进方向和发展目标。中国社会科学院一定要乘势而上，努力建设成为最具国际影响力的世界知名智库①。

他指出，中国社会科学院是党中央直接领导的国家哲学社会科学最高研究机构，是全国最大的哲学社会科学研究中心。中国社会科学院的智库建设要突出中国特色和自身特点。突出中国特色，就是要始终坚持正确的政治方向和学术导向，把努力建设成为马克思主义的坚强阵地作为加强智库建设的根本前提；坚持马克思主义在哲学社会科学研究中的指导地位，不断提高运用马克思主义立场观点方法认识问题、分析问题、回答问题、解决问题的能力，自觉与以习近平同志为总书记的党中央保持高度一致；始终坚持站在党和人民的立场上做学问，为党和政府科学决策、民主决策服务，为国家经济社会发展服务，为中国特色社会主义事业服务，为最广大人民的根本利益服务。突出中国社会科学院特点，就是以深入扎实的学术研究为基础，以学科门类齐全、高端人才荟萃、综合研究实力强等优势为依托，围绕马克思主义基本理论和中国特色社会主义理论体系，围绕经济社会发展重大问题和国际问题，开展全局性、战略性、前瞻性、系统性、综合性研究，推出现实性强、公信度高、影响力大的创新性理论观点和决策研究成果，为中央决策提供高质量的智力服务。

中国社会科学院智库建设的根本目的是为党和政府决策服务，既要避免用西方标准来规划和建设中国智库，也不能搞成所谓独立性的、营利性的机构。也就是说，中国社会科学院既不同于国外各类智库，也不同于国内其他领域和部门的各类智库。不仅要为党和政府决策出主意、出好主意、出管用的主意，提供具有重要参考价值的对策建议，而且还要站在时代之巅，立足中国，放眼世界，出思想、出理论、出观点，出原创性、创新性的思想、理论、观点，不断丰富发展马克思

① 参见王伟光：《努力建设具有国际影响力、世界知名的中国特色新型智库》，《人民日报》2015年1月30日。

主义和中国特色社会主义理论体系，不断丰富发展中国特色社会主义先进文化，以深厚扎实的基础研究、理论功底和学术涵养支撑经得起实践检验的战略性对策建议。

王伟光提出，采取有效措施，加快中国特色新型智库建设步伐，切实发挥好为决策服务的国家级综合性高端智库的功能，真正把中国社会科学院建成具有国际影响力的世界知名智库，切实发挥好作为党中央国务院重要思想库和智囊团的作用。

第一，要始终坚持党的领导，把握正确的政治方向和学术导向。在智库建设和发挥智库作用的全过程，必须始终坚持党对智库的领导，坚持党管智库，党管人才；全面加强党的建设特别是思想建设，完善党委领导下的所长负责制；在涉及党的基本理论、基本纲领、基本路线和重大原则、重要方针政策问题上，立场坚定、观点鲜明、态度坚决，自觉与以习近平同志为总书记的党中央保持高度一致。必须始终坚持把正确的政治方向和学术导向放在首位，坚持把马克思主义立场观点方法贯穿于具体的研究工作中，用发展着的马克思主义指导哲学社会科学。

第二，始终坚持围绕中心、服务大局，以重大理论和现实问题为科研主攻方向。要准确把握世情、国情、党情，运用马克思主义世界观、方法论，紧紧围绕贯彻落实中央重大决策部署特别是习近平总书记系列重要讲话精神，围绕全面深化改革、全面建成小康社会、全面推进依法治国的重大任务，深入研究党和国家面临的一系列亟待回答和解决的重大理论和现实问题，国家经济社会发展中的全局性、前瞻性、战略性、综合性问题，国内外普遍关注的热点焦点难点问题。

第三，始终坚持科学精神、鼓励大胆探索，加强基础学科建设和基础理论研究。基础学科建设和基础理论研究，是作为高端智库不可或缺的支撑条件。离开基础学科建设和基础理论研究，应用学科和应用研究就失去了根基，提出的对策建议就会缺少理论根基和科学依据，也就不可能具有真正的决策参考价值。必须坚持基础学科与应用学科并重、基础理论研究与应用对策研究并举方针，努力瞄准世界学术发展前沿，立足当代中国学术实际，大力加强学科建设，形成具有支撑作用的基础学科，具有较强优势的重点学科，具有重要现实意义和良好发展前景的新兴学科、交叉学科，具有重要文化价值的“绝学”和濒危学科，努力构建展现国际学术前沿、符合学术发展规律、适应国家经济社会发展需要的学科体系。

第四，始终坚持把人才建设放在重要位置，加强中国特色新型智库型人才队伍建设。建设中国特色新型智库，关键是要有一支高素质的智库型人才队伍。必须努力造就一批马克思主义基本理论功底扎实、熟悉世情国情党情、具有理论创新能力的理论家和高端学术人才，推出一批博通古今、学贯中西、善于开展跨学科研究的复合型人才，培养一批能够运用马克思主义立场观点方法分析解答党和国家关注的重大理论和现实问题的对策性研究人才，培育一批具有国际视野和世界眼光、能够在国际交流中直接对话、有实力争取话语权的学术英才。

第五，始终坚持弘扬正能量，用正面声音占领舆论阵地，加强有利于发挥智库功能的传播平台建设。智库功能的发挥和智库影响力的扩大，必须以完善有力的传播平台为依托，必须加大智库传播平台的名优工程建设力度。要坚持政治家办报办刊办网，唱响主旋律，宣传科学理论，传播先进文化，绝不能给错误的思想和观点提供传播渠道。加强报纸、期刊、出版社、图书馆、网站、数据库、评价中心等名优品牌建设，将其作为实现智库影响力最大化的重要平台。建立多渠道、多层次的信息传播机制，进一步扩大成果影响力，提升品牌知名度。

第六，始终坚持深化改革，健全制度保障体系，推进科研体制机制和科研组织形式创新。要成为具有国际影响力的世界知名智库，必须建立起符合智库发展规律的科研体制机制和科研组织形式，必须把深化科研体制机制改革和推进科研组织形式创新作为加强智库建设的重要保障。要以实施哲学社会科学创新工程为契机，以强化智库功能为方向，以改革现行体制机制为抓手，建立适应现代智库发展规律、有利于产出高质量思想产品和政策建议的科研体制机制、科研组织形式和运行机制。要坚持“功能分设、适当交流、相互支撑”原则，妥善处理中国社会科学院研究单位学术殿堂功能与智库功能的关系。根据中央决策需求和国家经济社会发展需要，打破研究单位和学科界限，建立能够直接承载智库职能的研究组织，鼓励研究单位成立跨专业的综合研究室。坚持开门办院、开门办所，与政府、企业、大学建立互动机制，合作开展重大问题研究和学术活动。增强为党和政府决策服务意识，完善和创新智库成果考评机制，充分调动专家学者撰写智库类成果的积极性。进一步整合全院信息资源，加强信息报送工作，及时报送对中央决策具有重要参考价值的资料信息。加强与高端智库的交流与联系，实现优势互补，协同创新。

十、发展研究中心建设中国特色新型智库的主要方向

国务院发展研究中心李伟认为①，国务院发展研究中心作为国务院直属政策研究机构，自 20 世纪 80 年代初成立起，围绕我国经济体制改革、建立社会主义市场经济、国有企业改革、推进全面深化改革等党和国家不同时期中心工作，为中央的重大决策提出政策建议和解决方案。在中国特色新型智库建设方面，做出过许多积极有益的探索。深入贯彻落实《关于加强中国特色新型智库建设的意见》，正确把握、积极推进、勇于创新，高质量地建设中国特色新型智库。

他认为，应该在以下几个方面重点开展工作：

第一，以习近平总书记重要论述为指导深入贯彻落实《关于加强中国特色新型智库建设的意见》。习近平总书记对建设中国特色新型智库的系列重要论述，指明了我国决策咨询事业发展方向，从国家战略高度对中国特色新型智库提出了明确要求。国务院发展研究中心要按照习近平总书记重要论述的要求，根据该《意见》提出的指导思想、总体目标、基本原则和各项举措，发挥自身独特优势，以全球视野，

① 参见李慧莲、赵海娟：《以改革创新推进高质量中国特色新型智库建设——访国务院发展研究中心研究员李伟》，《中国经济时报》2015 年 2 月 3 日。

战略眼光，充分遵循政策咨询研究规律，借鉴国内外著名智库的成功经验，明确发展定位，创新体制机制，凝聚一流人才，加强能力建设，把国务院发展研究中心建设成为在中央重大决策中发挥重要作用、在国际上具有较高知名度、对社会发展具有广泛影响力的一流智库。要切实把建设中国特色新型智库的思想认识和行动部署统一到习近平总书记要求上来，积极创新，勇于探索，率先打造高端智库，争当大力推进中国特色新型智库建设的“弄潮儿”。

第二，切实增强决策服务能力。一是紧紧围绕全面深化改革和推进依法治国等重大任务，增强战略谋划和综合研判能力。及时发现经济社会发展中具有苗头性、趋势性的重大问题并作出客观、准确的研判，对事关国家发展和安全的重大问题，能出大思路、大战略、大举措，从专业角度提出切实可行的实施意见。二是构建服务中央决策的研究保障体系。从准确把握决策需求、快速组织开展研究、提高成果质量、加强政策建议的及时性和管用性等方面，建立起完善有力的服务保障程序。三是及时开展并组织引导相关智库开展政策研究、决策预评估、政策实施后评估和政策解读工作。协调、集聚各方面智力资源参与决策咨询研究，提高研究成果的系统化、整体化运用水平。四是加强经济社会发展领域的学术理论研究，夯实政策咨询研究的理论基础。大力倡导“唯实求真、守正出新”的理念，树立实事求是、独立思考的学风。加强研究人员职业精神和职业道德建设，坚持内部研究无禁区、对外发表有纪律的原则。

第三，积极开展中国特色新型智库建设试点。根据《意见》关于实施国家高端智库建设计划的要求，认真开展试点工作，不断创新智库的组织形式和管理方式。一是健全专业化的科研管理体系。根据经济社会发展趋势和政策咨询研究工作需要，逐步完善并形成布局合理、优势明显、特色突出的政策研究领域；探索成立由国内外顶尖专家学者组成的选题委员会，形成科学有效、适度超前的科研选题机制；建立分层次、竞争性的科研评价机制；形成课题导向、管理灵活的课题组织形式；实行研究成果分类送审制度和质量把关制度。二是创新人才管理和培养机制。探索实行“智库创新工程”人才计划，造就一批国内领先、国际知名的领军人物和杰出人才；探索实行专业技术类公务员制度，深化人事管理、岗位聘用、职称评定制度改革，完善人才评价和激励制度；遴选对中央决策服务作出突出贡献的专家建立资深研究员制度。三是探索实行新型的科研经费管理制度。建立和完善一套适合智库运行特点、提高资金使用效率的经费管理制度，形成有别于自然科学经费管理的、专门的智库研究科研经费管理办法。四是建立适应经济全球化新形势的对外交流平台。依托高水平研究，积极参与国际对话，开展政策对外解读，广泛传播中国的实践经验和政策主张，增强在全球主流媒体和国际组织平台的话语权。

十一、科研机构建设科技智库的主要方向

2013 年 7 月 17 日，习近平总书记在中国科学院考察工作时，要求中国科学院率先建成国家高水平科技智库。中国科学院院长白春礼认为，科技智库是中国特色新型智库的有机组成部分①。科技智库在决策咨询中具有重要作用。表现在：科技智库主要是从科学技术影响和作用的角度研究事关全局的重大问题，从科技规律出发前瞻思考世界科技发展走势，开展科学评估，进行预测预判，对经济社会发展的重大问题提出前瞻性、建设性的建议，在国家科技战略、规划、布局和政策等方面发挥重要作用。发挥科技智库在实行科学民主依法决策中的重要作用。当前，我国全面建成小康社会进入决定性阶段，破解改革发展稳定难题和应对全球性问题，迫切需要科学咨询和科学决策。科技智库可以为科学咨询和决策提供丰富的理论与方法，拓展支撑决策的技术手段，降低决策风险和成本，提高决策质量，为民主依法决策提供可靠、有效的客观依据。

① 参见白春礼：《发挥科研机构优势　建设高端科技智库》，《光明日报》2015 年 1 月 29 日。

他认为，发挥科技智库在实施创新驱动发展战略中的重要作用。在科学技术广泛渗透到经济社会各个方面的今天，推动产业优化升级、培育和发展战略性新兴产业、解决资源环境瓶颈制约、有效应对自然灾害与公共安全事故、切实改善民生、保障国家安全等，都与科技密切相关，需要科技智库发挥其优势，把握重大需求、凝练关键问题、提出重点任务，为实施创新驱动发展战略提供关键支撑。发挥科技智库在实现科技跨越发展中的重要作用。当前，科学技术发展日新月异，孕育重大突破。科技智库汇聚高端科技智力资源，应该前瞻思考，敏锐把握世界科技发展大势，科学分析科学技术和产业变革的突破点，为我国科技从跟随到领跑转变、实现跨越发展寻找路径，发挥核心智囊的作用。

白春礼指出，中国科学院始终发挥着国家在科学技术方面最高咨询机构的作用。中国科学院自建院以来，特别是1955年成立中国科学院学部之后，始终担负着国家在科学技术方面最高咨询机构的使命，围绕科技促进发展和促进科技发展，提出了一批对国家宏观政策产生重大影响的科学思想、咨询建议和研究报告。例如，20世纪五六十年代，中科院参与两弹决策，提出人造卫星建议，为我国突破西方国家的技术封锁，实现维护国家安全、促进国民经济发展的关键核心技术和装备的突破作出了突出贡献。参与制定《十二年科学技术发展远景规划》，提出《科技十四条》，建议设立面向全国的自然科学基金，向党中央和国务院报送《迎接知识经济时代，建设国家创新体系》等，为我国在不同时期制定科学技术政策、推动科学技术快速发展提供了重要思想。发布《创新2050：科学技术与中国的未来》系列研究报告和《科技发展新态势与面向2020年的战略选择》等，为我国前瞻谋划和布局前沿科技领域与方向提供了科学依据和基础。承担并高质量完成了对国家政策措施实施情况开展第三方评估的任务，为党和政府科学民主依法决策提供了重要支撑。近年来，学部围绕西部开发、国家安全、可持续发展、学科发展战略、科学教育、人口老龄化等开展咨询，形成一系列咨询报告，为国家制定相关政策提供了重要参考依据。

经过多年发展，中科院已经逐步形成学部、研究机构各有侧重、特色鲜明的战略研究系统布局，拥有院士群体、研究机构、研究团队等分工不同、各有所长的战略研究队伍，支持战略研究和咨询的分析工具和平台初具规模，成为中国特色新型智库建设的一支重要力量。

白春礼认为，深化体制机制改革，率先建成国家高水平科技智库：在率先建成国家高水平科技智库方面，目标是：到2020年建成高水平科技智库的研究系统和管理平台，不断出创新思想，形成系列产出和学术品牌，对我国经济社会发展重大问题提出科学前瞻的建设性建议，在国家科技规划、科学政策、科技决策等方面发挥权威性影响，成为国家倚重、社会信任、特色鲜明、国际知名的科技智库。

第一，统筹相关研究力量和资源，建立科技战略咨询研究院。发挥学部的主导作用，集成院思想库相关研究力量，有效吸纳国内外高端智力资源。建立研究系统和管理平台，统筹相关研究队伍、项目、数据等资源，发挥科研机构、学部、教育机构“三位一体”深度融合和学科交叉、专家云集的特色与优势，健全统分结合、规范有序、科学高效、富有活力的组织体系和运行机制。

第二，完善重大课题选题机制，提升战略研究和咨询的综合性、系统性、针对性。根据问题导向与趋势导向相结合的原则，聚焦科技促进发展和促进科技发展，从科技规律出发前瞻思考世界科技发展走势，从科学技术影响和作用的角度研究国际国内经济社会发展的重大问题，组织开展重大咨询、学科战略、重要领域战略、科技政策与文化等研究。

第三，以重大产出为导向，持续推出高影响力的品牌产品。构建科技智库产品序列，形成咨询报告、月度快报、科技内参、年度报告和专题报告、有关学术刊物及数据库等向中央、全国乃至全世界定期发布的系列产出。组织多学科交叉的高水平专家队伍，承担并高质量完成党中央、国务院交办和有关部门委托的战略研究、重大决策研究、第三方评估与决策咨询任务。明确思想库成果评议和发布规则，建立研究成果质量把关和统一发布制度，规范成果管理与传播。

第二部分　国家高端智库建设

一、中央党校：努力打造国内一流国际知名高端智库[①]

党中央对党校智库建设高度重视，已经把中央党校列入国家高端智库建设试点名单，刚刚颁布的《中共中央关于加强和改进新形势下党校工作的意见》也对中央党校推进新型智库建设提出明确要求。中央党校将以此为契机，认真贯彻中央精神，聚焦中心工作，服务中央决策，以深化改革为动力，努力打造国内一流、国际知名的高端智库。

优势突出、特色鲜明，中央党校高端智库建设具有坚实基础

推进高端智库建设，必须依托自身优势。中央党校自身优势主要体现在三个方面：一是马克思主义基础理论学科布局完整，学科建设特色突出、理论联系实际优势明显；二是有众多来自工作一线而又有理论素养的学员资源，他们是从事决策咨询研究的“思想富矿”；三是拥有一支政治强、业务精、作风正的教研人员队伍。

2008年《中国共产党党校工作条例》提出“发挥党校在党委和政府决策中的思想库作用”以来，中央党校积极探索发挥思想库作用的新方式新途径，制定实施《关于推进中央党校思想库建设工作方案》。

---

① 参见何毅亭：《努力打造国内一流国际知名高端智库》，《光明日报》2015年12月16日。

特别是近两年，中央党校把智库建设放到更加突出的战略位置来抓。一是对中央党校的内部刊物从形式到内容进行大的调整，更加聚焦重大问题，更好服务中央决策。二是对校内各教研部（所）、各学员部及有关单位的内参供稿提出明确要求并定期公布，作为评选优秀科研成果奖和优秀科研集体奖的重要指标。三是制定《全面提升党校科研质量措施二十条》，把加强智库建设的措施制度化、规范化。四是出台具体措施，充分发挥学员在智库建设上的重要作用。五是加强全国党校系统智库建设协作和资源共享，制定《全国党校系统内参报送办法》、修订《全国党校系统科研评奖条例》，对全国党校系统内参报送工作作出明确规定。

中央党校把智库建设作为中央党校创新工程的核心内容。经中央审定同意，2015 年 4 月中央党校正式印发《中央党校关于实施教学与智库建设创新工程的意见》，大力度推进智库建设。

通过多方面努力，中央党校智库建设取得明显成效。自 2013 年 11 月中央党校两份内刊改版以来，共刊出三百多期，获得中央领导同志肯定的有一百多期，其中不少建议对中央决策起到了作用。同时，我们积极打造中央党校智库对外交流平台，不断增强话语权、扩大影响力。如中央党校与美国阿斯平研究所共同举办“中美学术论坛”，中美双方重量级专家围绕国际政治、经济、地区安全等热点问题进行学术交流。2014 年，多位中央领导同志分别会见出席论坛的斯考克罗夫特、奥尔布赖特、约瑟夫·奈、萨莫斯等美方代表。

精准发力、积极创新，破除束缚智库发展的体制机制障碍

体制机制创新是建设中国特色新型智库的关键所在，也是难点所在。中央党校高端智库建设把突破点定在破除束缚智库发展的体制机制障碍上，努力实现精准发力。

建立健全高端智库人才建设与使用的体制机制。按照“小机构、大网络”的智库人才构成规律，筹备建立中央党校高端智库专家库。按照“以我校为主，兼蓄各方人才”的原则，在全校遴选一批优秀专

家构成专家库核心团队，同时在校外精选一批有相关专长的高端人才进入专家库，努力把中央党校专家库打造成全国一流的高端智库专家人才聚集高地。探索智库成员管理模式，制定《中央党校高端智库专家库人才入库及管理办法》。

建立健全智库工作激励机制。打破原有职务职称体系，通过实施绩效制度，把智库人员的薪酬与绩效挂钩，根据参与智库创新工程的工作量、担负岗位的重要程度以及工作业绩等，配置智力报偿经费。建立健全智库工作人员年度考核指标体系，严格按照考核等级，确定智库工作人员的聘用、降聘、续聘或解聘等事宜。把决策咨询成果作为重要因素纳入专业技术职务评审、岗位聘任等各个环节，建立健全有利于多出决策咨询成果的科研评价机制和成果激励机制等配套措施。对成果进入决策或产生积极影响的给予奖励。

建立和完善符合党校智库运行特点的经费管理使用机制。创新预算理念，以零基预算、绩效预算为基础，改革经费配置办法，根据高端智库建设任务确定经费配置，建立国家高端智库建设智力补偿机制，建立和完善基础资助、人才资助和后期成果资助等制度。认真贯彻落实《国家高端智库专项经费管理办法（试行）》，提高资金使用效率。

抓住机遇、突出重点，强力推进中央党校高端智库建设

国家高端智库建设试点工作，是全面推进中国特色新型智库建设的示范性引领工程，也是试点单位智库建设的难得机遇。为推进中央党校高端智库建设，我们将努力做好以下工作。

进一步推进马克思主义基础理论研究。巩固党校科研特色和传统学术优势，努力培育和发展新的学术优势，夯实党校科研基础能力。提高中央党校中国特色社会主义理论体系研究中心的品牌地位，坚持在重大政治原则和大是大非问题上净化“噪音”“杂音”，弘扬主旋律，传播正能量，在思想舆论方面发挥引领作用。

进一步聚焦党和国家中心工作，搞好决策咨询。加强对国家中长期发展战略问题的前瞻性研究，加强对重大现实问题和突出矛盾的对

策性研究，加强党情政情社情信息反映和研究，努力成为出思想、出成果、出人才的重要阵地，更好地为中央决策服务。

进一步挖掘党校独特的资源优势。中央党校有发展智库的很多优势，特别是来自各地区各部门的学员资源丰富，有利于形成教学相长、学学相长、共生多赢的局面。要进一步探索学员资源在党校智库建设中发挥作用的方式和途径，创新党校学员参与决策咨询机制，把“思想富矿”优势转变为决策咨询服务能力优势。

进一步打造高端学术交流平台。加强中央党校高端智库与国际知名智库之间的交流与合作，打造知名国际论坛，扩大中央党校高端智库在国内外的影响力和传播力，牢牢掌握中国特色社会主义话语权，更加及时地发出中国声音，更加鲜明地展现中国思想，更加响亮地提出中国主张。

进一步整合全国党校系统智库建设力量。全国拥有县级以上各级党校近3000家、近10万名教职工，这是智库建设的重要优势。要建立和完善全国党校系统智库建设协作网络，包括在全国省级党校和副省级城市党校设立相关信息数据采集点，开展全国党员思想状况和全国干部思想状况调研，建立动态的科研基础数据库等等，全面提升党校系统为党委和政府决策服务的能力和水平。

二、国务院发展研究中心：以改革创新为动力 深入推进国家高端智库建设①

在我国迈进全面小康决胜阶段之际，中央全面深化改革领导小组审议通过了《国家高端智库建设试点工作方案》，提出要建设一批“国家亟需、特色鲜明、制度创新、引领发展”的高端智库，规范决策研究、成果转化、考核评估、经费投入等工作，并下发智库管理和专项

---

① 参见李伟：《以改革创新为动力 深入推进国家高端智库建设》，《光明日报》2015年12月3日。

经费管理两个办法，充分体现了中央推进国家治理体系现代化和科学民主依法决策的坚定信念和决心。可以说，中国的智库建设跨入了历史性发展的新时代，国务院发展研究中心（下称发展研究中心）也迎来了新的发展机遇。在今年1月中办、国办印发的《关于加强中国特色新型智库建设的意见》中，明确提出支持发展研究中心等单位“先行开展高端智库建设试点”。面对智库建设的新形势、新要求，发展研究中心把握机遇，以完善组织形式和管理方式为重点，以改革创新为动力，积极开展国家高端智库建设试点，深入推进国家高端智库建设，更好地服务党和国家工作大局，为实现中华民族伟大复兴的中国梦提供智力支撑。

提高决策服务水平是国家高端智库建设的根本所在

国家高端智库直接为党中央、国务院决策服务，是新形势下我们党探索治国理政规律，谋划执政方略，提高重大决策科学化水平的重要参谋助手。发展研究中心开展国家高端智库建设，必须立足我国国情，体现中国特色，牢牢把握正确的政治方向，瞄准国家重大战略需求，遵循我国决策咨询工作规律，为我国经济社会的发展提出建设性的意见和建议。

在研究工作中，发展研究中心把中长期重大战略性问题研究与当前热点难点问题研究相结合，密切对接中央决策需求，努力做到实事求是、符合规律、适度超前。我们坚持“唯实求真，守正出新”，在事关中国经济改革、对外开放和现代化建设的重大目标方向和举措等方面，积极开展全局性、综合性、战略性、长期性和前瞻性问题研究，取得了良好成效。

承担中央交办研究任务不断增加。2011—2014年共承担69项交办研究课题。2015年承担了中央交办的17项研究课题，包括十项关于“十三五”规划的重大课题。

承担党中央、国务院以及相关部委交办和委托的多项政策评估任务。2014年以来，中心共承担中央全面深化改革领导小组10项重大改革问题研究和7项专题评估任务，承担国务院交办的10项重要政策和重大决策事项第三方评估，为中央决策提供依据。

不断提高政策研究与决策支持的水平，完成了一系列具有重要价值和重大影响的研究成果。“十二五”期间，发展研究中心平均每年报送各类调查研究报告500余份。这些报告在扎实调查研究的基础上，突出对解决实际问题的管用性和及时性，其中相当一部分受到中央重视，对制定国家有关政策发挥了重要的决策咨询服务作用。

做好重大政策及经济社会发展热点问题的准确解读，发布研究观点，回应社会关切。今年围绕“经济发展新常态”等重大问题开展7次专题解读，这些文章在中央主流媒体发表后被国内外各类媒体广泛转载。前10个月在主流媒体发表政策解读文章560余篇。

构建高层次、宽领域和多渠道的国际交流合作体系，发挥智库作为国家软实力的特殊作用。发展研究中心承担国际发展知识中心的筹建任务，代表中国政府加入经合组织发展中心，在海外成功举办两届“丝路国际论坛”，发起成立“丝路国际智库网络”。今年新确立和继续执行的国家层面重大多边双边合作机制达14项。

建立灵活高效体制机制势在必行

开展国家高端智库建设试点既是机遇，又是挑战，要求我们以更大的智慧和勇气，破解长期以来智库发展中存在的体制机制难题，探索出一种既适应新形势下科学决策需要，又符合智库工作特点的新模式和新路径。

发展研究中心自2011年起，提出建设一流智库的奋斗目标，积极探索中国特色新型智库的组织形式和管理方式，为开展试点工作积累了有益经验。一是在创新科研管理体制上下功夫。全面推行制度化、规范化、程序化管理，明确职能边界，强化行政部门的科研服务角色。提高科研管理的专业化和信息化水平，建立中央交办任务的快速响应机制；加大课题组织的跨部门、跨领域协同力度，突出专业主义导向；实行研究成果质量的全过程管理，明确三级送审质量责任制度。二是在激发人才队伍活力上下功夫。对重要科研岗位加大竞争性选拔人才的力度，注重从中心内部培养和面向社会引进优秀人才。改进研究人员科研业绩统计和评价机制。鼓励年轻研究人员参加重大课题研究并发表成果，拓宽人才成长通道。建立人才专家网络及协调机制，有效集聚各类智库包括国际智库的力量参与决策咨询研究。

深入推进国家高端智库建设试点工作

开展国家高端智库建设试点，事关我国决策咨询体制重大改革，也与提升国家软实力和国家治理体系现代化密切相关，使命光荣，责任重大。发展研究中心将按照国家高端智库的标准和要求，加强能力建设，立足于高起点推进、高水平建设，实施“政策研究与决策支持创新工程”，扎实推进研究提质计划、人才创优计划、国际拓展计划、保障升级计划，在发展研究中心构建起优势明显、特色突出的政策研究体系，建立科学高效、充满活力的管理体制机制，造就一支政治坚定、造诣深厚、富有创新精神的高水平研究队伍，努力把发展研究中心建设成为高质量服务中央决策的高端智库，科学评估重大决策的重点机构，准确解读重大政策的新型组织，国际发展知识交流合作的高端平台，有效整合智库资源的重要载体，真正成为国际一流智库。

着力推进“研究提质计划”。优化科研布局，加强科研管理，改善科研投入，建立体系完整、方法科学的成果质量管理制度，建立多元、稳定、可持续的经费保障机制，完善适应智库工作规律的经费考评制度，着力提升社会智库资源整合能力。在发展研究中心现在的研究领域基础上进行整合、拓展、提升，提前布局对经济社会发展具有重要意义的新研究领域，提高为中央决策服务的针对性和实效性。

着力推进“人才创优计划”。人才是政策咨询研究的第一资源。发展研究中心将实施“创新岗位制度”“英才资助行动”“体制创新探索”，建立“引得进、稳得住、用得好、出得去”的科学用人制度和体系完整、激励充分、约束有效的人才管理机制，充分激发研究人员的主动性、积极性和创造性。

着力推进“国际拓展计划”。大力创新国际交流合作机制，深入拓展国际交流合作空间，全面提升国际交流合作水平，提高利用全球人才资源、汇聚全球智慧的能力，加强对外传播和国际话语体系建设，扩大研究成果国际影响，提升我国软实力。

着力推进“保障升级计划”。根据建设国家高端智库的需要，优化发展研究中心机构设置，改善科研用房条件，增加学术交流和国际合作设施。优化发展研究中心中英文门户网站、研究工作网和中国智库网等系统平台，加强 DRC 数字图书馆建设，大幅增加数据信息内容，提高信息化支撑水平。

三、中国社会科学院：走在国家高端智库建设前列①

建设中国特色新型智库是推进国家治理体系和治理能力现代化、提升国家软实力的重要举措。中国社会科学院有三家智库进入首批国家高端智库建设试点，充分体现了党中央的信任和关怀。中国社会科学院将深入贯彻中央决策部署，精心组织试点工作，注重从整体上充分发挥作为党中央国务院综合性高端智库的功能和作用，切实把中国社会科学院打造成国家亟需、特色鲜明、制度创新、引领发展的高端智库，打造成国家级新型智库研究综合集成中心，马克思主义理论创新中心，党和国家重大决策咨询服务中心，哲学社会科学学术观点创新中心，高素质智库人才孵化中心，智库信息采集、储存、处理和发布的海量数据库运行中心，国际知名智库交流合作中心，推动中国社会科学院智库建设实现新发展。

为人民开展智库研究，成为党中央国务院重要的思想库和智囊团

近年来，中国社会科学院高度重视智库建设，始终把发挥好智库功能作为一项重大而紧迫的任务抓紧抓好。党中央对中国社会科学院

① 参见王伟光：《走在国家高端智库建设前列》，《光明日报》2015 年 12 月 9 日。

"三个定位"要求中提出，要把中国社会科学院建设成为党中央国务院重要的思想库智囊团。中央《关于加强中国特色新型智库建设的意见》明确提出，要"发挥中国社会科学院作为国家级综合性高端智库的优势，使其成为具有国际影响力的世界知名智库"，为中国社会科学院加强中国特色新型智库建设指明了正确方向，提供了基本遵循。为此，院党组多次召开党组会研究落实，颁布并实施了《关于加强中国特色新型智库建设的若干意见》《中国特色新型智库建设 2015 年先行试点方案》《关于中国特色新型智库管理办法》等文件及一系列制度规定，构筑起"院—所—专业"三级智库格局，大力推进三个层次的智库建设：一是全院作为综合集成的总体智库；二是各研究单位作为具有学科优势的学科智库；三是院集中建设马克思主义理论创新智库、意识形态研究智库、财经战略研究院、国家金融与发展实验室、生态文明研究智库、国家治理研究智库、新疆智库、中国文化研究中心、国家全球战略研究智库、世界经济与政治研究所、中国廉政研究中心等 11 个专业化智库。同时，中国社会科学院还成立了与地方省市合作建设的上海研究院、陆家嘴金融研究中心等合作智库，并正在筹建西藏智库、京津冀协调发展研究智库等。

中国社会科学院从党和国家事业发展全局的战略高度，强调要把为人民开展智库研究作为搞好高端智库建设的根本要求。抓好智库建设，首先要解决好智库工作者站在什么样的立场上、选择什么样的政治方向和学术导向，运用什么样的理论武器，树立什么样的学风文风，为什么人服务的问题，也就是解决好"为了谁，依靠谁，我是谁"的问题。必须把握正确的政治方向，始终坚持党的领导、坚持中国特色社会主义道路、坚持国家利益和人民利益至上。为了把好智库研究与建设的根本方向，推动智库研究与建设健康发展，中国社会科学院党组采取了一系列措施，把站在党和人民的立场上做学问、自觉运用马克思主义的观点方法指导智库研究、树立和弘扬理论联系实际的马克思主义学风、以党和人民关注的重大理论和现实问题为主攻方向、为党和国家重大决策服务、为中国特色社会主义事业服务作为第一位的要求，把加强马克思主义和党的意识形态坚强阵地建设，落实意识形态工作责任制、意识形态工作情况“一票否决制”贯穿到智库工作中，以更好地发挥中国社会科学院中国特色新型智库的正能量。

多措并举，推动中国社会科学院智库建设实现新发展

加强高端智库建设，必须重视顶层设计，完善智库建设方案。中国社会科学院将按照中央要求和部署，以三家首批国家级高端试点智库为重点，研究制定加强试点智库建设方案，坚持高起点推进、高质量研究、高水平建设，先行先试，着力打造在国内外有广泛影响力的国家级高端智库。履行服务决策的基本职责，推进高端智库建设，围绕党和国家发展战略，提升咨政建言能力，以科学咨询支撑科学决策。要在阐发中国理论、贡献中国智慧方面走在全国前列，树立高度的理论自觉和理论自信，秉持学术追求和学术担当，全面深入地总结中国实践、提炼中国经验，用中国理论回答中国问题，用中国话语解读中国道路，更好地在国际上发出中国声音，让世界真正读懂中国，为人类文明进步提供中国思想、中国价值。

建设高端智库的关键在于建立健全有利于智库研究和发展的体制机制。要创新智库内部治理，完善制度设计，激发智库活力，加快形成灵活高效的管理运行机制。要加强智库与决策部门的沟通联系，搭建常态化互动平台，做到供需有效对接、工作一体联动。要在实施创新工程五年来不断推进制度创新的基础上，遵循智库发展规律，锐意改革创新，建立灵活高效的智库运行体制机制和有利于出成果出人才的激励淘汰制度，创新组织形式和管理方式，建立有效的智库内部治理机制、优胜劣汰的竞争机制、互联互通的信息共享机制、持续稳定的经费投放机制、广泛的国际合作与交流机制。同时要严格经费使用管理，确保经费使用合法、合理、合规，把好钢用在刀刃上，让智库建设经费发挥最大效用。

要把推出高质量的智库成果和高水平的智库人才作为出发点和落

脚点。加强高端智库建设，最终要落脚到产出一批中央决策需要的、具有战略和全局意义、现实针对性强的高质量成果上来；落脚到培养出一批政治方向学术导向正确，又红又专、德才兼备、有广泛影响力的高水平人才上来。要坚持高端定位，凝练主攻方向、突出专业特色、注重成果质量，增强理论创新和政策创新能力，努力推出原创性研究成果。中国社会科学院高端智库研究要依托其基础研究和应用研究并重并举的研究格局，充分发挥学科齐全、专家云集的优势和研究专长，围绕中央决策急需的重大课题，瞄准国家重大战略需求，聚焦“四个全面”战略布局，强化问题导向、应用导向，开展前瞻性、针对性、储备性政策研究，多出让党和人民满意的智库成果，多出具有建设性和可操作性的高质量的理论创新和决策咨询成果。当前特别要围绕党的十八届五中全会作出的重大战略部署确定智库研究方向和重点，为贯彻五大发展理念、决胜全面建成小康社会多献务实之策；要注重解决吸引人才、凝聚人才的问题，选好首席专家，建设好研究团队，形成开放、竞争、流动的人才机制，带出一支让党和人民放心的高水平智库人才队伍，为智库发挥作用创造良好条件。

落实智库工作责任制，是推进高端智库建设的重要保障。为了抓好智库建设，中国社会科学院强调党对智库建设的领导，建立并落实了智库工作责任制。院党组承担智库建设工作的主体责任，明确了责任分工，党组主要负责人是智库建设工作第一责任人，主管副院长是智库建设工作的直接责任人，分管院领导是所分管智库的具体责任人。院属单位党委领导班子承担本单位、本部门、本智库的主体责任。主要负责人为第一责任人，主管领导为直接责任人，分管领导为具体责任人。党组要求智库工作要一级抓一级，一级压一级，层层传导压力，责任领导不抓好智库建设就是失职。党组全面建立健全智库建设综合协调、督办督查机构及相应制度，抓领导、领导抓，抓具体、具体抓，常研究、常部署，定期检查、定期汇报。智库建设搞不好，不出成果，要追究责任。

四、国家行政学院：坚决落实中央部署、打造国家高端智库[①]

习近平总书记指出，我们进行治国理政，必须善于集中各方面智慧、凝聚最广泛力量。改革发展任务越是艰巨繁重，越需要强大的智力支持。为了加强中国特色新型智库建设，国家出台了相关意见和试点方案。国家行政学院被列入首批25家国家高端智库试点单位，这是中央对我们的信任和鞭策。我们必须增强责任感和使命感，提高认识，锐意创新，全力推进试点工作。

从党和国家事业发展全局的战略高度，充分认识建设国家高端智库的重大意义

建设国家高端智库，是协调推进“四个全面”战略布局、实现中华民族伟大复兴的需要。我国在向“两个一百年”目标迈进、加快民族复兴的征程中，综合国力将持续上升，国际影响将不断扩大，世界力量对比的版图将为之一变；同时，我国也面临经济社会全面转型，也有许多难题待解，需要长期艰苦的努力。这一切都需要智库贡献更高超的智慧、更深远的谋略，担当更重大的使命。

建设国家高端智库，是推进国家治理体系和治理能力现代化、提升国家软实力的需要。当前，我国经济社会发展的内外部环境正在发生深刻变化，改革发展任务繁重。从国际看，和平、发展、合作、共赢是时代主题，但局部风险增大，恐怖主义、网络安全、金融动荡、环境危机等问题凸显。从国内看，我国经济长期保持中高速增长的趋势不会变，但也面临诸多矛盾叠加、风险隐患增多的严峻挑战。这对国家治理能力提出了更高要求，智库在这方面大有可为，可以为中国

① 参见陈宝生：《坚决落实中央部署　打造国家高端智库》，《光明日报》2015年12月23日。

现代化多出善策良策。

建设国家高端智库，是贯彻五中全会精神、落实五大发展理念的需要。党的五中全会提出创新、协调、绿色、开放、共享五大发展理念，是我国发展理论的又一次重大创新，是关系我国发展全局的一场深刻变革。贯彻五大发展理念，需要与时俱进，创新发展思路和发展方式。围绕五中全会重大战略部署来确定研究方向和重点，开展前瞻性、战略性、储备性研究，为决胜全面建成小康社会多献务实之策，是国家高端智库的紧迫任务。

做好国家高端智库试点工作，国家行政学院有信心、有基础、有能力

经过20多年发展，国家行政学院形成了自身特色和优势，为做好国家高端智库试点奠定了良好基础。

“三位一体”的特色优势不断巩固。国家行政学院形成了教学培训、科学研究、决策咨询“三位一体”协调发展，突出“行政”特色的优势。围绕教学培训“主业”，专注公共行政与政策科学研究，推进咨询、科研与教学成果相互转化、相互支持、相互促进。充分发挥了学员优势，将他们的实践经验与科研咨询紧密结合，出了一批理论联系实际的优秀成果。

完成中央交办重大任务的能力不断提高。2015年，学院完成了“放管服”政策落实情况、“社会救助”政策落实情况的第三方评估；召开了“简政放权、放管结合、优化服务”和“创新宏观调控方式”理论研讨会，发挥了经验总结、理论升华、宣传推动的重要作用。

有影响的决策咨询成果不断增多。重点开展了中央决策急需、重大公共政策等方面的研究，并围绕中央重大决策，与国家有关部门深入开展实地调查研究和数据抽样调查。全年已编报《送阅件》75期，形成了一批决策影响力大、社会效应好的成果。

对外交流合作的平台不断扩大。2015年有近100个国家和地区约

1400人次来院参加交流研讨活动，主题覆盖了公共行政、经济、法律、政治学、社会和文化、应急管理、电子政务等多个领域。“讲好中国故事”主题沙龙活动，有95个国家的800多名各界人士参与了深入讨论。

学科建设和基础研究不断强化。公共行政学、行政法学、政府经济学等优势学科建设持续加强，基础研究能力不断提升。发布《中国社会体制改革报告》《中国应急管理报告》等，出版著作40余部，发表论文600多篇。加强政策模拟仿真和政策背景分析研究，发挥了理论研究的重要基地作用。

以改革创新为引领，打造党和人民“信得过、用得上、离不开”的高端智库

国家行政学院智库建设有了很好的基础，但必须看到，首批25家试点单位各有优势，百舸竞发，不进则退。我们必须全力以赴，会聚优秀人才，创新体制机制，选准人，定好题，创机制，塑品牌，争取在智库建设中脱颖而出。

始终坚持正确的政治方向。国家行政学院党委要加强对智库建设的领导，坚持中国特色社会主义方向，积极借鉴国外智库有益经验，但绝不照搬外国智库模式。要提高自觉运用马克思主义的立场、观点和方法办智库的能力，发扬理论联系实际的优良作风，将马克思主义基本原理同我国的国情、党情、民情相结合，破解中国经济社会发展中的各类难点、热点、焦点问题。要深刻领会党中央“准备进行具有许多新的历史特点的伟大斗争”的重要论述，准确把握当下和长远、现在和未来党的历史使命和光荣任务。

始终坚持服务于党和国家工作大局。国家行政学院要切实聚焦于“四个全面”战略布局，服务于党的十八届五中全会作出的重大战略部署，为贯彻五大发展理念、决胜全面建成小康社会，凝聚最广泛力量源泉，提供最强大智力支持。深入研究我国战略机遇期内涵的深刻变化，为更加有效应对各种风险和挑战，及时向中央贡献前瞻性、针对性、储备性的决策咨询成果。要树立高度的理论自觉和理论自信，保持应有的学术追求和学术担当，以历史的眼光、发展的眼光、辩证的思维，全面深入总结中国特色社会主义的伟大实践。要服务于中央对外工作大局，开门办智库，在国际舞台上提出“中国主张”、阐释“中国理念”，为人类文明提供中国价值。

始终坚持体制机制创新。国家行政学院要把改革创新放在智库建设发展的核心位置，不断推进智库建设的理念创新、方法创新和制度创新。几年来，我们坚持“质量立院”不动摇，形成了独特学科优势，培养了一支高水平研究队伍，但距党中央国务院的要求还有差距。必须抓住改革创新这个“牛鼻子”，建立适应智库发展的有效内部治理机制、供需联系机制、人才激励机制、经费投入机制和国际合作交流机制。充分发挥学院智库建设领导小组和学术委员会的职能，以研究项目为纽带和载体，坚持项目带团队，团队跟着项目走，经费跟着项目走。加强智库核心团队建设，选好首席专家，配备研究力量，用好访问学者和博士后研究人员等，确保“库”中有“智”。

始终坚持发挥专业特色优势。要突出“行政”特色，在公共行政与政策科学研究领域，善于提出具有全局性、战略性的高端问题，善于开展高水准、高层次的调查研究，提供思想性强、价值含量高、有真知灼见、管用务实的高端决策咨询成果。要突出教学、科研、咨询“三位一体”特色，利用行政学科优势，积极探索多学科的融合交叉，提高研究解决整体性、复杂性问题的能力，激发教学、科研、咨询之间多向对流和相互反哺带来的活力，提升智库建设水平。要突出开放办学特色，增强国际视野和战略思维，加强研究国际重大问题，善于利用国际优秀人才，积极开展国际交流合作，提高学院智库成果的国际影响力。

建设国家高端智库，国家行政学院一定要集中力量，精心组织，干在实处，走在前列，向中央交出一份合格答卷。

五、中央编译局：发挥既有优势　打造独具特色的国家高端智库[①]

在此次国家高端智库试点工作中，中共中央编译局作为综合性研究机构之一，被列为第一批试点单位。这充分体现了中央对我们的重视和信任，是对我们已有工作的肯定，同时也对我们工作的进一步展开提出了新的更高要求。我们要立足本职定位，发挥既有优势，努力建设适合党和国家事业发展需要、具有中央编译局特色的高端智库。

中央编译局作为党中央直属的理论工作机构，在党的思想理论建设和国家意识形态建设中承担着重要职责，具有国家高端智库建设的独特优势：

按照职责定位，中央编译局的主要工作领域包括马克思主义经典著作编译、中央文献对外翻译、马克思主义理论和重大现实问题研究、马克思主义文献信息资源建设等方面。长期以来，我们按照中央的要求，坚持“三个并重”（翻译与研究并重、研究经典与研究现实并重、理论提高与理论普及并重）的原则，协调推进以上各方面工作，取得了一系列重要成果，在党和国家事业发展中发挥了积极作用。正是这些方面的工作基础，为参与此次国家高端智库建设试点准备了必要的条件，并形成了独特优势。

马克思主义是我们党的根本指导思想，也是我们国家的主流意识形态。党的思想理论建设和国家意识形态建设，最根本的便是马克思主义理论建设。如今，我们正在进行中国特色社会主义的伟大实践，为实现“两个一百年”的宏伟目标和中华民族伟大复兴而奋斗；新的形势和任务要求我们进一步加强马克思主义理论建设，巩固马克思主义在意识形态领域的根本指导地位，以马克思主义的立场、观点、方

① 参见贾高建：《发挥既有优势　打造独具特色的国家高端智库》，《光明日报》2016 年 1 月 20 日。

法指导当代实践中重大问题的研究和解决，并推动马克思主义中国化不断取得新的成果。而我们所承担的各项工作，正是围绕这一现实需要展开的。其中，马克思主义经典著作编译是马克思主义理论建设的基础工程，它为马克思主义理论的学习、研究和宣传提供可靠的文本依据；而在此基础上深入开展马克思主义基本理论研究，正是马克思主义理论建设的题中之义。同时，我们在研究工作中强调理论联系实际，注重将马克思主义理论研究与现实问题研究结合起来，特别是关于当代中国和世界发展的重大战略问题研究。与此相关，中央文献对外翻译工作旨在将马克思主义中国化的重要成果推介出去，而马克思主义信息资源建设则为整个马克思主义理论建设提供了必要条件和技术支持。这是一个相互联结、相互支持的系统工程，我们在这些方面做出了长期的努力，形成了比较深厚的成果积累和人才积累，从而有条件成为致力于党的思想理论建设和国家意识形态建设，突出马克思主义理论建设和当代实践中重大战略问题研究的高端智库。

当然，要建设国家高端智库，其工作任务和着眼点与常规理论工作有所不同。按照此次试点工作的总体方案，智库工作的基本任务是着眼党和国家重大战略需求，开展决策咨询研究。这就要求我们对各方面工作做出新的安排，在原有的基础上进行新的拓展。对于我们事业发展来说，这是一个新的重要机遇，同时也是一个新的挑战。我们一定要认真筹划，精心组织，准确把握高端智库建设试点工作的指导思想和基本要求，立足本单位具体实际，找准结合点，探索智库建设的可行路径。

明确高端智库建设的主要目标，确定决策咨询研究的重点领域，组建专兼职结合的研究团队，创新运行管理的体制机制，有序开展国家高端智库建设试点的各项工作：

开展高端智库试点工作，首先需要在总体方案的指导下，明确本单位智库建设的主要目标。由于参与试点工作的各单位具体情况不同，其目标定位也应有所不同。作为综合性试点单位，我局高端智库建设的主要目标是：以原有的编译、研究及文献信息等方面工作为依托，着眼于马克思主义理论建设和当代实践中的重大战略问题，开展高层次决策咨询研究，推出高质量的研究成果，为党和政府在相关领域的科学决策提供智力支持。

围绕这一主要目标，接下来应确定与之对应的重点研究领域。依据已有的工作积累和具体条件，目前可以考虑将以下几个领域作为决策咨询研究的重点领域：马克思主义理论与当代实践。该领域主要围绕如何以马克思主义理论指导当代实践，并在当代实践的基础上推动马克思主义理论的创新发展，以及马克思主义中国化成果对外传播、国外马克思主义发展动态等方面问题开展决策咨询研究。当代世界与社会主义前沿问题。该领域主要围绕 20 世纪社会主义的历史经验，当代世界社会主义的新情况和新探索，以及当代资本主义的新变化等方面问题开展决策咨询研究。国家治理体系和治理能力现代化。该领域主要围绕如何面对现代化进程中的新挑战和新要求，加强国家治理体系和治理能力建设，推动各领域体制机制创新等方面问题开展决策咨询研究。全球治理与世界主要国家发展战略。该领域主要围绕当代全球治理的具体实践及中国所应发挥的作用，世界主要国家发展战略的比较与借鉴等方面问题开展决策咨询研究。海外中国研究。该领域主要围绕中国特色社会主义理论与实践在海外的影响，对中国理论、中国道路以及各方面重大决策的反应和评价等方面问题开展决策咨询研究。在以上各个重点研究领域，还应视不同情况设置若干重点研究方向，以便进一步整合力量，聚焦问题，取得突破。

确定了重点研究领域及重点研究方向，还需要有能够承担这些领域和方向研究任务的高水平研究团队。多年来，我们一直十分重视干部人才队伍建设，强调“出成果”和“出人才”的有机统一，在各方面工作中培养了一大批高素质专业人才，从而为组建以上各个重点领域及重点方向的研究团队提供了骨干力量。但是，仅仅依靠现有力量显然是不够的，还必须按照试点工作总体方案的要求，从外部引进各类优秀人才，实行内部与外部、专职与兼职相结合，形成“小机构、大网络”的用人格局，更好地满足各领域决策咨询研究的实际需要。

为保证高端智库研究工作顺利展开并取得预期成果，必须建立一套灵活高效的管理体制。作为中央直属单位，中央编译局实行全员参公管理，原有的各项管理制度仍要严格执行。如何将这两方面的管理要求有机地结合起来，形成符合实际的智库管理模式，还需要在实践中不断探索。为此，我们成立了由局主要领导牵头的智库建设试点工作领导小组，对这方面工作进行全面规划和统筹；领导小组下设办公室，负责试点工作的具体管理事宜；局学术评审委员会代行智库学术委员会的各项职权，相关行政管理事务则由办公厅、人事部等职能部门分别承担。各重点领域及重点方向由局属各业务部门归口管理，各领域研究工作的具体组织则按照试点工作总体方案的要求，实行首席专家负责制。重点领域中各重点研究方向也要确定相应的负责人，协助首席专家开展工作。整个智库的研究工作普遍采用项目制管理，经费投入与研究项目及成果挂钩，并依据有关政策建立相应的激励机制，调动研究人员的积极性，确保各项工作任务落到实处。

第三部分　观点碰撞

一、2013 首届中国智库国际学术研讨会部分发言①

2013 年 6 月 30 日，为促进中国智库与国际智库之间的交流合作，更好地为顶层设计提供研究和咨询服务，遵照中央有关领导同志关于“建设高质量智库”、“推动中国特色新型智库建设”等一系列重要指示，由东中西部区域发展和改革研究院、联合国开发计划署、中华全国归国华侨联合会特聘专家委员会联合主办的“2013 智库筑基‘中国梦’：中国智库国际学术研讨会”在北京召开。全国人大常委会副委员长陈昌智向会议发来贺信。第九、第十届全国人大常委会副委员长成思危、联合国副秘书长彼德·朗斯基-蒂芬索、国务院参事室副主任方宁参加了学术研讨会，成思危作题为《中国智库的责任和素质》的主旨报告。国务院参事、《国家智库》、《中国智库》主编、东中西部区域发展和改革研究院院长任玉岭、中国经济体制改革研究会名誉会长高尚全代表会议组委会致辞。

陈昌智在贺信中说，当前中国的改革开放再次进入关键时期。实现民族复兴、国家富强、人民幸福已经成为每一个中国人的梦想。智库作为科学决策的重要元素，理应在实现中国梦的过程中发挥重要作用。中国中央政府强调要按照“服务决策，适度超前”的原则，建设

① 参见《加快建设中国特色新型智库　首届中国智库国际学术研讨会综述》，中国网 2013 年 7 月 23 日，http：//fangtan. china. com. cn/2013—07/23/content _ 29505618. htm.

高质量智库。此次研讨会汇聚了海内外众多知名智库专家，共商中国特色社会主义新型智库的建构大计，适逢其时。期望“中国智库国际学术研讨会”坚持举办下去，通过研讨会这个窗口和平台，发展智库产业，让世界了解中国智库，让中国智库走向世界。

成思危强调，智库的责任一是要支持决策，具体体现为探讨理论基础、评鉴国外经验、完善政策框架、分析实施难点；二是要对决策可行性进行评估。而智库需要具备的素质有四方面，分别是实事求是的态度、科学合理的方法、兼容并蓄的精神、人才合理的结构。另外，他提及，当前民间的第三方智库需要加强建设，希望能够通过基金的方式在资金上进行支持，希望社会各界加强对智库的认识和重视，促进智库发展壮大。

彼德·朗斯基-蒂芬索代表联合国热烈祝贺研讨会召开。他说，在现在改革和变化的时代，我们需要非常高质量的研究，而在政府部门和国际组织之外，智库实际上形成了一个智力、知识的骨干系统，聚集知识、专长以及经验，使政府和社会都能从中受益。希望这种高级别的智库研讨会能加强智库的力量，引导更多研究，尤其是指引“中国梦”和中国智库产业发展壮大。

任玉岭指出，最近一个时期，党和国家领导人习近平总书记、李克强总理和刘延东副总理都对建设新型智库给出了重要指示。中国的智库发展将迎来美好的春天。目前，必须认识到中国的智库仍存在独立性不强、研究水平和影响力不足等问题。各级政府必须强化智库意识，请智库机构参与到决策的依据、思路和框架中，确保政府决策的科学性；同时也要大力发展智库机构，对国有的智库机构松绑、放权，大力发展民间的智库机构。另外，智库要保持独立性，力排利益博弈的干扰，避免为既得利益者代言。

高尚全提出对于建设中国特色新型智库的几点思考：一是要用改革的理念办好智库，用创新的精神做好研究；二是要探索有活力的智库建设组织形式；三是要在国际合作当中提高中国智库的学术水平；四是政府要引导支持智库建设，这是建设中国特色新型智库的重要保证。

段应碧、卢中原、曲星、王绍光、胡鞍钢、朱光磊、于今、金灿荣、王辉耀、朱旭峰、殷仲义等来自中央、国务院有关智库部门和部分高校，科研院所，非政府智库，港台智库等全国各地的百余名专家学者和理论工作者出席了会议，海外知名学者郑永年、詹姆斯·麦甘、克里·布朗、李成等来自美国布鲁金斯学会、美国宾夕法尼亚大学、新加坡国立大学东亚研究所、俄罗斯科学院、加拿大西安大略大学、悉尼大学以及联合国开发计划署、欧盟等国家 20 多位著名国际智库机构的代表应邀参加本次会议并做主旨报告。会议期间，代表们以“推动中国特色新型智库建设”为主题，围绕“中国智库的挑战与前景”、“思想市场与智库产业”两个议题，对“中国梦”与中国特色新型智库发展的内在逻辑、为什么要建设中国特色新型智库、全球化背景下中国智库面临的问题、怎样开展中国特色新型智库建设、如何发展思想市场及智库产业、如何发挥好智库的作用、中国智库的职责和道德、国际领先智库的发展经验、中国民间智库的发展以及与智库发展相关的体制机制等若干重大理论和实践问题进行了多视角、宽领域、广泛深入的探讨，对中国特色智库发展提出了建议和对策。

（一）智库筑基“中国梦”

专家学者探讨了实现“中国梦”与构建中国特色新型智库的内在逻辑。中国国际问题研究所所长曲星教授认为，“中国梦”既是一个民族的梦，也是国家的梦，同时也是个人的梦。对于怎么实现中国梦，党的十八大报告中提出从政治、经济、文化、环保等多方面去努力，其中每一个方面都应该发挥智库的作用。布鲁金斯学会约翰·桑顿中国中心研究主任李成认为，“中国梦”是个丰富的概念，不仅是经济的发展，中产阶级的壮大，还包括法治和政治方面的进步。从根本上讲，“中国梦”就是中产阶级的梦想，让普通老百姓有更多的机会进入中产阶级的行列，从这个意义上讲，它和美国梦、欧洲梦等有共同的地方。美国纽约规划局前局长饶及人谈了自己对于“中国梦”的理解，他提出，房改、医改、教改应该作为“十二五”规划、“十三五”规划的三大目标；中国城市建设要成为中国软实力的展现，未来中国几十年的城市建设趋势就是后续发展。

国务院发展研究中心原副主任卢中原指出，当前，中国正面临着巨大的变革：中国经济增长速度正呈现趋势性放缓；中国的舆论环境在发生很大的变化；中国与国际社会的互动更加活跃。在这种变革大局下，中国的智库要有担当。第一，要告诉公共权力和决策当局，经济的未来趋势是什么。第二，智库要有一种互相包容的精神，彼此竞争同时又互相包容，提出建设性的意见。第三，智库要研究怎么使中国的发展与全球化进一步衔接，更加积极利用全球化对中国的促进，防范可能带来的风险。新加坡国立大学东亚研究所所长郑永年强调，智库建设不应追求数量，而要追求质量。智库需要在“知”（知识体系）和“行”（行动体，行动人物）之间搭一座桥。智库不仅要做短期回应战术上的东西，更要侧重于做中长期的分析。此外，他还介绍了新加坡国立大学东亚研究所的做法，强调要保持智库的独立性和客观性，且研究人员没有终身制，不能以追求影响为目标。

英国皇家国际事务研究所亚洲项目主管、资深研究员克里·布朗认为，智库最主要的作用就是做桥梁和沟通的组织。当前任何领域内的政策制定，都需要了解中国的想法。但通常官员并没有这种知识，所以就特别需要依赖智库。他指出，在欧洲与美国，智库与政府之间的旋转门效应比较明显，可以相互转化，但是中国目前还不明显，智库发挥的作用还不明显。应该存在更多的智库，容许更多不同的思想，让人们接受更多的想法。

香港中文大学王绍光教授指出，要把智库的定义、内涵和外延搞清楚，一般谈智库是跟公共政策相关的，而不把企业咨询看做智库。同时，应该纠正大家对国外智库的态度，将仰视改为平视，对中国智库应该多一些自信。当分析智库在政策决策中的作用时，就会发现有很多种不同种类的智库，各类智库研究机构实际上可以扮演一个功能互补的角色。

台湾财团法人长城基金会董事长耿荣水认为，“中国梦”一定要把台湾这个因素包含进去，中国如果没有台湾的角色或台湾同胞的参与，这个梦也做得不是很完整。台湾也有梦，但很坦白地说，只有“中国梦”真正实现了，“台湾梦”才可能成真。未来智库之间大陆和台湾合作，要有几方面的内容，人才交流很重要，可以考虑两岸合资、合股来办一个智库。

（二）当前中国智库的不足

新加坡国立大学东亚研究所所长郑永年指出，思维方法是中国智库现在面临最大的缺陷。无论是做建模，还是做定量、定性分析，这些都不难。这些是工具，最主要的，还是思维方式最重要。没有思维方式，各种工具也没用。现在大家把作为工具的东西变成目标了，用这些工具造出了很多东西来。这是本末倒置，做不出东西来。智库不是为了追求影响，智库就是说真话。如果为了追求影响，为了获得领导人的批示，肯定做不好智库。

中共中央党校国际战略研究所副所长周天勇分析了当前中国智库存在的诸多问题，并提出了调整思路：第一，要去意识形态化，在思想上百家争鸣、百花齐放，科学、独立、自由地进行研究；第二，去行政化、部门化；第三，在资金渠道上，要让社会资金进入；第四，政策研究一定要客观、独立、中立。

北京大军智库经济咨询有限公司仲大军认为，如果影响不了领导层和具体政策或决策方面，就很难称为智库。中国智库，特别是民间智库要想上升到影响决策层，需要进一步在机制、体制上进行改革。民间智库的态度应该要把握两个原则：合作性、专业化。民间智库有其自身的优点，那就是没有官气，能接地气，还有一个优势是草根化。

全国人民大学国际关系学院副院长金灿荣指出，外交智库民间比较弱，主要还是政府的，这和外交性质有关系。他提出了六点发展建议：官方要多投资、增加容忍度、智库本身要专业性、独立性、要有思想意识。

《国家智库》首席专家徐光裕少将认为，中国民间智库不发达，原因就在于从决策层到经营层，到大众，承受力不够。因为一旦出现非常繁荣发达的民间智库，就会出现不同的声音，就会出现正面、反面的争论，于是乎在网络和媒体上就会出现完全打破人们原来思维模式的一种习惯。

台湾财团法人两岸交流远景基金会副执行长孙扬明认为，智库几乎是没有边界的思想，在这种情形下，必须要求社会环境宽容，还要有自己资金支持。如果我们的容忍度不够或把边界设得太窄，智库的存在有时候和一言堂的差距就不大，所以要把边界放得非常非常宽，让各种不同的思想和声音彼此相互冲撞。

克危克险总经理兼高级分析员袁铁成指出，当前智库发展面临的问题，第一，当前智库的建立是人治，而非法治和市场治；第二，刚开始目标远大，但后来无法实现；第三，很多智库研究都是大而无当的，很多在低层次的无序研究，缺乏市场检验；第四，很多智库本身缺乏造血功能，缺乏独立性和持续性。中国当前大环境中的认知观念问题和消费观念问题，也阻碍了智库的发展。对于未来发展，有以下建议：国家对智库观念要包容、开放，不要有敌意，要善意一些；取消限制政策；政策可以有取向，研究不能有禁区；智库应该全程引入市场机制；鼓励社会资源进入智库。

（三）如何发挥好智库的作用

中国经济体制改革研究会名誉会长高尚全指出，我们已经建立了不少智库。过去智库不是没有发挥作用，但是不够。例如对于中央文件的起草，中央可以选择 4—5 个智库来交代这个任务，限期交卷。智库是比较公平、公正地来参与起草的，这就避免了把一些部门利益带到中央文件里，也克服了参与起草的部门精英的局限性。同时，智库之间也可以展开竞争，这样可以提高智库的学术水平。起草小组和智库两条腿走路，这样可以更好地丰富中央文件，提高中央文件的质量。

美国宾夕法尼亚大学智库与市民社会项目主任詹姆斯·麦甘认为，

全球化、不断增长的 NGO 和 IGO、民主化和权力下放、对独立信息和分析的需求、复杂政策问题的增加、社交网络等新技术的发展、日益开放的政策辩论、黑客活动、无政府主义和民粹主义运动、全球性结构调整、经济危机和政治瘫痪、政策海啸、个人能够通过互联网和社交网络挑战国家、大数据和超级计算机、增长的政治多极化、政客短期行为等十五个原因正驱动着智库在全球的增长。筹资模式转变、专业性提升、竞争加剧、影响力和独立性的平衡、产出和影响、智库独立性的幻影、混合组织、行动和思想、更注重对外关系和营销策略、走向世界、领导和管理的紧张以及互联网、新媒体、社交网络和云技术是智库面临的新问题和发展趋势。他指出，智库面临的持续挑战是如何在关键政策问题上及时有效地影响决策者、媒体和公众。而对智库的需求和依赖趋势将持续。

国家行政学院丁元竹教授认为，要建立统一的市场才能有智库间公平的竞争，而现在智库的市场不是统一的。不要一般意义上把智库分为官方和民间两种，这样太肤浅了。目前智库可分为：按公务员法来管的智库，参照公务员法来管的智库，全额拨款的事业单位智库，自收自支的事业单位智库。民间的有在工商部门注册的，还有在民政部门注册。在民政部门注册，有按 NGO 注册的，还有按社团注册的。这个事情怎么管，我们要从深入去研究。要在多元格局下实现不同的主体之间的沟通和对话。对于智库未来的发展方向，第一，事业单位要改革；第二，要创新，按市场角度按市场标准不统一的情况，按事业和产业进一步区分，对于真正推动智库的发展，十分重要。

清华大学朱旭峰教授也认为，中国智库不要用民间、官方的智库简单划分。不要在思想库身上贴标签：你是官方的，你就是为政府说话的；你是民间的，你就是推动民主化建设的。其实并不尽然。智库要发挥作用，一是加强能力建设，提高学术能力和政策研究能力，提高决策研究能力以及提高舆论引导能力。二是提高国际化水平，既参与国际事务，引进人才资源的同时要加强国际流动，最好能吸引西方学者为中国思想库服务。充分利用互联网来提升中国智库影响力。三是对研究思想库影响力本身做一定尝试，研究中国思想库，研究公共议题问题，参加国际交流。中国思想库不仅是决策科学化、民主化的机制，对海外来讲也是中国决策科学化、民主化的重要窗口，是“中国模式”的一个组成部分。

（四）中国智库的挑战与前景

与会专家学者一致认为，建设中国特色新型智库与中国改革开放内在统一、相互推进。中国机构编制管理研究会执行副会长于宁指出，当前中国智库的发展存在着资金不足、发展滞后等问题。中国智库要步入良性发展道路，不但要最大限度地争取政府的资金支持，而且要与基金会、公司、大学等非官方机构保持密切联系，沟通研究信息，以便更多地获取各方资金支持。此外，中国智库需要密切关注社会热点，坚定立场，提高专业水平，开展建设性的研究。就目前而言，中国智库需要多关注大部制改革问题。

中国侨联特聘专家委员会秘书长李曙光教授提到，中国的改革需要高端的智库，高端的智库当然要有高端的思想。但是很重要的一点是，需要形成高端智库的政策法律和体制环境，这就需要我们做好四个方面的工作：第一，需要公平公正的政策法律环境；第二，要形成多元的政策利益集团；第三，形成高端智库公共政策决策环境，决策机制更加民主、公开和透明；第四，形成高端智库的社会环境，包括大的企业更愿意投入支持高端智库的出现，以及整个社会环境能够有更利于高端智库意见市场和产品的形成。

南开大学副校长朱光磊教授认为，要促进智库的发展，很重要的一个条件是社会科学的发展。中国当前社会科学学科门类体系现在已经基本建立起来，社会科学社科化的转变基本完成，大量的新思想、新方法进入中国。但仍存在一些问题，中国社会科学的概念还太少，理论上过于依赖西方很多东西。所以，基于中国智库发展对社会科学发展的要求，我们要做好以下几个平衡：中国意识与国际意识的平衡、问题意识与学科意识的平衡、人文做精与社科做强的平衡。

国防大学纪明葵少将分析比较了中国智库和国际智库的不同之处，他认为中国智库前端论证的东西比较少，后端论证的已经很多，也就是说能给国家提供决策支持建议不够，反过来国家决策以后，论证国家决策的优点的支持东西很多。对于未来智库建设，他建议，智库建设要有全局性、操作性、特色性、超前性以及科学性，要尽可能利用现有的科技手段。

长城企业战略研究所所长王德禄认为，前 30 年是中国制造的崛起，后 30 年是新经济和创新经济事业的再崛起。中国现在有三个弱项：没有充分思想自由，天使投资不发达，知识产权没有得到保护，这三个问题是中国改革的三个中心问题。只要这三个问题得到解决，中国就可以实现新经济在全球的水平。

军事科学院单秀法教授强调了思想的力量和价值，认为中国社会的发展给智库提供了广阔的天地。他提出，要建立中国智库协会，其主要作用是代表政府对国内智库进行弹性管理，以适应互联网对社会意识形态建设和管理带来的新情况、新问题；提升各智库的质量，疏通智库和政府之间的对接渠道。

国防大学朱成虎少将认为，为了促进智库的发展，政府层面，不要把决策权当作自己的私人权力，要愿意听智库的建议。过去错误的东西要能够有胆识和魄力来改变。而智库自身方面，要培育智库文化，没有智库文化就不可能发挥智库的作用，没有智库的作用就不可能有决策的民主化、科学化。最根本的还是在培育我们的智库文化。

（五）怎样开展中国特色新型智库建设

军事科学院黄星少将认为，中国的历史为中国的智库赋予了独特的理论内涵，包括以天下为己任的整体主义主流价值观、天下为公的世界大同思想、敬鬼神而远之的理性倾向的认识论、方法论。由此，他认为中国当代新型智库最主要的特色应该是跨域整合。建设智库要站在国家和人民整体利益、全局利益的高度进行总体设计，跨部门、跨系统地整合资源，这也正是当前智库的弱项，需要大力加强。

陕西省公安厅副厅长陈里指出，要科学把握智库的本质以及智库的组成要素。在智库发展中，要注意几方面问题：建立开放的公共决策体制、引入决策咨询的优胜劣汰、建立智库成果的独立评估体系、推进民间智库的多元发展等。

《领导者》杂志社社长周志兴提出了民间智库的农业八字宪法，即“土、肥、水、种、密、保、管、工”。他认为，中国已经具备了智库生长的土壤，种子也有了，还缺肥料。要让民间智库能在这个土壤上生长，国家要支持，不仅允许它注册，还要采购它的产品，这也是非常重要的。

察哈尔学会秘书长柯银斌认为，中国民间智库的发展可以归类为两句话，一是开放，二是创新。各级政府，尤其中国政府在政策方面对民间智库有所开放，包括：注册、资金、人才、外事等。而创新方面则要学习西方发展经验和治理经验，战略定位必须聚焦、创新治理结构、组织机构等。

中国（海南）发展研究院常务副院长殷仲义结合自身发展经验，提出七点建议：第一，作为改革之库，一定要把服务改革决策、凝聚改革共识、营造改革氛围作为自己的使命、责任和自己的基本追求。第二，民间机构也要急国家之所急，急社会之所急。第三，改革研究机构必须把握改革的趋势性走向，前瞻性研究全局性、战略性、基础性、储备性改革政策。第四，必须努力建设改革研究品牌，提升改革研究成果，在服务改革决策当中的影响力。第五，要主动适应自身生存和发展环境的变化，用改革的办法办改革研究机构。第六，坚持小机构大网络。第七，要加强国际合作交流，提升改革研究成果的国际影响。

清华大学国情研究院院长胡鞍钢教授认为，从国际竞争看，不仅是经济竞争、市场竞争、科技竞争，还包括思想竞争、文化竞争和话语权竞争，中国不缺硬实力，但缺少软实力，尤其缺少国际舆论话语权，国际学术影响力。因此，中国要有提升中国话语权这份担当。他提出，要从学术影响力、政策影响力、社会影响力、国际影响力四个方面建设一流高校智库。

中国社会科学院继续教育学院院长董礼胜指出，现在我们智库的定位存在一定偏差，智库成果和评价机制存在诸多问题。当前智库评价机制还不够专业化、制度化。因此，完善智库的评价机制，可以从以下几方面来做：第一，在各个地区构建智库成果评价专家组，智库成果评价专家组归属于官方，应该包含不同学科，不同层次的专家；第二，把市场机制纳入到成果过程当中；第三，采用新的评审方式。新的评审方式应该致力于消除原有评审方式当中存在的弊端，具体可以考虑采用秘密评审机制。

中国与全球化研究中心主任王辉耀认为，中国急需要多元化的智库，包括民间智库加强政府决策的多元化和它的充分论证，这样充分的制度参与，可以帮助中国更好地弥补在民主不够的情况下犹豫不决的局面出现。此外，还应该探索多家智库的合作、寻求智库的资金支持等。加拿大西安大略大学阿贝尔森教授提出，中国拥有与美国不同的政治和社会条件，美国智库的成功模式能否被中国复制是个问题，因此中国需要认真思考如何借鉴他国的成功经验。

（六）以智库产业为依托构建中国思想市场

与会的中外学者还从不同视角对如何发展思想市场及智库产业提出了诸多创见。英国智库研究专家恩里克·蒙迪扎巴尔认为，智库最重要的因素是人，智库要想发展好，就必须要有许多同僚机构。我们需要做好八个方面的工作：第一，劳动市场和劳动政策必须灵活以支持智库所需要的人才；第二，税收政策需要支持智库的资金来源；第三，健康的政治辩论的环境；第四，进行公共服务的改革；第五，信息技术足够支撑；第六，良好的沟通方式；第七，城市必须要有创新能力；第八，有很好的教育体系和系统来支撑。

上海大学经济学院副院长聂永有认为，智库产业要能够持续地发展，需要具备四方面的条件和基础：第一，充分的市场需求；第二，竞争性的市场环境；第三，高质量、专业化的智慧产品；第四，产业资本的持续支持。最后，他提到，要从五方面来促进智库产业的发展：大力发展各类智库机构、制订智库产业发展的总体规划、引入智库产业发展的竞争机制、建立科学的智库产业发展评估体系、完善智库产业发展的社会配套环境。

东中西部区域发展和改革研究院院长助理王大伟提到，推出智库产业区的核心理念是，集中精力探索和实践创新能力建设和环境建设的改革、发展试验区，探讨智库产业区既是对现有的技术成果和人才的集聚，更是对创新活动必要的重要支撑条件的一种努力。智库产业最重要的作用是人才集聚与开发。智库产业园区评价指标体系，主要包括五部分内容：智库基础设施的投入与创新、智库人才与资源的吸引与整合、智库成果的产出与辐射、智库产业的服务与支撑、智库的配置与管理。

中国新生经济研究院院长郭夏认为，党的十八大提出创新驱动战略，要靠智库建设引领创新驱动。理解智库创新的实质，智库建设实际应该从政治体制改革的高度来理解。智库建设应该上升到政体改革的顶层设计来理解。智库建设一定要走创新之路。今天智库产业也是新概念经济，在新生经济条件下含新量就是含金量。他认为今后的智库发展至少要有三个发展方向：全球化、网络化、多元化。

东中西部区域发展和改革研究院执行院长于今强调，对于未来智库的发展，一方面是智库自身的发展，另一方面是环境的问题：包括思想市场机制健全，竞争机制完善。他提到，中国智库建设应形成政府统筹、专业集成、多层合作、分工协作的系统性构架，逐渐从“分散式的随机性组织”向“以智库基地或产业区为平台、以目标为导向的有组织模式”转变，新时期的“百家争鸣”局面将以“智库群”和“智库产业”的形态出现，这些群体之间既具有区域性特征，也具有专业类组合特征，这就需要一定的载体，加强智力资源的整合，形成产学研一体化的智库产业集群。

此外，推动中国特色新型智库，要正确区分公益非营利性智库事业和经营性智库产业的不同性质和任务。发展智库产业必须把公益非营利性智库事业作为一项基本前提，智库产业也不是政府直接办产业，政府的职能是为智库产业的发展提供良好的土壤、环境、空气，搭建好服务平台，做好政策引导，搞好市场监管。中国特色新型智库以及智库产业的发展一定要走科学发展之路，不能也没有必要完全照搬西方智库发展模式进行，要基于中国国情以及东中西部区域发展战略，更加注重内涵、质量、效益，坚决克服一哄而上、盲目发展的倾向。

与会学者一致认为，当前，把民间智库统称为“非政府智库”更符合实际情况，更有利于推动中国现代智库发展进程。与会学者和专家还对智库体制机制、国际领先智库的发展经验、中国民间智库的发展等作了广泛而深入的探讨。闭幕式上，会议组委会发布了《2013 年中国智库国际学术研讨会北京宣言》，共同承诺从加强智库国际间的合作、提高影响力、完善捐款机制、成立智库行业协会、筹备智库发展基金等方面共同努力。

本次会议是在党的十八大召开之后、十八届三中全会召开之前举行的一次重要国际学术会议，为我党的十八届三中全会胜利召开营造了良好的思想舆论环境，对进一步坚持和完善中国特色社会主义制度，对推动学术界对中国特色新型智库的深入理论研究具有重要意义。

据会议的总召集人、东中西部区域发展和改革研究院执行院长、《国家智库》总编于今教授介绍，“2013’智库筑基‘中国梦’”是一个系列主题研讨会，主要是集中政府与非政府智库研究机构专家的智慧，从学术、政策和战略角度深入探讨研究中国发展与改革中的一系列重大理论、政策和实践问题，围绕国家战略中重点、难点、突出矛盾和主要问题展开交流，旨在推进中国现代智库的发展，提供一个能够直接反映和充分体现智库内容的交流平台，为社会各界提供了一个了解中国智库建设和发展的窗口，从而为实现中国梦提供顶层设计。

二、2014“国研智库论坛”年会部分发言①

2014年9月，由国务院发展研究中心指导，中国发展出版社主办的首届“国研智库论坛2014”年会在北京举行。本次论坛发布了国务院发展研究中心研究课题成果暨丛书，并对“国家治理现代化与中国特色新型智库发展”进行了探讨。国务院发展研究中心主任李伟在论坛开幕式上发表主旨演讲，就探索中国特色新型智库发展之路、推进国家治理体系和治理能力现代化作了系统阐述。国务院发展研究中心副主任韩俊、张军扩，民建中央副主席、全国人大财经委员会副主任委员辜胜阻，国务院发展研究中心党组成员、办公厅主任隆国强出席论坛。来自中央级官方智库、高校智库、地方智库、民间智库以及其他智库机构的代表共约300人参加论坛。

摘编有关发言如下：

（一）在国家治理现代化中推进智库建设

李伟认为，智库作为现代国家治理体系的重要组成部分，是国家软实力的重要体现。新形势下推进中国特色新型智库建设，需要全面准确地理解国家治理体系和治理能力现代化的内涵，需要准确把握智库在国家治理体系中的定位和作用，持续研究有关重大问题。

李伟认为，中国特色新型智库建设是国家治理现代化的重要组成部分，我国当前实现治理现代化迫切需要发挥智库的支撑作用。可以说，在现代社会，不重视智库的领导难以成为一个优秀的领导。

发达国家智库发展在其国家治理中扮演了重要角色。发达国家智库逐渐成为国家治理体系的重要组成部分，在国家治理中发挥着越来越重要的作用。据有关机构统计，到2013年全球各类比较活跃的智库已达6826家。美国在二战前只有布鲁金斯学会、胡佛研究所等20多

① 参见国研智库网2014年9月22日，http：//www.guoyancm.com/hy/gc/.

家智库，到2013年智库的数量已增至1828家，形成了与其社会治理体制相适应、较为完善的决策咨询体系。发达国家智库也是加强国际传播能力和对外话语体系建设的中坚力量。一些发达国家智库为了确立自身的国际影响力，大都采取开放政策，坚持国际化经营、国际化研究、国际化交流的理念。这些智库往往发挥其广泛的人脉关系，以及对国际问题与形势的驾驭能力，开展高层次的人际传播与交流，积极开展“智库外交”，并成为其本国对外传播价值观念和政策主张的使者。

我国智库现状难以满足提高治理能力现代化的迫切需求。近年来，习近平总书记多次对中国智库建设作出重要批示，对中国特色新型智库建设的方向、目标、任务提出了明确要求，党的十八届三中全会也对智库建设提出了改革目标。可以毫不夸张地说，新时代对智库发展提出了新的要求，历史赋予智库的任务更为艰巨、责任更加重大。

与时代新要求相比，我国智库发展还相对滞后。一是智库作为国家软实力的重要组成部分既缺乏制度性保障，也未能得到系统性体现。二是智库对决策的影响多处于若即若离状态，在党和国家科学、民主决策体系中缺乏制度化、规范化、程序化的安排。三是我国智库多以官方、半官方为主，智库本身难以平衡体制属性与政策研究独立性之间的关系。四是我国智库总体而言战略谋划和综合研判能力不足，政策研究质量和水平有待提高。五是智库研究成果向决策咨询、社会效益转化的渠道不够畅通，效率有待提高。六是智库发展还面临很多体制性障碍，比如与智库发展相适应的人才培养、经费保障和薪酬制度尚未建立。

李伟认为，智库在实现我国治理现代化过程中要发挥重要作用。要建设高质量的中国特色新型智库，推进国家治理现代化，智库要在以下四个方面发挥重要作用：——咨政辅政。从设置重要政策议程、形成完整政策方案、引导社会政策讨论，到及时的决策支持以及政策实施向社会作出必要的说明和引导，再到对重大改革、政策方案的第三方评估、政策实施效果的论证和评估，智库要以思想库和参谋助手的角色，贯穿政策制定的全过程。——启迪民智。要通过深入广泛的调研和听取社会各界的意见，以专家学者的角色撰写文章、出版论著、发表评论、开展研讨，引导公众积极参与政策讨论，并对社会公众进行政策解读和传播。——平衡分歧。在利益群体和诉求多元化的环境下，智库要借助其客观、公正的立场提出政策观点，为不同群体的利益诉求、多元利益和价值观念提供交流平台。——聚贤荐才。智库作为思想库，其影响力的实质在于聚集一大批有思想、有理想的优秀研究人员和人才团队。智库要努力培养和造就一批德才兼备的专业人才和管理人才，充分发挥人才“旋转门”作用。政府可在智库的研究人员中选拔高级官员，而离任的政府高级官员中也可进入智库开展政策研究工作，继续发挥专长和影响力。

美国著名智库布鲁金斯研究所成立于1916年，与美国的国家治理研究差不多同时启动，并在过去近100年间随着美国的发展和世界的变迁而调整研究重点。然而相对来说，中国的主要智库是伴随改革开放而产生的，因此，包括国务院发展研究中心在内的国内智库，应该全面了解国家治理的各种理论流派，及时掌握各类有效的分析工具和手段，深入研究中国国家治理现代化所面临的现实问题。

（二）从文化共性视角建设中国特色新型智库

隆国强认为，有体制、机制、人才、技术手段、钱等等还不够，还有一个非常重要的是智库的文化，全世界成功的智库，他们在文化上还是有很多的共性：

第一，客观性、独立性。做智库研究要从公共利益出发，尽管很多利益说是政党智库、企业智库，但美国好的智库拼命地标榜是非党派，可以接受各种各样的捐助、各式各样的委托，但研究是基于公共利益，基于国家对全民负责。有一篇文章批评美国著名智库，拿美国人的钱替外国人说好话，还点了名，说长期接受日本的捐助，在美国国会上涉及日本贸易的时候老替日本人说好话，美国人不能容忍。当然现在让智库为全人类说话，有的情况下可以，大部分情况还不可以，至少是围绕一个国家的利益。中国的智库要替外国人说话恐怕不能容忍，任何一个国家都如此。所以客观性、中立性首先是智库的立场，每一个国家优秀的智库一定是站在全民的利益、国家的利益来思考问题。

第二，好的智库强调的是科学性，智库研究政策问题非常复杂，和自然科学一个很大的区别，自然科学有很多条件可以假定、割裂出来在实验室模拟。公共政策非常复杂，一项政策影响他政策的本身因素非常多，政策的变动会影响诸多变量的连锁反应，我们也试图说要搞实验室，但其实很难。我们又想去研究公共政策的效果，智库要综合地运用社会科学以及一部分自然科学发展出来的理论和方法，来让我们的研究尽可能地接近事实，接近真相，接近真理。科学性讲的是智库专业性非常高，不是有一些人说的智库研究是点子大王。为什么强调专业性，因为面对的研究对象非常复杂，智库的研究要强调科学性、专业性。

第三，智库文化强调的是建设性，智库工作人员都是知识分子，知识分子的天性是批判、发现问题，但智库知识分子和我们说的公共知识分子还有一些区别，很多公共知识分子以批判为己任，这对社会很重要，但公共知识分子始于批判终于批判，自始至终都是批判，智库的知识分子始于批判、终于建设，落脚要提出解决方案，光说这个问题很严重不够，问题是什么也不够，一定要说我们有更好的方案，有几种方案列得好一些，或者说不同的方案各自劣势是什么，让决策者、公众进行选择。

这三性是智库文化的共性，但不同的智库还有文化的个性，会发现每一个智库所强调的核心价值观有区别。

（三）制约中国智库发展的因素

薛澜认为，真正制约中国智库发展更多的因素可能是在智库本身之外，包括以下几个方面：

第一，国家运行的基础数据。国家财政的基础数据，企业研发数据等，我们要想真正提供有效的确实有科学依据的研究，一定要以很多数据为基础，大数据时代这些数据实际上是我们做政策研究的一个基础，好比说我们是制造业企业必须要有铁矿石再去炼钢，最后制造成机器。现在的铁矿石很难得到，在这点上我们应该要求国家相关部门、国家统计局向全社会数据提供能不能更加开放、及时、全面，把矿石提出来全社会有很多像在座的研究机构，都可以对它进行加工分析，得出我们的看法和结论，这样可能对国家的政策研究会起到非常重要的推动作用。在高校经常碰到的情况，做了一些研究，可能政府部门说你的数据是落后的，或者说你的数据不准确。但政府部门垄断政策研究需要的准确数据，这个能不能打破？

第二，智库有效治理和规制。如果没有有效的资助体系，智库本身也会带有某种偏向性，或者成为某种资助方的代言人，其中最有效的方式就是公开透明，如果真正好的智库建设一定会有一个很好的治理模式，治理机制，可能会有理事会、财务公开的机制，我想通过这样一个机制的建设，使得看到这个智库背后的资助方是谁，和他的观点是否有密切的关系，如果确实有这种关系，大家知道他的观点是有偏差的，他是代言人，那么对他的信誉就会产生疑问，所以这样的话他的作用就会是有限的。这样一个机制会使得社会建立筛选和淘汰的机制。

第三，政策沟通的渠道。目前政策沟通的渠道分内部和公开两个大渠道。政府跟政府相关的部门有很多内部渠道，我想仅仅有这些渠道还不够，其实应该考虑怎样建立把社会上各种政策建议，各种政策研究进行有效收集，这一点各个国家有不同的做法，有的是在政府内部有专门的所谓的政策研究机构，经常去关注社会上不同的政策研究、政策建议搜集起来，进行综合整理，这也是一种方式。

第四，政府和社会的宽容程度。如果想让政策研究真正能够提出高质量的政策研究，很有可能他的一些观点、分析结论为我们大家一时难以接受，或者跟我们的想法、价值判断有所不一样，包括跟政府的一些部门想法不一样，这种情况下能不能容忍、宽容这些不同的观点、建议。在这个方面可能也是智库健康发展的重要因素，建立资助合理的智库体系。目前智库研究所有的部门给的资助中央部门给予资助边际成本，很多重要的研究如果严格地说按市场机制的角度来讲，远远根本不够它的研究成本，真正从长远角度来讲，老是依靠这种边际成本的付费机制也难以使中国智库健康成长。

第五，如何建立健康生机勃勃的政策研究市场。针对这样的问题会有不同的问题对机构进行研究、分析，大家可能有不同的分析结论，不同的政策建议，在这个市场上这些不同的想法可以互相竞争，这就需要有一个合理的理性的讨论、辩论的机制，目前还是很多政策建议，做完政策报告以后就完了，没有互相相同的建议意见的交锋，有时候同样一个问题，包括房地产问题，或者雾霾解决的问题，可能 100 个机构有 80 个不同的建议，也许很偶然的因素某几个建议被中央领导看到采取，变成实施。这样的话很有可能导致政策执行的偏差，但如果我们有一种辩论的机制，可能这些 80 个或者 100 个政策建议，经过不同的讨论辩论筛选，最后也许只有三五个最好的政策建议，最后能够大浪淘沙留下来，这种建议使得决策失误的可能性大大减少。

（四）关于首届国研智库论坛 2014 的总结

就本次论坛的专家发言，韩俊梳理出若干条共识。

第一，中国智库的发展要重视战略层面问题的研究，增强战略谋划能力。

第二，作为智库要加强自身的能力建设，增强服务决策的能力，同时政府也要创造更多的条件，让官方的智库、民间的智库有更多的机会、有更多的通道来服务国家的决策。

第三，作为智库绝对不要去说一些空话、大话，更不能说假话，要讲真话。

第四，智库之间需要加强交流与合作，有人提出要建立中国的智库联盟，要建立中国的智库共同体。中国加强智库的交流与合作，本次论坛就是一个很好的尝试也是很好的平台。

第五，中国智库的发展需要有高水平的人才支撑，这一方面有人提出来要建立人才储备，特别是通过旋转门制度让很多社会精英到智库来工作，今后为政府储备更多的优秀人才，这是国际上智库发展很成功的经验。

第六，智库要创新、要建立多元化筹资机制，要创新智库的融资机制，要为更多的社会资本，更多的民间资本支持发展，要创造更宽松的政策环境。在美国为什么很多哈佛、耶鲁等美国最优秀的大学毕业的高才生愿意到智库去，他们赚的钱不比投行少，只有这样才能吸收最优秀的人才进来，当然智库是用了很多政府的钱，如果政府的钱完全像管一个行政机构来管财税制度，民间资本进来也像管政府财政的钱那么管，那就是一潭死水，没有把智力看成需要得到高回报的劳动来对待，这是我们财务制度的一个通病。

第七，应该重视中国民间智库的发展，要为民间智库发挥应有的作用，创造更多的平台，创造更宽松的环境。

第八，完善自己智库的评价体系。评价结果是不断完善的过程，中国人有了自己对智库的评价体系。

第九，中国的智库要走向世界，要参与全球治理的研究，要增强话语权，要增强影响力，为我们增强国家的软实力作出我们应有的贡献。

三、2014“智库与中国发展”研讨会部分发言[①]

4月17日，中国与全球化智库（CCG）主办的“智库与中国发展”研讨会在北京举行，这是首次聚集国内外顶级智库和专家来研讨如何建设一流的智库，交流智库建设经验，开展智库间的合作与交流。来自中国社会科学院、国务院发展研究中心、中国科学院、中国国际

① 参见《“智库与中国发展”研讨会在京举办》，腾讯网 2014 年 4 月 21 日，http://cul.qq.com/a/20140421/018430.htm.

经济交流中心、香港经纶国际经济研究院、卡内基国际和平基金会、清华—卡内基全球政策中心、清华—布鲁金斯中心和中国与全球化智库等知名智库的 10 多位一流专家和学者就此进行了广泛的讨论。中国与全球化智库主任、欧美同学会副会长、哈佛大学高级研究员王辉耀主持了智库与中国发展研讨会的交流。

香港经纶国际经济研究院总裁、哈佛大学高级研究员、美国兰德公司亚太研究中心原主任 William H. Overholt 首先做了发言，William H. Overholt 介绍了美国智库的发展历程，并对智库的功能职责做了介绍，他认为，美国的智库更多的是针对时下的问题提供解决方案，而中国的智库更多着眼于未来的一些规划。William 还以兰德公司为例，介绍了智库独立运营的一些经验，William 说，兰德公司有几大特点，政府不介入，董事会成员当中没有政府官员，运营资金独立，以此来保持其独立性。

针对美国宾夕法尼亚大学《2013 年全球智库报告》有关中国社会科学院的排名，来自中国社会科学院美国研究所的黄平所长就社科院的发展历程、现状以及中美智库的模式发表了观点，黄平认为，特殊的历史成就了中国社会科学院，目前社科院有几十个研究所，有几十本核心期刊，还有 4 个出版社。由于规模庞大，黄平认为，与周边国家的一些智库相比，社科院在灵活性上还存在一些欠缺。黄平认为，目前智库内部的管理与机制正在改变，智库的创新步伐加快，年轻的研究人员获得了更多的机会。黄平还就中美智库的差距发表了看法，黄平认为，由于标准不一样，中国和美国智库的差距不能简单地说谁好谁不好。

中国国际经济交流中心信息部部长徐洪才介绍了国际经济交流中心近年来的发展情况，据徐洪才介绍，国际经济交流中心的人员主要来自三个方面，一是退休的德高望重的有工作经验的政府官员；二是工商界领袖，大型国有企业领导人；三是专家学者。徐洪才说，国际经济交流中心的研究内容主要有三项，一是研究问题；二是国际横向交流；三是咨询。并通过内参的形式反映研究成果并影响政策。徐洪才还介绍了国际经济交流中心的运营模式。

卡内基国际和平基金会传播交流副主任 Nick Parrott 跟与会嘉宾分享了卡内基国际和平基金会的经验，并介绍了卡内基国际和平基金会在发展全球智库当中遇到的机遇和挑战。Nick Parrott 说，卡内基智库的人才来自全世界，遇到的第一个问题是资金方面的问题，因为卡内基准备建成一个全球性的智库，需要在全球范围内发展网络，而这离不开资金的支持；第二个问题是各地区分中心的业务整合，目前卡内基多数研究分中心还在独自进行自己的研究，没有很好整合内部的资源。

中国科学院科技政策与管理科学研究所所长、中国科学院评估研究中心主任穆荣平则对如何建设好一个智库发表了看法，他认为，智库要搞好有四个要素，一是要有旗手，要有强大的研究能力；二是要注意宣传，要把智库的好的解决方案、好的思想向公众传播延伸；三是智库内部的管理要高效；四是智库要专，不可能包罗万象。

国务院发展研究中心智库代表田琳琳认为，中国智库建设需要解决几个问题，一是中国智库格局的问题；二是中国特色新型智库定位的问题；三是开放性问题，如何实现各智库资源的共享。

清华大学公共管理学院教授、博士生导师朱旭峰对发展中国智库提出了自己的建议，他认为政府首先要建立收集政策思想筛选的机制，搭建多种平台。其次，要完善同行评议机制以及同行竞争机制。最后，政府要建立有效的制度保障，使得智库获得多元化的资金渠道。

四、科技部研讨会：如何建设中国特色新型智库①

日前，科技部办公厅调研室和中国科学技术发展战略研究院邀请业界专家围绕如何更好地发挥智库在决策中的作用进行了深入研讨。现将与会代表关于中国特色新型智库建设对策的发言简要综述如下：

① 参见《学习时报》2014 年 3 月 24 日。

（一）深化智库功能认识

过去，人们更多地认为智库功能只是为政府提供决策服务。而中国科学技术发展战略研究院王元明确指出，从整个社会发展历史来看，智库非常重要的一个功能是，带领社会未来发展的、主流的和先进的思想和精神。对于未来先进性和主流思想的阐述，尽管可能是多元的，也可能是矛盾的，但总是朝着进步的方向。对于智库这个非常重要的促进社会进步的功能，应当给予更多的重视。

（二）培育思想品市场

智库是产生思想品、产生智慧的人才库。现在“库”很多，“智”的质量不高，库里边的生产品、思想品也不够。对此，中国国际经济交流中心总经济师陈文玲认为，要引导一部分官方、半官方智库去行政化，变成第三方独立智库。使之在深入研究和持续性研究基础上发表独立见解，逐步走向市场，并且在向决策层和市场需求者提供思想品方面，形成平等的智库竞争机制。谁的思想品有影响力，谁的观点和建设性意见或战略设计对国家战略、国家决策、国家政策及其社会作出的贡献大，谁就应在竞争中脱颖而出。

中国社会科学院经济研究所张晓晶认为，智库是思想库。良好的思想市场环境是智库得以生存、发展，孕育独立精神的土壤。在这个思想的市场上，应该有大量的、多样化的思想产品。在开放的环境下，大家独立发表自己的意见，才能集中大量的思想资源，激发思想产品不断产生。

王元也指出，在诸多因素中，决策行政机制对智库的影响更为深刻。决策行政机制决定了思想市场的规模、供给渠道和市场的多样性。没有决策的需求，不可能创造出一个多样化、大规模的、严肃的思想市场。

（三）创新智库运管机制

良好的智库运行管理机制是建设新型智库的一个重要内容，它涉及智库的科研和人员的管理、成果发布等方面。对此，陈文玲主张应借鉴发达国家智库运行管理经验，引进他们的制度设计，消化吸收再创新，由一个部门负责设计、转化为适合我国国情的政策。在顶层设计中，应给智库参与决策的机会，只有了解国家需要什么，才能提供出适应需求的智库产品。此外，智库还要建立转化机制，要把研究成果转化为决策报告、重要论文和有影响力的著作等，拓宽转化的方法和路径，这样才能更有效地为决策服务。

国务院发展研究中心社会发展研究部葛延风也强调，要推进智库发展，必须建立良好的激励机制，其中包括待遇水平、发展机会、平等自由的研究氛围和环境、研究视野、成果发布渠道等，综合运用各种激励措施，充分调动科研人员积极性。当然，也需要建立必要的约束机制，规范行为。

（四）重视战略研究

根据我国智库研究现状，国务院参事室刘燕华认为，国外很多知名智库都投入大量的资金研究中国发展战略，如中国能源发展战略等等，并得出了很多具有政策指导意义的结论。反观国内，我们有翔实的资料，很好的科研积累，但更注重研究技术，对战略研究却不那么重视。事实上，战略失误才是最大的失误。我们应当建设一流的智库，为一流科学家提供充足的资金，让他们创造思想，营销思想，并且把思想转换为政策。

陈文玲也指出，美国有2000多个智库，研究实力非常强。这些智库就一些专题已经连续研究多年，对一些重大问题都有非常强大的战略储备，甚至深入到具体实施环节、谈判重点，等等。我国智库在竞争力、战略设计能力等方面面临严峻挑战。如何专门针对国际重大战略问题进行深入研究；如何打破部门分割，在国家层面进行跨领域的综合战略研究。这是必须考虑的重大问题。

（五）强调练好智库内功

练好内功也是建设新型智库的重要组成部分和必然要求。智库内功包括智库人员的研究能力、智库的产品质量和种类、支撑智库产品生产的数据和知识基础及设施的建设等方面。对此，葛延风指出，目前，有些智库的研究成果质量不高，主要是一些成果缺乏足够的理论和实践依据，行文八股化，而且常常把重点放在过于宏观的改革方向、原则等方面，在具体方案设计尤其是操作性政策设计方面则很不够。这和研究习惯、表达方式有关，但更大程度上表现出智库的整体研究尤其是操作性整体研究的能力不足。因此，必须着力提升研究能力，强化理论和实践以及国内外经验的结合，突出操作性政策研究，强化比较分析和政策评估。

中国科学技术信息研究所赵志耘则强调，中国智库面临很多问题，如外部环境问题、运行机制、管理制度等。但更为关键的是智库首先需要明确自己为谁提供产品，应当提供什么样的产品，提供的产品是不是政策决策层所需要的，质量是不是值得信赖。赵志耘还进一步指出，智库的产品总体上分为三类：第一类是参鉴类的研究报告，核心是梳理总结国外的经验做法和对中国的启示。第二类是分析类的研究报告，分析类的研究报告首先要把事实说清楚，其次要把问题分析清楚。第三类是政策类的研究报告。政策类的研究报告需要满足服务对象的特定需求。首先要了解政策制定和适应的环境；其次要合理合法，在合理合法的框架下满足决策者的政策需求；最后要清楚政策可能产生的后果，具有可行性和可操作性。可能性分析不够，不掌握政策执行可能产生的后果，就可能产生误导和偏失。

王元认为，我国官方智库承担了很多短期的政策研究任务，这些任务使得中国智库对于政策的延续演化、实际的观察、问题的把握等方面有了持续的积累。但问题是，中国官方智库并没有就此建立一个很持续的数据基础，没有建立相应的研究范式。因此，他强调中国智库需要建立自己的数据和知识支持基础，将过多经验性研究转向更为科学的规范研究。

五、人民日报座谈会：中国智库仍需多维度破题攻坚①

在由人民日报政治文化部和人民网强国论坛联合举办的建设中国特色新型智库专家座谈会上，与会专家对这些积极迹象予以充分肯定，与此同时，他们也指出，相较于当今中国在全球格局中的影响力，中国智库的发展仍然严重滞后，远未形成与国家发展相匹配的决策咨询力和国际影响力。中国特色新型智库的下一步建设和发展，仍然需要在多个纬度上破题攻坚。专家的主要观点综述如下：

（一）明确定位，勘定智库的功能和边界

“衡量一个智库的优劣主要看五个方面，分别是它的成果在各国报刊的引用度、各国领导人演讲中的引用度、各个学校学术机构及专家学者的引用度、成果在实践中的转换效果、它在社会上的影响力。”中国国际经济交流中心副理事长魏建国说。据了解，我国目前有各种智库 1000 余家，但如果以魏建国提到的五个方面进行评估，真正在质量上或水平上能够与世界优秀智库并驾齐驱的中国智库，可谓凤毛麟角。对此，不少与会专家指出，对中国特色新型智库的属性定位认识不完整，是导致当前我国智库机制建设不健全的首要原因，也是制约当前我国智库建设和发展的重要原因。

中国人民大学重阳金融研究院执行副院长王文认为，从属性定位上看，社会对智库与咨询公司、学术机构之间的边界和差异仍然认识不清。他认为，智库为决策者提供咨询，但未必与决策者想要的结果一致。“在中国，类似‘研究院’、‘研究中心’的机构等至少有 20 万家以上，大多属于由财政拨款、有人事编制、以学术特质运营的学术研究机构，但智库本质上是‘思想工厂’，需要有基于现实议题的思想生产、组装、销售与反馈的复合功能以及相关架构。在这个架构中，

① 参见《人民日报》2014 年 7 月 31 日。

引入市场竞争机制、增加政策研究的活力，显得非常重要。在思想生产机制相对发达的国家，'为了商业''为了学术''为了政策'，是咨询公司、学术机构、现代智库相对清晰的三类功能，切不可混为一谈。"

此外，智库研究的价值立场也直接影响着智库的建设和功能边界。"独立性"是近年来人们在谈论智库时常常会用到的词汇，但对独立性的理解，却在世界范围内都存在广泛的争议。与会专家普遍认为，在建设中国特色新型智库的过程中，对"独立性"的理解应该更加理性客观，如果将"独立"引申为智库必须批判，甚至反对政府，那就理解错了"智库"本意。"中国特色新型智库建设，既要防止'独立性'的误解而出现与政府'对立化'趋势，也要避免仅为政策出台做注脚的'迎合化'倾向。"王文说。

（二）创新机制，构建智库发展的内在动力

中国社会在高速发展中迎来转型期，纷繁复杂的社会环境为智库提供了更多的发展空间，也为建设和发展优秀的智库带来了更加严峻的挑战。

教育部教育发展研究中心主任张力认为，当前影响决策的话语体系大致有政策话语、学术话语、公众话语和媒体话语四大类。在如此喧嚣的舆论环境中，智库是不是能够很好地理解和把握不同话语的特征，进而能够善用它，能够作出客观的判断，是对智库能力的一项考验。张力还认为，在社会主义法治国家建设的过程中，随着政府更好地依法行政、依法办事，国家管理进入法制化轨道，决策的科学化、民主化需求也逐渐提高，在这样的决策过程中，智库究竟应该发挥怎样的作用、如何更好地发挥作用，都直接关系到政府管理和决策能力的高下。

但是，尽管发展的机遇就在眼前，中国特色新型智库建设需要解决的，仍是进一步推动自身体制机制建设的科学化。"我国智库真正科学化的体制机制还没有形成，特别是官方的或者准官方的智库，行政

依赖还比较重，民间智库赖以生存的基础，如资金筹措机制、信息共享机制、平等竞争机制等，都还是缺乏的。”SASS智库研究中心主任王荣华说。

中国与全球化研究中心副主任孙玉红指出，要建立健全我国智库的体制机制，解决智库生存、运转并进而发挥最大功效的基本问题，必须突破当前存在的几个重要障碍：一是智库产品供需渠道和沟通渠道不畅，二是智库发展相关法律政策缺失，三是智库发展所需的财政资助、立法支持和信息扶持机制缺失，四是智库人才的体制壁垒和国家壁垒难以打破，五是有利于智库发展的市场环境和机制缺失。

此外，智库作为提供思想产品的机构，如何建立更加科学的考评机制，进而催生真正有效的激励机制，也是与会专家普遍关注的问题。

国务院发展研究中心公共管理与人力资源研究所副所长李国强认为，研究成果在社会实践中转化率低，是当前我国智库发展中普遍存在的问题。“现有的中国智库在理论和实践中已经研究出一些有价值的产品，但是成果的传播和转化途径却很单一，使得这些理论产品或具体建议不能陆续转化为国家的大政方针政策，陷入了学术成果尚可、战略政策较少的境地，决策影响力和社会影响力也因此受限。”

专家们指出，一些智库发展较早的西方国家已经建立起了完整的对智库研究成果及转化率进行评估的标准和考评体系，而在这方面，我国的标准化制度化建设还相当滞后。与此同时，由于各国体制和发展水平的不同，也决定了中国的智库考评机制和激励机制不能照搬西方国家。因此，在中国特色新型智库建设的过程中，建立一套中国智库的评价标准，无疑是为智库提供发展动力的关键所在。

（三）强化专业，在公共决策中发挥更大效能

国际化、专业化、网络化是中国特色新型智库发展的目标，但是，当前国内智库数量多、规模小、分布散、效能不高的现状，离发展的既定目标还有相当长的距离。

魏建国认为，当前国内智库普遍存在的一个突出问题是，解读政

策多，提供思路少；前期介入多，中后期介入少。“我们的智库最一般的做法就是，政府每出一个政策就拿过来解读，但实际上，如果把智库的作用仅仅理解为解读政策就太局促了。国外的智库都是在引导决策者作出决策的制定，而不是解读政策。也就是说，对于一个智库来说，当它创造的思想产品被政府或者其他服务对象采纳，它的产品才赢得了销路，它的社会功用才得到了实现，它的影响力才能体现和夯实。”

魏建国指出，当前智库发展中遭遇的困境也与中国社会特殊的发展阶段关系密切。“社会高速发展时期，中国政府碰到的问题都是被动的、应急的、短期的，所以需要智库在很短时间内拿出解决问题的应急方案，这在客观上促使智库在考虑长期的战略问题时提供的思想产品偏少偏差。从根本上说，就是粗放型的产品多，解决问题的产品多，而在解决问题的时候，方案提得很少，给决策者的选择也少。也正是因为这样，造成了智库在决策制定过程前期参与较多，中期和后期介入少，这实际上不利于国家管理和决策的科学化、民主化。”

与会专家还指出，从跨国互动上看，我国智库国际化的进程还远远不够，无法为中国参与更多的全球事务提供足够的思想支撑。“中国智库尚未形成走向国门的全球组织力，对各国情况的了解相当有限，对一些中等强国的了解与跟踪严重稀缺，中国智库也还缺乏构建全球对话领衔平台的必要实力。相较于当下全球最著名的论坛，如达沃斯论坛、香格里拉论坛、全球财富论坛等，中国智库尚未形成干预全球的话语塑造力，也较少创造出令各国争相讨论的重大战略名词或学术概念。”王文说。

尽管中国特色新型智库在建设和发展中存在诸多问题，但与会专家表示，在这些困难和问题面前不必悲观。“由于国情和发展阶段的特殊，中国智库有必要坚持走自己的发展道路。而且不可否认的是，中国的智库也正在日益呈现出多元化、专业化的趋势，这不仅是中国智库建设的希望，也是国家决策机制日益科学化、民主化的必然趋势。”清华大学公共管理学院教授朱旭峰说。

六、2015 清华—布鲁金斯公共政策研究中心“中美智库高端论坛”部分发言[①]

2015 年 4 月 21 日，清华—布鲁金斯公共政策研究中心成功举办“中美智库高端论坛”。论坛围绕中国的智库建设与国际合作展开了三场专题讨论，近 20 名国内外知名专家学者做了精彩发言。约 200 名听众参加了此次会议，并与专家学者们进行了精彩的交流和互动。

全国人民代表大会外事委员会主任委员傅莹为会议致辞。傅莹指出，中国现在正处在快速发展阶段，改革就需要好的建议和好的想法，需要人们的智慧，同时也需要了解其他国家，从其他国家当中去学习。中国的智库并不是一个全新的概念，但是离我们说的“现代的新型智库”或者说“当代的智库”，还有很长的路要走或者要做很多事才能达到新型智库的水平，也是中国政策制定者所提出的水平。我们需要更好地来提供政策建议，我们要能够让公众更好地了解政府的政策意图。同时，中国智库建设也面临独特的困难，既有政治和意识形态方面的困难，同时也有语言本身带来的交流问题。对于中国的智库以及中国的这些学会和研究机构来说，必须要意识到中国乃至世界发生的变化，要不断地去发展，要能够实现现代智库的标准。

论坛开始由中国社会科学院副院长李扬和布鲁金斯学会执行副主席 Martin Indyk 做主旨演讲。李杨讲道，中国社科院是国务院直属研究机构，有很多种方式来发挥智库的功能，有很多研究所和研究人员参与各个层级的国家政策制定，有自己的上报系统，研究人员会作为教师给从中央到地方各个部门的官员们授课，此外还有大量的研究成果公诸于世。中国社会科学院正在进行改革，改革的方向包括对现有的机构做一些拆分，不久将会有 11 个整合的智库类研究机构挂牌并开

① 参见清华—布鲁金斯公共政策研究中心网站，2015 年 4 月 21 日，http://www.brookings.edu/zh-cn/events/2015/04/21-us-china-think-tank-summit.

始运作；还包括加强国际合作；加强宣传，实现智库建设媒体化、网络化；建立一套与现代智库相适应的治理体系，包括薪酬体系、用人体系。

Martin Indyk 详细介绍了布鲁金斯学会的运作机制。布鲁金斯学会是美国历史最久远的独立智库，该学会主要从事和政策相关的研究，为美国政府提一些政策建议；该学会不做受托研究，主要从外部的角度来影响政府。美国的智库有很大的影响力，智库专家能够带着他们的政策建议进入政府部门工作，然后再把这些建议真正制定成政策。布鲁金斯学会的资金只有很少一部分是来自美国政府，主要来自于慈善资金会、个人资金、企业以及外国政府。布鲁金斯学会强调研究的独立性，认为要在资金提供者以及学者之间建立一道“防火墙”，让学者不要受到资金来源的影响，能够去做独立的研究。

第一场专题研讨的题目是“中国特色智库：中国需要怎样的智库”，由中国人民大学王莉丽副教授主持，清华大学国情研究中心主任胡鞍钢、卡特中心中国项目主任刘亚伟、清华—布鲁金斯公共政策研究中心研究员 Arthur Kroeber 发言并参与了讨论。胡鞍钢教授认为，每一个国家的智库和它的制度环境相关，因此客户也不一样，智库应该强调专业化和提出一些新理念。刘亚伟先生认为智库的职能就是要影响政策的制定，一个根本原则就是要保持独立性，另外资金来源可能不同，最关键的是到底是为谁服务。Arthur Kroeber 认为中国的智库在过去 30 年对中国做出的贡献其实是非常积极的，现在需要多元化地发展，另外中国智库应该更加开放，更多地和其他国家的互动。

第二场专题研讨的题目是“多元化的中国智库：新型智库如何突显自身独特性”，由中国与全球化智库理事长王辉耀主持，察哈尔学会秘书长柯银斌、布鲁金斯学会约翰·桑顿中国中心主任李成、共识传媒集团总裁周志兴发言并参与讨论。李成先生认为国际、国内、人才三方面的原因正在促使中国智库迅速发展，中国发展智库，至少在短期内，也许独立性不是其主要的追求目标，也许多元性应该是其追求的目标。柯银斌先生认为，中国特色就是多元化，新型就是要创造新型的价值，智库应该明确自己的功能定位，有重点地实现自己的功能。周志兴先生认为智库的多元化不光是形态的多元化，还应该有思想的多元化，应该是很多多元化的集合。

第三场专题研讨的题目是“智库的国际合作：中国智库如何走向国际化”，由清华—布鲁金斯公共政策研究中心主任齐晔主持，哥伦比亚大学全球中心亚太主任 Joan Kaufman、布鲁金斯学会资深研究员 Kenneth Lieberthal、新华社瞭望智库主任编辑夏宇、中国国际经济交流中心姜春力发言并参与讨论。Joan Kaufman 谈论全球化的必要性，我们现在生活在一个全球化的世界，需要大家一起了解从全球的角度碰到的一些问题。夏宇认为现在中国智库全球化的势头很猛，但是在深度和广度上还远远不够，全球化要求视野上和心胸必须是国际化、全球化的，要有全球化的目标，最后还要有一个好的运行机制能够和全球接轨。姜春力谈到中国国际经济交流中心已经连续举办了四届全球智库峰会，为中国智库和国际交流搭建一个非常好的平台，引起了中国政府对智库作用的重视，使得社会公众也越来越关注智库的声音。Kenneth Lieberthal 认为智库能够以一种与政府官员相区别的方式去做对话和联合研究项目，这也是一种非常有效的沟通和交流的方式。

七、2016 年智库评价研讨会

2016 年 1 月，由美国宾夕法尼亚大学智库研究项目（TTCSP）研究编写的《全球智库报告 2015》北京时间 27 日在联合国总部、世界银行、北京、上海等全球 80 多个地点同步发布。报告显示，2015 年，全球共有智库 6846 家。其中，美国以 1835 家智库稳居首位，中国依然是世界第二智库大国，智库数量达到 435 家，比去年增加了 6 家，英国和印度分别以 288 家和 280 家位居第三、四名。2015 全球智库综合排名榜单共列及 175 家世界智库。美国的布鲁金斯学会、英国的查塔姆社和美国的卡耐基国际和平基金会位列前三名。[①]

2016 年 1 月 27 日，由上海社会科学院智库研究中心编写的《2015 中国智库报告·影响力排名与政策建议》在上海发布。《报告》以中国智库的决策影响力、学术影响力、社会影响力、国际影响力及智库成长能力为评价标准，制定了 2015 年中国智库的综合影响力排名、分项影响力排名、系统影响力排名、专业影响力排名等四大榜单。其中，位居综合影响力排名前 15 位的智库分别为：中国社会科学院、国务院发展研究中心、北京大学、清华大学、中国科学院、复旦大学、中央党校、上海社会科学院、中国人民大学、中国工程院、中国国际问题研究院、国家发改委宏观经济研究院、上海国际问题研究院、中国国际经济交流中心、南京大学。据上海社会科学院副院长、智库研究中心理事长黄仁伟研究员介绍，上述排名是在主动走访调研国内重要智库、广泛收集中国智库信息的基础上，通过无记名调查问卷方式，运用信息技术和多轮主观评价法，并综合了学者、智库专家、决策部门和媒体从业人员的意见而最终评出。[②]

除这两个机构发布智库排名外，紧接着，《国家智库》编辑部、上海大学智库产业研究中心联合发布“2015 年中国智库十大事件”。加之此前一年先后推出的零点国际发展研究院《2014 中国智库影响力报告》，四川省社会科学院、中国科学院成都文献情报中心《中华智库影响力报告 2014》，中国社会科学院中国社会科学评价中心《全球智库评价报告》，国内智库评价排名呈现出雨后春笋般的发展态势。智库评价，关系到中国特色新型智库建设。然而，这项工作尚处于起步阶段，存在的问题不一而足。如何科学有效地加以衡量，建立中国特色智库评价指标体系？在次日上海社科院、光明日报《智库》版等主办的研

---

① 参见《〈全球智库报告 2015〉发布》，《光明日报》2016 年 1 月 28 日，记者：曲一琳 王斯敏。

② 参见《〈2015 中国智库报告〉公布智库影响力排名》，《光明日报》2016 年 1 月 28 日，记者：王斯敏 曹继军 颜维琦。

讨会上，智库人各抒己见，深度交流：①

1. 初衷与目标

“搅动一池春水，引起各方重视来发展智库”

“这是我们发布的第三本中国智库评价年度报告。参照麦甘的方法，我们建立了自己的一套指标体系，更加适合中国国情。”上海社科院副院长、智库研究中心理事长黄仁伟介绍了《报告》出台情况。他坦承，每年发布《报告》，都会引来质疑，有人比较极端，认为“搞排名就是表面热闹，没有必要”。

究竟是“表面热闹”还是有其价值？绝大部分智库专家选择了后者。

“智库评价一个很大的作用，是促进了我国政策研究机构的自我身份认同。很多人此前对‘智库’没有明确概念，一旦意识到自己的这一身份，就会主动按照国内外智库规范去运作，去发展，完成从传统‘研究机构’到现代新型智库的角色转换，咨政建言的自觉性得到强化与提升。”南京大学中国智库研究与评价中心副主任李刚认为。

上海高校智库研究和管理中心执行副主任沈国麟持类似观点：智库排行榜的最大价值在于催生了中国新型智库的行业自觉，并通过设定指标的形式引导智库发展方向。“每个排行榜推出，一定有自己的一级指标、二级指标、三级指标。智库对政府的影响力、对公众的影响力、在行业内的影响力，都会在这些指标中有所反映。而评选出的位列前端的智库会被视为标杆，为行业发展树立了典范。”他指出，对一个成熟行业而言，领军机构应该相对稳定但有所变化，有优胜劣汰的进出机制，这样才能使智库行业既成熟又有活力。

“排名的意义还在于，能够提升智库的社会公众认知度、认可度。”国务院发展研究中心公共管理与人力资源研究所研究员田琳琳对此深有体会：智库发展需要自身的努力，也离不开良好的社会环境和舆论

① 参见《智库评价：要不要做，如何做好——专家学者热议智库评价指标体系建立与完善》，《光明日报》2016年2月3日，记者：王斯敏。

氛围，而这同样是智库现状的一块“短板”。“时至今日，很多行业、很多人对‘智库’的认识还是浮于表面的。通过排名榜单吸引其注意力，给他们一个正确印象，有助于形成推动智库发展的良性外围环境。”

评价必不可少，还必须科学适用。从翻译介绍麦甘版《全球智库报告》，到连续三年推出中国自己的智库评价报告，上海社科院这一先行者始终致力于完善中国特色的新型智库评价体系。在其带动下，今天中国的智库评价已经日趋多元化。

“我们当初做智库排名，就是想搅动一池春水，引起各方重视来发展智库。”智库研究中心名誉主任、《报告》开创者王荣华回忆。他认为，麦甘版智库排名传入中国，是对中国智库的触动与提醒，使我们在埋头研究的同时有了“抬眼看世界”的意识。然而，衡量中国智库的水平与实效，绝不能照搬西方标准，必须建立起中国自己的评价指标体系，在智库排名领域树立中国标准、发出中国声音，进而拓宽中国智库的特色、新型发展之路。

“凡是排名，都不可能尽善尽美。但我们应该把它当作一种鞭策，时时刻刻对照提醒、勉励自己。”上海国际问题研究院副院长杨剑表示。在他看来，只有每家智库都瞄准更高水准不断提升自我，中国才能成为名副其实的“智库大国”，进而冲刺“智库强国”。

2. 边界与标准

“正视排名中的难点与短板”

尽管对智库评价指标体系的建构下了很大力气，黄仁伟和他的团队仍然承认：在具体评价过程中，尚存在不少困惑与难题。

“首先是操作方法的科学性。”黄仁伟介绍，《报告》参照麦甘调研模式，面向全国智库及专家发问卷“海选”，由课题组制定供筛选的智库名单，请收到问卷者依据各项指标打分、排名。但如何保证所有有资格参评的智库都已被纳入名单，仍有待改进与破解。

与此同时，评审者视野的倾向性、局限性也对投票公正程度有着很大影响。存在“中央一级智库打分不积极、地方智库积极踊跃；对不了解的专业性智库打分很低，对熟悉或重视的智库‘高看一眼’”等现象。

多位学者指出，此类弊端集中出现，很大程度上是因为我国智库评价今天所采取的方法多为主观评价，过于依赖专家，主观印象比重太大，缺乏基于客观数据的、可以量化的评价指标。

“要做到客观严谨，最根本的办法是要建立智库普查数据体系，把智库机构、智库专家、智库成果、智库活动等用客观数据来描述清楚，然后运用特定的算法计算结果。这样，即使在专家打分环节，也可以提供相应数据供其参考，提高科学性。”李刚认为。他所在的南京大学中国智库研究与评价中心正在做此尝试，期待年内有所突破。

除了方法上的差异，智库概念的界定、参评智库机构的选取也是争议焦点之一。专家们指出，无论是上海社科院《报告》还是2015年涌现的零点国际发展研究院《2014中国智库影响力报告》，四川省社会科学院、中国科学院成都文献情报中心《中华智库影响力报告2014》，都存在着将北京大学、清华大学等高校，或者中国社会科学院等大型综合性研究机构视为一家智库参与评分的情况，这在一定程度上对排名的公正准确有所影响。

“例如高校，主要职能还是教书育人，智库只是其肩负的职能之一。从具体机构来看，高校的大部分学院、系别等也是教学科研机构。将高校整体作为智库排名，确有不妥之处。”沈国麟认为。

国家发改委宏观经济研究院研究员高国力等专家指出，将中国社会科学院等大型智库与中小型、专业化智库放在同一平台上打分评价，很难凸显后者的专业化、特色化优势，而前者一些非智库功能在社会各界影响显著，会对打分带来一定的偏向性影响。如何改进，需要在“细化分类分层次的智库排名”方面下功夫。

一个公认难以克服的症结，是智库影响力，尤其是最核心的决策影响力如何判定。综合开发研究院（中国·深圳）常务副院长郭万达认为，由于智库成果很多以内部报告、国家或部委委托课题方式上交，既不可公开发表，也难以掌握领导批示、决策采纳等反馈情况，因而给评价带来了很大困难。王荣华表示，即使困难，也要通过多层次沟通寻求解决之道，“正视排名中的难点与短板，通过理论创新、手段创新来不断推进”。

3. 改革与创新

通过评价体系促进中国智库“强根基、提质量”

办法总比困难多。如何建立并改进中国智库评价体系？以上海社科院《报告》为样本，专家们精研细思、纷纷建言。

察哈尔学会秘书长柯银斌面前的《报告》已被标记得密密麻麻。尤其是“指标体系”一项，他几乎逐条分析，提出建议。

“决策影响力里，对区域性智库不应强求国家级领导批示，应按其服务对象层级确定；学术影响力中，应加入‘创新性思想’一项；社会影响力方面，能否加上一个‘议程设置能力’指标，即某智库能否提出一个话题，引起全社会讨论；国际影响力方面，增加英文文章发文数量指标。”

高国力提出三项建议：决策研究离不开理论和学术的支撑，应该在指标体系中给予基础理论和学术研究一定权重；在进一步完善总量指标的同时，引进人均指标，即把人均承担课题数量、人均完成成果数量等作为打分的重要依据，这样有助于调和智库规模大小之间的矛盾，使得研究水平更具有可比性；测算智库人员数量时不应局限在每个智库现有的固定人员，而应考虑智库“小核心，大外围”的特征，把长期聘用的兼职人员数量计入其中。

同济大学可持续发展与新型城镇化智库主任诸大建呼吁，在评价导向上要摒弃数量扩张思维，重视“精品型智库”的建设与发展。“要建设我们中国的‘罗马俱乐部’，有自己的一套‘专业功夫’。”他同样关心的是，智库评价必须破除“唯批示论”误区，重视智库的思想性贡献与理论创新。

决策层是智库主要的服务对象，在评价中是否能够适度引入决策层意见？这是中国浦东干部学院院务委员刘靖北、江苏省社科联研究室副主任刘西忠共同关注的话题。刘靖北建议，可以发挥各级党校、干部学院的学员优势为打分提供组织帮助，“因为这些学员都是各级决策者”。

近年来，越来越多智库开始承担起政策评估的新职能，为国家大政方针的施行效果提供了有效监督。田琳琳就此作出提示，希望今后的智库评价体系中对“政策评估”效能予以重视，增加相应指标。

“我建议更多地依靠大数据的力量，在排名打分的同时，开发智库建设指数类产品，及时反映智库发展趋势。”零点研究咨询集团公共事务部总监闫晶表示，愿发挥集团优势为此项工作提供数据支撑。

群策群力，智慧激荡。黄仁伟表示，今后将吸纳多方意见，尽力完善智库评价指标体系。“例如，降低‘海选’权重，更加注重同行评议；请各智库自行提供关键数据，增加客观性。”

对智库评价与排名的高度重视，折射出的是对智库建设如何“强根基、提质量”的深思远虑。“比智库排名更重要的是什么？是实力，是智慧，是贡献。”中国国际经济交流中心副理事长魏建国的话一语中的，也道出了中国智库齐心协力向前迈进的价值追求。

清华大学朱旭峰教授认为，[①] 智库评价排名体系还有很大的改进空间。智库评价体系第一个主要争议是智库组织的界定问题，也就是将哪些机构纳入智库名录。很多人都知道，英美学者传统上将智库限定为独立于政府政党的非营利的政策研究机构。然而，进入21世纪以来，当英美主要智库问题专家将视野扩展到世界各国后，他们发现如此狭隘的智库定义已经无法满足多样化智库发展模式的需要。事实上，首次发布的《全球智库报告2008》就将中国社会科学院和国务院发展研究中心等政府背景的研究机构列为智库的一分子。该报告在2015年专家问卷中，甚至将中共中央政策研究室也列入政党型智库的候选名单。可见，智库的界定标准已经非常具有包容性。智库评价体系的另一个主要争议是如何评价智库的政策影响力。“影响力”本身就是一个非常抽象的概念，我们很难证实智库是否真的对决策者产生了实际影

① 参见朱旭峰：《智库评价排名体系：在争议中发展完善》，《光明日报》2016年2月3日。

响。英国著名智库问题专家戴安·斯通就曾评价道：即使我们能够证实撒切尔夫人经常向亚当·斯密研究所咨询，布莱尔首相也听得进费边研究所和公共政策研究所的建议，我们也不能证明英国首相们确实是因为听了智库的建议而做了某个决定。美国智库的评价者一般用智库专家出席国会听证会作为评价指标。但是，即使智库专家被邀请出席听证会，也并不意味着专家对国会决策真的产生了影响。因此，智库评价者们做的所有努力，都是将“智库影响力”的概念简化为“有助于智库实现影响力的行为”。而那些对智库影响力评价的技术性批评也大多集中在这一逻辑环节。

他认为，虽然当前的智库评价体系仍存在着各种各样的争议，但我们不能否定智库评价排名体系的社会贡献。首先，智库评价排名被媒体广泛报道，能够促使全社会，包括政府决策者和普通公民普遍熟知并接受智库这类新兴社会组织。其次，智库评价排名体系逐渐形成了一个相对公认的价值体系，如追求影响力、保持独立性、提高研究质量。这些价值共识促进了智库行业规范和行为准则的建立。再次，智库评价排名的兴起促进了智库之间的竞争，智库的资金资助机构也能够通过参考智库排名来评估资助资金的使用效率，并最终提高决策者对智库的鉴别能力。最后，智库评价排名报告本身也是一类智库研究产品，多套智库评价体系共存能促进智库评价排名报告之间的质量竞争，推动智库科学评价和智库理论研究的发展。

他认为，智库评价排名体系一直在进步和完善。这些年来，首度推出就饱受争议的宾夕法尼亚大学《全球智库报告》通过不断细化排名子系统、扩大专家库规模、增加提名评审轮次来提高报告质量。上海社科院在借鉴《全球智库报告》的基础上结合中国特色推出《中国智库报告》，并在 2015 年度的报告中根据国家高端智库试点工作方案，更新了自己的智库名录。中国社会科学院在其发布的《全球智库评价报告》中特意没有将自己列入，以体现公正客观。零点国际发展研究院的《2014 中国智库影响力报告》和四川省社会科学院、中国科学院成都文献情报中心发布的《中华智库影响力报告 2014》分别从丰富影响力概念内涵、客观测量可观测指标、吸纳港澳台智库成员等方面做文章，形成了自己的特色。因此，我们不应该因为目前的智库评价排名报告还不成熟就低估它们的发展前景。

第四部分　一家之言

一、新型智库建设需解决供需失衡问题[①]

中央党校政法教研部赖先进认为，关于我国目前的智库建设，从咨询成果的供给方面来看，由于现代智库建设相对滞后，智库决策咨询产品和服务的供给问题突出，难以有效满足各级党政公共机构日益增长的决策咨询需求。要消除决策咨询成果的供需失衡问题，需要以满足公共决策咨询需求为目标。因此，提升和优化公共决策咨询成果供给应成为我国推进特色新型智库建设的新目标和新方向。

供给和需求平衡是市场经济发展的基本理论法则，也是社会发展需要遵循的一般规律。引领国家和社会发展的公共决策咨询和智库建设活动也不例外。国家或地区内的公共决策咨询活动是否实现供需平衡是评价公共决策咨询体系是否有效的总体标准。

从总体上来看，一个国家或地区的公共决策咨询需求是随着经济社会发展呈现上升的扩张性趋势；但是从供给方面来看，决策咨询的供给不会主动地满足决策需求增长，需要社会自身不断自我完善和发展，适时推进智库体系建设，以实现决策咨询需求和供给的平衡。以欧美国家为例，为主动适应经济社会对公共决策咨询活动的客观需要，美国自 20 世纪 80 年代以来增加了一倍以上的智库，美国和欧洲现有

① 参见《学习日报》2016 年 4 月 11 日。

智库有31%以上是20世纪80年代到90年代间创建的。

当前，随着我国经济社会快速发展，供给和需求出现不平衡是公共决策咨询体系建设面临的主要矛盾。改革开放以来，随着我国经济、社会的快速发展，公共决策科学化和民主化深入推进，以政府为主体的公共部门对决策咨询的需求日益高涨，迫切需要高质量的决策咨询产品和服务提供智力支撑。尤其是党的十八大以来，我国进入全面建成小康社会、全面深化改革、全面依法治国、全面从严治党的关键阶段，各类公共决策活动提出的咨询需求前所未有。改革发展任务越是艰巨繁重，越需要强大的智力支持。然而，从咨询成果的供给方面来看，由于现代智库建设相对滞后，智库决策咨询产品和服务的供给问题突出，难以有效满足各级党政公共机构日益增长的决策咨询需求。当前，我国智库建设主要存在三个方面的供需失衡。

智库提供的决策咨询成果有效供给不足、供需对接不畅，决策咨询成果供给和需求在总量之间存在失衡。从总量上看，与美国比较，我国智库数量还有相当差距。美国宾夕法尼亚州大学发布的《2015年全球智库指数报告》统计，2015年，全球共有智库6846家，美国拥有1835家智库，我国拥有智库数量达到435家。智库数量差距较大，并且严格意义上的智库数量并不多，有的智库经常处于“休眠”状态。最重要的是，从智库实际影响力来看，我国智库还与之相去甚远，总体排名不高。从对接决策咨询需求来看，智库实际提供的咨询产品面临有效供给不足问题。由于成果对接决策渠道的缺失和“酒香不怕巷子深”传统理念等多方面影响，有的智库咨询成果仅仅停留在生产端，就被束之高阁，未形成有效供给，没有及时有效地与需求对接。

智库提供的决策咨询成果供给结构有待优化，公共决策咨询供给和需求在结构之间存在失衡。从智库咨询成果的内容结构来看，短期性、应付性研究成果较多，长期性、战略性和思想性的研究相对较少，对各类党政机构的战略性决策咨询需求满足不够，这是我国智库建设在供给内容结构上的“短板”。从智库的专业化程度来看，智库建设追求“大而全”，有特色的专业化智库建设滞后。从智库的性质结构来看，官方和半官方性质的智库占据我国智库体系的绝对主体，社会民间智库极少。据相关统计，社会民间智库仅为我国智库总数的5%。社会民间智库具有良好的自主性和本土性，社会民间智库的发展滞后，一定程度上导致具有社会性和本土性的公共决策咨询需求难以得到有效满足。

智库提供的决策咨询成果质量有待提升，公共决策咨询供给和需求在时间和空间之间存在失衡。从时间上来看，许多智库决策咨询成果是需求在先、供给在后，咨询成果是被动的、论证性质的后者是诠释政策性质的，形成领导先“命题”、智库被动“答题”、作“马后炮”“事后诸葛亮”的被动格局。从空间上来看，有的智库决策咨询成果严重脱离实际，缺少本土性的研究，难以满足地方经济社会发展的实际需要。不少智库从事决策咨询研究总是从宏观战略角度献计献策，缺乏对区域和行业部门的长期性关注和跟踪，提出的对策建议缺乏针对性、可操作性和实效性。

要消除决策咨询成果的供需失衡问题，需要以满足公共决策咨询需求为目标。因此，提升和优化公共决策咨询成果供给应成为我国推进特色新型智库建设的新目标和新方向。

提高智库决策咨询成果的有效供给量。“智”和“库”并重、“数”和“量”并重，扎实推进特色新型智库建设，提升决策咨询成果的总体有效供给。在智库已有的外延式发展基础上，推动智库建设向内涵式发展转变，提高严格意义上智库的数量和质量。尤其是要提升智库的专业化水平建设，依托智库专家和人员的专业优势，选定主攻领域和方向，开展专业咨询研究。开展有效的智库治理，消除有“库”无“智”的低效供给甚至是无效供给现象，注销长期“休眠”智库、“僵尸”智库，避免“遍地开花”式的形式化、虚化智库建设方式。智库要借助各级公共决策咨询体制和机制建立的制度性渠道，主动对接公共决策机构、对接公共决策咨询需求，实现咨询产品供给与咨询需求的速配。提高智库咨询成果的转化率，提供更多的有效供给。智库要运用新媒体和传统媒体手段，广泛宣传智库咨询成果，利用媒体在设置公共政策议程中的作用，形成良好的社会影响力和决策影响力。

优化智库决策咨询成果的供给结构。在智库的层次结构上，首先加快推进高端智库建设，优化高端化的智库决策咨询产品和服务供给，满足高层次的战略性公共决策咨询需求。高端智库建设成果应当立足强化长期性、战略性和思想性的咨询研究，适当减少短期性、局部性的对策研究。在智库的类型结构上，大力发展专业化智库建设，突出智库的发展特色。专业化智库建设要注重走差异化发展战略，改变传统追求“大而全”的智库发展路径，在战略研究、政策建议、舆论引导、公共外交等特色专业领域培育和发展“小而精”的专业智库机构，满足治理体系和能力现代化过程中公共决策咨询的多样化、专业化需求。在智库的行政隶属和性质结构上，坚持培育和发展社会民间智库。制定民间智库税收减免政策，出台规范民间智库的行业标准，确立民间智库非营利法人地位，从而拓展公共决策咨询产品和服务的新的供给源，鼓励智库体系向多元化发展。

强化智库决策咨询成果的供给质量。在研究选题上，以满足公共决策需求为导向，针对公共事务问题，开展“管用的”甚至超前性质的咨询研究，避免“被动的”“无用的”和“论证性质”研究选题。在研究内容上，改变对决策咨询成果“重数量、轻质量”的传统观念，重视成果的实际质量和影响力，提高智库决策咨询成果的公信力，让智库真正做到依靠智慧影响决策，而不是依靠权力、关系甚至是金钱影响决策。在研究方法上，智库要加强本土性的调查研究，导入现代社会科学研究方法和工具，提高咨询成果的科学性和创新性。在发展理念上，智库作为公共决策咨询成果提供者，要体现出公共性，这要求提供的咨询成果要为公共利益服务，才能得到社会的广泛接受和深度认可。公共性特征是我国智库既不同于传统幕僚式私人智库，又不同于西方服务于利益集团式智库的重要区别。只有秉持公共利益立场，智库提供的决策咨询成果才不会被利益集团绑架或左右。在评价体系上，积极探索建立适合我国国情的分类化、科学化智库发展评价体系（中国智库发展指数），以评价促发展，从机制上提升智库决策咨询成果的质量。

二、智库为实现中国梦提供智力支撑[①]

2015年2月，《人民日报》记者就中办、国办出台《关于加强中国特色新型智库建设的意见》及中国智库建设现状等相关问题采访了时任中央党校校委委员、科研部主任梁言顺。

记者：《意见》的出台对于我国的智库建设是个大事。请问智库在我国的经济社会发展中具有什么样的重要作用？

梁言顺：人们常把智库比作政府的“外脑”，拥有数量众多的智库和健全完善的智库体系，对于一个国家的经济社会发展具有至关重要的作用。当前，我国正处在全面推进小康社会建设、实现中华民族伟大复兴的关键历史时期。世情、国情、党情继续发生深刻的变化，我们面临的发展机遇和风险挑战前所未有。想要掌控这种发展变化，俯瞰纵览、运筹帷幄、未雨绸缪、战略研判，就必须充分发挥智库的咨政建言、理论创新、舆论引导、社会服务、公共外交等重要功能。

据美国宾夕法尼亚大学智库和公民项目1月22日正式发布的《2014年全球智库报告》统计，在全球6000家智库中，中国排在第二位，有429家，而居第一位的美国有1830家；在进入全球前50名的智库中，中国只有3家；进入全球前150名的智库中，中国也只有7家。这个数据尽管有它的局限性，但也在一定程度上说明，我国的智库建设与经济社会发展需要相比还有较大差距。

记者：《意见》对于提升我国智库的质量水平有哪些具体举措？

梁言顺：《意见》在具体措施上，主要有以下三个方面：首先是着力构建中国特色新型智库发展新格局。《意见》把四类智库的发展重点进行了区分，强调社科院和党校行政学院智库，要重点围绕提高国家治理能力和经济社会发展中重大现实问题开展国情调研和决策咨询研

① 参见《人民日报》2015年2月25日，记者：张贺。

究；高校智库要建设一批社会科学专题数据库和实验室、软科学研究基地，重点建设一批全球和区域问题研究基地、海外中国学术研究中心；科研院所要围绕建设创新型国家和实施创新驱动发展战略，研究国内外科技发展趋势，提出咨询建议，开展科学评估，进行预测预判，促进科技创新与经济社会发展深度融合；而社会智库则要坚持把社会责任放在首位，重点做好咨询服务市场，探索参与决策咨询服务的有效途径。

《意见》在强调智库发展新布局之外，还重点强调了实施国家高端智库建设规划和增强中央和国家机关所属政策研究机构的决策服务能力。此外，《意见》提出深化中国特色智库管理体制改革，健全制度保障体系的举措。

记者：您认为《意见》比较突出的亮点有哪些？

梁言顺：以“两办”的名义发布加强智库建设的意见，在我们党的历史上还是第一次，这本身就是一大亮点。具体到《意见》内容上，比较突出的有以下几个亮点：

第一个亮点，《意见》明确了中国特色新型智库的发展体系，确立了社科院和党校行政学院系统、高校系统、科研院所系统和社会智库建设4个层面的建设总布局，并指出了每个层面智库建设的重点和研究方向。

第二个亮点，提出实施国家高端智库建设规划。在强调科学布局的同时，有重点地建设50至100个国家急需、特色鲜明、制度创新、引领发展的专业化高端智库。

第三个亮点，以深化行政管理体制改动推动发展。《意见》从中国的实际出发，提出了深化组织管理体制改革的四个方面，即深化研究体制改革、深化经费管理体制改革、深化成果评价和应用转化机制改革、深化国际交流合作机制改革。其中的每一项改革，都是针对智库建设中存在的体制机制障碍，可以说都是破冰之举。

第四个亮点，提出健全制度保障体系，包括落实政府信息公开制度、完善重大决策意见征集制度、建立健全政策评估制度、建立政府购买决策咨询服务制度、健全舆论引导机制等。这些在以前的改革中也很少涉及。

第五个亮点，加强智库人才队伍建设。智库建设的关键在人，如何制定与实施中国特色新型智库高端人才培养规划、推动党政机关与智库之间人才有序流动等，都将成为下一步人们关注的重大热点问题。

记者：我们所要建设的是中国特色新型智库，请分析一下，中国特色和新型分别体现在哪些方面？

梁言顺：所谓“中国特色”，是相对于国外而言的。它强调中国特色新型智库要体现中国国情、中国精神、中国气派、中国风格，要从中国实际出发，服务于中国特色社会主义的完善和发展，以人民福祉为本，坚持国家利益至上。要态度鲜明地高举中国特色社会主义伟大旗帜，坚持以马克思列宁主义、毛泽东思想、邓小平理论、“三个代表”重要思想、科学发展观为指导，深入贯彻习近平总书记系列重要讲话精神，以服务党和政府决策为宗旨，以政策研究咨询为主攻方向，以完善组织形式和管理方式为重点，以改革创新为动力，努力建设面向现代化、面向世界、面向未来的中国特色新型智库体系，更好地服务党和国家工作大局，为实现中华民族伟大复兴的中国梦提供智力支撑。这些“特”，是确保中国的智库建设方向正确的。

所谓“新型”，是相对于过去而言的。中国特色的新型智库，首先新在新定位上。新型智库不同于传统体制下依附性的研究机构，是以战略问题和公共政策为主要研究对象、以服务党和政府科学民主依法决策为宗旨的非营利性研究咨询机构。其次新在新机制上。新型智库创新了研究体制、经费管理制度、成果运用和转化机制以及国际交流合作机制等，充分体现了符合时代需要的灵活机制和生机活力。再次是新在保障体系上。基于建设新型智库而不断发展完善的政府信息公开制度、重大决策意见征集制度、政策评估制度、政府购买决策服务制度以及舆论引导机制等方面的改革。这些“新”，是确保中国的智库建设顺利前进的。

三、发出“中国声音” 提供“中国方案”①

2015年初，《经济日报》记者就中办、国办印发《关于加强中国特色新型智库建设的意见》（下称《意见》）的出台背景、重要意义和政策亮点等，专访了国务院发展研究中心党组成员、办公厅主任隆国强。

（一）智库谋远是时代的召唤

《意见》是新中国成立以来第一个关于推动发展智库的纲领性文件，标志着建设中国特色新型智库的号角声起，也昭示着一个发展中大国汇聚民智、科学决策的信念与胸襟，更是时代的需要。

隆国强表示，智库并不是新事物。国际上，20世纪20年代开始发展智库，二战后得到蓬勃发展。智库的基本功能大致分四个方面：一是咨政辅政，给决策者提供意见。二是启迪民智、教育公众。为公众接受公共政策而营造良好氛围。三是选贤聚才，储备人才。四是平衡分歧。公共政策往往影响不同的利益集团，因此，智库提供就其关心的利益达到沟通、博弈和妥协的功能。

隆国强表示，建设中国特色新型智库是时代赋予的使命。当前，我国发展的内外部环境正发生深刻变化，已发展到了一个需要密集回答重大问题的时期。

中国的崛起，使中国与世界的关系异常复杂。一方面中国崛起给世界带来机遇；另一方面又出现了所谓的“中国威胁论”“中国责任论”，要实现民族复兴的“中国梦”，很多问题需要统筹把握、妥善处理。

从国内看，经济进入新常态，全面深化改革处于攻坚期，社会建设处于深层次矛盾凸显期。建设具有中国特色的新型智库是党

---

① 参见《经济日报》2015年1月21日，记者：祝惠春。

和政府科学民主依法决策的重要支撑，国家治理体系和治理能力现代化的重要内容，国家软实力的重要组成部分，具有重大的战略意义。

（二）智库建设政策有三大亮点

党中央、国务院高度重视智库建设。党的十八大、十八届三中全会明确提出要加快智库发展。《关于加强中国特色新型智库建设的意见》的颁布，体现了中央对智库发展的高度重视，体现了对智库工作的关怀，同时也提出了方向和期望。隆国强表示，其政策亮点归纳起来，有三点：

第一，宽阔的国际视野。“软实力”是比出来的，需要与国际智库去比。《意见》是在研究了世界上很多发达国家的高端智库运作经验的基础上提出来的。

第二，紧密联系中国国情。中国特色新型智库必须和中国特定国情相结合。坚持中国共产党的领导，就是一个鲜明特征。新型智库深深植根于中国特有国情、体制机制之下，把握正确政治方向至关重要。“中国特色”特在要坚持中国道路、采用中国视角、聚焦中国发展，坚持党对智库的领导，坚持中国特色社会主义理论、制度和道路。要善于运用中国视角，立足中国国情和我国在世界经济地位的变化，从维护国家根本利益出发，发出“中国声音”、提出“中国倡议”、提供“中国方案”。要致力于研究提出解决中国经济社会发展、深化改革开放、国家安全稳定方面重点难点问题的建设性意见，创造高质量思想产品。

第三，体现了全面性。《意见》对智库发展的主要方面都做了阐述，指明了改革发展方向。比如对智库发展格局，包括社科院、党校系统、科技智库、党政政策研究机构等都指出了发展方向，对不同智库定位、人事制度、科研管理制度、国际合作管理制度等都做出了全面权威的规定。

（三）如何打造中国特色新型智库

隆国强表示，智库与一般研究机构有区别。智库聚焦研究公共政策，必须具有三个特性：一是专业性。公共政策的制定异常复杂，需要相当的专业化知识。决策是一个科学过程，要大力提倡专业化、精准化。二是客观性。唯实求真，实事求是。不“唯上”，不“唯书”，只“唯实”。三是建设性。不仅要发现问题，始于问题，还要终于建设，告诉决策者怎么去解决问题。

《意见》对一些发展中的共性问题提出了改革方向：比如经费保障问题。我国智库的经费来源跟国际比不太一样。中国智库目前很多是政府背景。大量的中国智库缺乏稳定经费来源。对于那些要打造成高端智库的，政府应承担起保证基本运行的责任，否则会出现一些为了生存而走偏的现象，脱离应有的客观中立立场。

还比如，经费管理制度需要改革创新。西方智库的经费管理是绩效导向，把钱给你，考核结果，但不管过程。我国目前是从计划经济而来的，重物不重人，过程导向。但恰恰科学研究最重要的是人的创造性。因此，科研经费要改革，要花更少的钱做出更好的研究成果。因此，目前智库机构有经费不足的困难，也有浪费的一面。《意见》对方向性改革提出了要求，需要相关部门深入研究，结合实际改革经费使用问题。

再比如，人事制度改革。智库需要强调专业化，而不能是官本位。要建立一套行之有效的体制机制，让顶级人才到智库工作，来了能够充分发挥其聪明才智，这需要更多的改革创新。

总的来看，中国智库数量多，但制度基本参照政府机关或者自然科学研究机构的体制设立，组织形式和管理方式与智库的有效运行尚不适应。打造新型智库，一定要从体制机制创新入手。新型智库在党和政府的领导下开展研究工作，要保持立场的客观性。其次新型智库不是机关，需要淡化行政色彩，增强灵活性，营造研究探讨氛围，聚引高端人才，做到智力制胜。

《意见》的出台，对于整个中国智库的建设水平、改革创新将起到一个非常大的推动作用。建设具有中国特色的新型智库，方向和目标已经明确，需要各级智库结合单位具体情况推进改革。未来中国智库会呈现一个多层级、多领域的智库系统，既有综合性智库，也有专业性智库。每个智库都需要找准定位，整体上形成一个多层次、多领域、专业化分工、有机协调的良好格局。建设中国特色新型智库是一项长期而艰巨的任务，是一个渐进演化过程，不能一蹴而就。

四、社会智库发展要坚持公益导向①

当前，除了国字号的党政军智库、社会科学院智库、高校智库之外，民间智库一直是我国智库发展的短板。作为民间智库影响力较大的民间智库——中国（海南）改革发展研究院的领导者，该院院长迟福林接受《中国经济时报》记者专访时，围绕社会智库在中国特色新型智库体系中应发挥的作用、如何建设一流社会智库等内容指出，智库的价值源于研究的客观性、前瞻性和专业性，智库不是政策决策的“诠释者”，也不是“批判者”，而是在客观、前瞻的研究基础上提出建设性战略和政策建议的“建设者”和“推动者”。其中，社会智库作为中国特色新型智库体系的重要组成部分，其自身发展要始终坚持以公益性为导向。

（一）勾画新型智库体系建设的路线图和时间表

中国经济时报：你认为，《意见》中提出的“建设中国特色新型智库”应该如何理解？

迟福林：《意见》是我国改革开放以来第一份关于智库发展的纲领性文件，勾画了中国特色新型智库体系建设的路线图和时间表。它既给我国智库发展指明了方向，也在促进各类智库健康发展、深化管理

① 参见《中国经济时报》2015年3月4日，记者：牛福莲。

体制改革和健全制度保障体系等方面给出许多实招。如果将《意见》提出的相关举措落实到位，将大大释放各类智库发展的活力、动力。

这份《意见》提出“建设中国特色新型智库”，我认为，应从“中国特色”和“新型”两个方面理解和把握其内涵。一方面，“中国特色”要求智库建设应坚持中国道路、立足中国国情、聚焦中国发展、发出中国声音。另一方面，“新型智库”建设要强调创新。以体制机制创新为重点，使智库保持客观独立性，强化专业性，坚持以问题为导向的研究，提供前瞻性、战略性、行动性的决策建议。

（二）我国智库建设仍相对滞后

中国经济时报：近日发布的《全球智库报告2014》显示，在综合影响力排名中，中国大陆只有包括中国社会科学院在内的7家机构进入榜单前150位。你认为，当前我国的智库建设现状与国际上的优秀智库相比还存在哪些差距？

迟福林：在国内外发展环境发生重大深刻变化、国家间软实力竞争日益激烈的背景下，我国智库发展既面临着重大需求，也面临着重大挑战。近年来我国智库发展较快，继美国之后排名世界第二，但与发达国家相比，我国智库发展总体呈现“有量缺质”的状态，智库研究成果的质量、政策影响力、社会影响力和国际影响力存在明显差距，还难以满足新阶段国家治理体系和治理能力现代化和提高国家软实力对智库发展的迫切要求。

应当说，我国智库发展相对滞后，既有体制机制和政策环境方面的问题，也有智库自身创新能力不足、可持续发展能力不足等问题。比如，智库少有深刻洞见的思想产品，缺乏一定数量的高端智库；人才缺乏适度的流动性，可借鉴的欧美“旋转门”严重不畅；开放程度不高，与国外智库缺乏广泛的交流合作；社会智库普遍缺乏支撑自身可持续发展的多元化经费筹措渠道；普遍面临“引进人才难、留住人才难”的瓶颈；社会智库在政府信息获得、人才引进、职称评定、政府购买服务、税收优惠等多方面还很难享受与体制内智库相同的政策待遇，在竞争中往往处于劣势。

（三）社会智库发声更客观独立

中国经济时报：《意见》指出“社会智库是中国特色新型智库的组成部分”，你如何看待当前社会智库在服务决策时发挥的作用？其与官办智库、学院智库相比，社会智库存在哪些独特的优势或劣势？

迟福林：社会智库是中国特色新型智库体系的重要组成部分，是支撑党和政府科学民主依法决策的重要力量。从实践看，社会智库在服务于党和政府的政策决策中有着不可替代的作用。

第一，社会智库更能够客观独立地发出声音。智库的独立性，是智库产生政策建议和社会影响的重要基础。由于官办智库的特点，例如经费来源于财政拨款，研究者属于行政编制，其工资和职位由政府决定，研究课题由政府相关部门立项等，研究成果往往容易受其所依赖的部门利益和部门领导意志所左右。比较而言，社会智库缘于经费独立、人事独立，其研究具有相对独立客观的特点，所提的学术观点和政策建议能够超越部门利益、地方利益和行业利益。正是这种特点，决定了社会智库在服务决策中可以起到官方、半官方智库所不能起到的作用，增加了决策的可选择性，提高了决策的科学性。

第二，社会智库更能充分地反映社会诉求。社会智库植根于社会，接地气，深知社会的需求，所提建议更能反映广大老百姓最直接、最迫切、最现实的公共需求，在促进科学民主决策中有着独特作用。

第三，社会智库以问题为导向，研究更具前瞻性、战略性和创新性。社会智库立足于基础性研究，但更加注重结合现实情况，提出思路性建议和行动性方案。社会智库既立足短期，又着眼长远；不是简单的就问题谈问题，而是紧密结合宏观背景，提出务实的解决问题方案。

（四）智库不是政策决策的“诠释者”，而是“建设者”

中国经济时报：你怎样看待智库的独立性？如何保持社会智库的

独立性？

迟福林：智库的价值源于研究的客观性、前瞻性和专业性，智库不是政策决策的“诠释者”，也不是“批判者”，而是在客观、前瞻的研究基础上提出建设性战略和政策性建议的“建设者”和“推动者”。为了保证研究的客观性、科学性，就需要经费管理相对独立、人事管理相对独立。因此，发展社会智库更需要解放思想，大胆采取政事分开、管办分离的新体制。政府和社会智库有互补的关系，智库的独立性重在研究过程的独立。

第一，支持社会智库建立多元化经费的渠道。推进社会智库发展，重要的是打破体制内、体制外的不公平待遇，促进社会智库资金来源的多元化。

第二，实行鼓励社会智库发展的税收等优惠政策。如扩大社会智库业务税收减免范围，现在体制内外智库的政策不公平，社会智库不能同体制内智库一样，享受相应税收减免政策。

第三，创新人才管理体制。比如，解决社会智库人才的身份问题，推动党政机关与社会智库之间人才有序流动；解决社会智库人才比体制内人才退休待遇低、职称难以解决等问题。

（五）以改革的办法创新社会智库的体制机制

中国经济时报：结合中改院的实践，你认为建设一流社会智库的核心是什么？还需要哪些相关的配套支持？

迟福林：我国社会智库发展自 20 世纪 90 年代起步，尽管在某些方面有一定进展，但总体看发展还比较滞后。突出表现在：数量较少，目前仅占智库总数的 5%；规模较小、影响力较弱、国际知名度不高，有分量的研究成果不多；资金、人才短缺；组织形式和管理方式亟待创新。从中改院的实践看，加强中国特色社会智库建设，建设一流社会智库，重在以改革的办法创新社会智库的体制机制。

中改院建院 23 年，一直坚持实行董事局领导下的院长负责制，经费独立、人事独立，实行全员岗位聘任制，以确保改革政策研究的客观性；坚持实行“小机构、大网络”的体制机制，既避免了过多养人，又形成了囊括一批资深改革研究专家的“大网络”，弥补了人才资源的不足；坚持开展国际学术交流，拓展研究的国际视野。

社会智库发展需要进一步理顺政府与社会、政府与智库的关系，形成有利于社会智库健康发展的体制制度环境。《意见》提出“进一步规范咨询服务市场，完善社会智库产品供给机制。探索社会智库参与决策咨询服务的有效途径，营造有利于社会智库发展的良好环境”。对此，从社会智库发展的迫切需求出发，建议选择一些具备良好基础的社会智库，纳入国家规划建设的高端智库试点；尽快研究制定《公益法人法》，赋予社会智库公益法人地位，逐步建立政府规范和引导社会智库发展的法治框架；研究制定对社会智库多层次的支持办法，完善公益捐赠制度，鼓励企业、社会组织、个人捐赠资助社会智库建设；为社会智库参与决策咨询提供体制机制保障。

比如，尽快建立对社会智库的政府信息公开制度，使社会智库及时获取政府信息；建立健全政策评估制度，把社会智库作为政府政策第三方评估的重要参与者；完善社会智库研究成果的“上达”机制和决策层的“兼听”机制，将社会智库建言献策的渠道制度化和正规化，实现社会智库与政策决策层沟通的常态化。

智库的自我定位和内在创新能力，根本上决定了其思想产品的质量和影响力。社会智库是以公益性为导向、为政府和社会提供思想产品和决策咨询服务的非营利性机构。从中改院 23 年的实践看，社会智库自身发展要坚持以公益性为导向。

例如 20 世纪 90 年代中期我国对农村土地承包期限问题有激烈争论。中改院经过大量田野调查，向中央提交了“赋予农民长期而有保障的土地使用权”的建议，被党的十五届三中全会文件直接采用；2003 年 SARS 危机后，中改院提出由经济建设型政府转向公共服务型政府、推进基本公共服务均等化、构建惠及 13 亿人口的基本公共服务体系“一揽子”政策建议，受到决策部门和社会各界的普遍关注；2013 年提交的“改革跑赢危机的行动路线（30 条建议）”，被用作党的十八届三中全会文件起草的参阅件。

五、中外智库建设之异同[①]

2014年6月，《中国社会科学报》记者采访了山西省社会科学院国际交流中心主任张建武与新加坡国立大学东亚研究所所长郑永年，就社会科学研究机构如何建设新型智库、促进政府科学决策等问题进行了深入交流。

（一）全球化时代的国际视野

中国社会科学报：你们如何看待国际上不同智库之间的学术交流？

张建武：中国古代有谋士、师爷、幕僚，统称智囊。但古代智囊与现代智库的一个重要不同点，是古代智囊往往是深藏不露，甚至故作神秘，现代智库一定是开放的系统；古代智囊往往强调个人的作用，现代智库一定是团队协作；古代智囊成功的关键是对信息的获取，而现代智库是对海量信息的过滤、加工与分析。对于现代智库而言，交流尤为重要，没有交流，很快就会被淹没。

郑永年：正因如此，东亚研究所特别重视交流。来自世界各地的知名学者为我们带来大量思想、信息，通过研究产生高质量的成果，交流是双赢的结果。学者交流费用有两种，一种是学者所在单位负担费用，我们提供办公室和其他研究条件。我们对这种情况的学者要求比较宽松。另一种是我们负担费用。我们花钱请他们，不是来玩，要做事情，要有成果，要求他们来访期间每人至少每3个月要写一篇《政策报告》，题目我们共同讨论，原则是把各自的研究领域，与东亚的实际需要相结合，写出有价值的《政策报告》。我们每年1/4的预算用于学者交流费。

① 参见《中国社会科学报》2014年7月1日，记者：晋志平。

（二）好团队产生出好产品

中国社会科学报：智库研究的选题依据是什么？如何才能提供有效的决策服务？

张建武：山西省社科院近年来在科研成果转化，尤其是服务决策方面采取了一系列有效措施，比如每年确定我省经济社会发展重点课题，课题由书记、省长审定，然后面向社会公开招标，研究成果形成《决策专报》直接报送有关领导，每期都得到领导的批示，有的直接进入了决策。

郑永年：我们基本上每周向新加坡政府呈送两份《政策报告》，由专人直接报送政府。任务很重，责任重大。每周二上午讨论本周国际上尤其是东亚发生哪些重大事件？哪些需要向政府提供报告？讨论产生题目，然后确定人来写，最后我们把关。这是团队的工作，要有好的政策产品必须有好的团队。《政策报告》每篇控制在两分钟看完摘要，七八分钟内看完正文。除了《政策报告》，我们还有一份应用政策研究报告 East Asian Policy（《东亚政策》）和一份学术期刊 *China：an international journal*（国际核心期刊）。另外，我们还有两套英文丛书。研究要有平台，有话语权，这是我们研究成果的载体。

（三）学术评价要反映学术水平

中国社会科学报：决策和主管部门如何管理智库和评价智库研究成果？

张建武：软科学研究面临的一个共同问题就是评价体系硬不起来，因为很难量化。但是，不量化又很难作出科学评价。山西省社科院下了很大力气建立自己的科研评价体系，彻底改变干不干一样、干多干少一样的状况。

郑永年：我们是新加坡政府的一个法定机构。政府每年初开一次智库会议，政府的一些部门会向我们提出意向性要求，但不会具体管，只是宏观监控。政府也会有一些具体项目要我们参与，但95%以上的研究项目是我们自主的项目。财政部门每三年对我们工作做一次考评。新加坡是小国，体量小，历史很短，没有资源，因而受国际环境影响很大，经不起折腾，不能犯错，所以特别重视智库研究、科学决策。新加坡政府提出“小国大外交”，实践证明他们的外交做得很成功。评估体系，大学里分两块，一是看学术，二是看教学。我们则是从政策研究和学术研究两个层面进行评价。作为智库，政策研究很重要，考评时自然占权重较大，我们要求学者一个季度至少有一篇《政策报告》，对于有一定积累的学者来说这并不难做到。除了这个要求，还要看学术水平，这也是评职称的重要标准。对于研究人员发表学术论文，我们不要求每年都有学术论文发，但有个时间段的要求，两三年考核一次。因为有些研究需要有个过程。我们也不要求论文字数，主要看质量。

（四）要有不为衣食所困的知识阶层

中国社会科学报：从事哲学社会科学研究人员的待遇无法与搞科研开发的自然科学工作者相比，你们如何看待哲学社会科学研究人员的待遇问题?

张建武：德国哲学家黑格尔说，一个民族要有那些关注天空的人，这个民族才有希望。我认为，一个国家要有一个不为衣食所困的知识阶层，这个国家才有希望。毋庸讳言，国内的社科研究人员待遇相对偏低，某种程度上影响了他们的独立思维和研究的积极性。

郑永年：新加坡实行年薪制。我们的收入水平在新加坡并不算很高，但可以保证过上体面的生活，进入了中产阶层，不需要再为生活去打拼。更重要的原因是，大家喜欢这种公平、自由的氛围，有益于创新。其实一些国际知名的智库、高校，像哈佛大学这样的地方，收入并不高，人们看重的是它的氛围和名望，是个人价值的体现。在收入水平能保证人们过上比较优裕的生活的前提下，我们不鼓励搞第二职业、到外面赚钱，因为这样就没有很多时间去思考。搞研究，没有思考的时间和空间是不行的。

（五）建设性是智库生存之道

中国社会科学报：智库机构受政府领导和资助，研究人员如何处理好科学精神和为政府决策服务两者之间的关系？

张建武：20 世纪 80 年代我开始关注国际智库，后来在山西省委政策研究室工作多年，又到山西省社科院，这些部门都有智库的性质。服务决策是智库的价值体现，但又有如何服务的问题。作为政府智库，当然不能跟政府唱反调。但一味跟在领导后面，诠释政策，也失去了智库的作用。如何把握好这个度非常关键。现代智库应该是政府的思想库、智囊团、参谋部，智库是政府科学决策的重要依据，也是政府与社会、与民众的一个缓冲带，很多事情政府不宜冲在第一线，可能通过智库来表达更合适，给政府留下回旋余地。有些话通过智库来表达可能更好说一些。

郑永年：智库有两种偏向：一种是只替领导说话，人云亦云，诠释政策；另一种是靠骂政府出名，甚至靠骂政府得到反对派的资助。智库的生存正道，应该是建设，就是以客观的态度、求真的精神、科学的方法为决策提供可操作性的解决方案。要求本溯源、预测走势，在纷繁现象中条分缕析，寻找解决方案，为决策提供不同的选择，并说明不同方法可能产生的不同后果。至于如何决策，这是政治家的事，我们要做的是客观地提供选择，告诉决策者不同选择可能产生的后果，而不是决策。中间立场是客观的立场，随着社会的开放，这一块越来越重要。

六、中国智库的发展路径①

朱旭峰从中外统计数据分析了中国智库的发展路径，认为：美国宾夕法尼亚大学年度《全球智库报告》显示，中国智库数量最近几年

① 参见《学习时报》2014 年 6 月 16 日。

始终保持在420多家的水平。虽然从数量上看，中国已名列该报告中仅次于美国的第二智库大国，但比较了解中国智库发展状况的专家的估计是，中国智库在全国范围内应该有2000家以上。科技部2011年组织开展的最近一次“全国软科学研究机构统计调查报告”显示，中国目前共有各类型软科学研究机构2408家。考虑到软科学研究机构的概念要比我们经常说的智库的概念要宽泛一些（在“智库”概念引入中国以前，国内学术界一般称从事决策咨询研究的机构为“软科学研究机构”，而今在一些语境中这两个概念有时可以并用，所指范围略有差别），即便我们剔除那些党政机关内部的政策研究室等部门，该调查报告中智库数量也超过2000家。由于宾夕法尼亚大学报告在国际上影响力比较大，并且争议较多，我们有必要细致分析中国调查数据和宾夕法尼亚大学报告数据差异的原因。

国内媒体一些评论曾想当然地把这种数据上的巨大差异归结为西方学者出于对智库“独立性”的苛刻要求。进而，一些评论认为，这体现了中国还没有建成被西方真正“认可”的独立智库。相反，中国调查通常将官方背景的研究机构都统计在内，所以中国国内调查数据“虚高”。

然而，仔细分析宾夕法尼亚大学报告后，我们不难发现，报告所统计到的中国智库中，同样包括我们认定为官方背景浓厚的研究机构。其中，中国社会科学院在2013年度报告的全亚洲排行榜上名列第四位，中国第一位。事实上，宾夕法尼亚大学全球智库报告中也已经阐述得非常清楚，所统计的机构包括“自治的”“准自治的”“高校隶属的”“政党隶属的”“政府隶属的”和“准政府隶属的”六类。因此，该全球智库报告并没有将各国官方背景浓厚的研究机构排除在智库概念和统计口径之外。

一个直接原因是国外的调查在统计上存在大量遗漏。一方面，海外研究者统计中国智库的渠道也相对有限；另一方面，中国研究机构的国际化水平不高，很多智库国际交往机会很少，甚至连机构网站都没有。两方面原因叠加就造成海外研究者无法知道大量中国智库的存在。他们的调查和观察难以如中国国内研究机构的调查那么细致全面。

2011年中国国内的软科学研究机构调查是中国科学技术发展战略研究院受科技部委托，于2010年11月开始着手调查的准备工作，在近一年的时间中开展了制定方案、修订方案、培训、布置下发、答疑、回收报表、审核数据和分析研究等一系列工作。调查报告最终于2011年10月出炉。此次调查工作步骤严谨，统计口径科学，覆盖面广，调查具有很高的研究参考价值。

结合中外统计数据的对比，我们有必要严肃思考中国智库事业的发展路径。最近，国内很多学者一谈中国智库建设和发展问题，就必谈美国模式。不可否认，美国的确是智库事业最繁荣的国家。但是，纵观世界各国，即便是拥有相似政治制度的西方发达国家，在中观层面上也拥有几乎完全不同的智库发展模式。在美国，由于基金会的支持，独立于政府的研究机构蓬勃发展，非常繁荣。但是，英国的研究机构则大多是依附于政党的，那些追求独立的研究机构并不受重视且发展缓慢。和美国的思路相反，德国政府和各政党支持组建了大部分研究机构，并认为这样才能够确保智库独立于利益集团。在法国，第一家智库就是法国军方效仿美国兰德公司组建的，而那些非官方智库也主要靠政府的研究订单生存。之所以形成如此纷繁多样的各国智库发展路径，其实质是因为各国都在根据各自国情探索相应模式。

因此，我们也应从实际情况出发，既要借鉴国外智库发展模式中有益的经验，又应避免照搬某个特定国家智库的发展模式。就拿大家常提到的智库“旋转门”机制为例。美国智库领导者经常会提到“旋转门”机制是美国智库赖以成功的法宝之一。进而，一些国内学者也提倡中国智库应建立“旋转门”机制。但是我们可以发现，除了美国以外，别的主要西方国家的智库都不存在“旋转门”机制。如此看来，中国其实完全没有必要去照搬美国“旋转门”机制。诚然，当前确有一些中国退休高级官员担任民间或半官方智库领导人，但这是转型期中国自己的探索和创新，和美国智库“旋转门”并无太多关系。政府决策者和智库为了适应中国社会的深刻转型，正在进行着有益探索，并且为不同类型机构发挥各自能力优势提供了舞台。

虽然我们强调中国智库发展模式相对其他国家的独特性，但我们仍应充分重视智库建设的“独立性”。“独立性”指的是研究者忠实于客观研究结果而不考虑研究结果是否损害了某方的利益。也就是说，判断独立性的标准应考察研究机构是否能够坚持客观的研究成果，表达独立的政策主张。在中国，官方背景的智库也会公开批评政府政策，而一些公认的纯民间研究机构也承接了大量的政府研究课题，并以能够得到政府委托课题为荣。可以看出，一个机构是否拥有官方背景并不妨碍它根据研究成果批评政府，而一个机构的纯民间属性也不妨碍它为政府服务。

智库的独立性和影响力是相辅相成的。一方面，影响力有助于智库保持独立性。智库有了影响力，政府和社会各界对其研究成果的需求就会越大，智库获得的研究经费和影响渠道也就更多，这样就能够帮助智库摆脱依附于单一财政来源的局面。另一方面，独立性是影响力的基础。保持独立性能够取得政府和社会的信任。一旦智库的非独立观点被政府和社会所识别，这些智库研究成果的价值就大大降低，从而使其很难取得社会信任，最终只能出局。

过去，西方学者往往把“独立性”作为智库的组织界定标准。但是，随着智库跨国比较研究的深入，原先坚持这一标准的西方学者大都已经改变了态度。他们发现无法按照英美智库的标准强加到世界上的其他国家。相反，一个更加宽松的智库概念有助于增进我们对不同国家政治体制和智库发展模式的了解。目前的共识是，独立性不再是界定智库组织概念的标准，但和影响力一样，独立性是智库追求的目标。也就是说，一个智库在组织上可以不独立，但它应该努力追求观点的独立性。

如何通过完善外部机制促进中国智库的健康发展？例如，引入同行评议、“思想超市”等竞争机制，在财务管理和组织管理上突破现有瓶颈，为智库发展构建多元化可持续资金保障机制，加强智库发展的信息基础建设等外部机制，都值得进一步理论研究和实践探索。

当然，这些外部机制建设的前提是脚踏实地的调查研究，对中国智库事业的真实情况进行准确把握。最近，新一轮“全国软科学研究机构调查”即将开展，相信结合党的十八届三中全会关于“建设中国特色新型智库”的新要求，新一轮机构调查在内容上将获取更为翔实的资料，并为推动中国智库发展打下更加坚实的基础。

七、审视全球视野下的中国智库①

和静钧从全球视野审视了中国智库发展，认为：“中国智库处于难得的发展机遇期”，这是原外交部副部长、现全国人大外事委员会主任委员傅莹于2013年7月在清华大学演讲时做出的判断。果然，四个月后，2013年11月召开的十八届三中全会审议通过的《中共中央关于全面深化改革若干重大问题的决定》提出，加强中国特色新型智库建设，建立健全决策咨询制度。这是在中共中央文件中首次提出“智库”概念。2014年10月27日，十八届四中全会刚刚闭幕，中央全面深化改革领导小组第六次会议就审议了《关于加强中国特色新型智库建设的意见》，这被观察家们视为中国智库已步入战略发展阶段的标志。

智库的“种子”撒播于中国，年龄有的已逾“而立之年”，有的已届“弱冠”，有的尚处“豆蔻年华”。这使我们更有必要以全球性的视野来审视中国智库的差距，以批判性的理性思维来梳理中国智库的现状与问题，才能探索到“种子”摆脱“漫长的发芽期”的束缚，才不负宏大历史的机遇和时代的青睐。

（一）背后的“虚荣”

美国宾夕法尼亚大学詹姆斯·G. 麦甘领衔发布的全球智库报告，是当下国际上最有权威的智库研究，每年初都发布年度报告，已经历时十载。

① 参见《新民周刊》2014年12月8日，第47期。

初看麦甘先生的2013年初发布的《2012年全球智库报告》，多少会令关心中国智库命运的人士欣喜。报告指出，全球智库总数达6826家，美国智库以1828家位列第一，中国智库以426家位列全球第二，完全可算“智库数量超级大国”。

然而，细究麦甘的历次报告，中国智库“入眼率”虽有较大幅度的增长，但“入百强榜率”低微的状况一直没有实质改善。中国社会科学院成就“亚洲第一”，是把其属下各子智库汇合成一家，而其子智库数量众多，这才博取了这般“称号”，如若拆开独立核算，“亚洲第一脑”必属他人。也就是说，麦甘报告中429家中国智库里社科院下属的众多智库是单算的，但我们国内却把单算的智库又装在一个口袋里，拼出了“亚洲第一”。

目前中国还有一种现象值得警惕，即中国可能成为“智库国际峰会作秀大国”。近几年来，中国各个地方都在兴办名目繁多的“国际智库峰会”，规模越来越大，请来的洋嘉宾级别越来越高，花钱越来越慷慨。然而，这些繁华烟云之外，中国智库的核心竞争力和影响力却还是在原地踏步，中国智库的“兰德梦”“布鲁金斯梦”，仍然十分遥远。

（二）“关系网”的贩卖者

目前中国智库普遍存在的“只重视数量，不重视质量和创新”的现象，主要是因为没有很好地把握智库发展的科学规律。麦甘报告指出，导致“中国智库研究能力和效率受到抑制”的两个桎梏因素是：一是本土智库的自主性不足；二是智库之间缺乏平行沟通与合作。

中国智库的发展起于计划经济转型初期，有其历史局限性。中国当代智库的发展几乎是从另一种模式下走出来的：官方智库规模庞大，另一些半官方智库虽一定程度与官方剥离，但人还在“山里”。官办智库的弱点在于它的思想产品往往缺乏独立性，官办智库总是迫不及待地揣摩和主动迎合决策者的喜好而使研究报告没有“地气”，前瞻性及战略性的眼光受限，更多体现和支持了“长官意志”。

各级政府与大型国有企业也热衷于创办智库，甚至喜欢“上档次”

"高规格"，偏好中外联办。然而，多数这样的智库，成了政府与企业官员"公费出国考察"的绿色通道，或每年"轰轰烈烈"开一次年会之外，几乎不能推出有影响力的智力产品，或者直接通过出资向外国智库"购买"报告，糊弄公众和恶意造假。这类智库还有一个弊端是，大量退休下来的官员充斥其中，是个"名人+退休官员"的俱乐部，最后沦落为一个高级的公关部，而智库真正需要的核心，即"孙武、吴起"式的顶尖智囊人物却不在其中。一些打着"退休政要"旗号的面向企业和地方政府的"智库"，事实上是"关系网"的贩卖者，成为利益输送的中介和枢纽，这是异化的"智库"。

（三）"顶层设计"路线图

2007年十七大报告中出现了"发展智库的重要性"论述，此举表明，智库在国家治理体系中的重要作用已经被最高决策层所关注。党的十八大报告进一步申明了"思想库"的重要性。而2014年11月的《关于加强中国特色新型智库建设的意见》，则代表着中央高层已经就中国智库的发展形成了一个"顶层设计"的路线图。

毫无疑义，政府对智库的重视逐年上升，目前需要的是凝练成具体的政策，和政策下细化的法律与实施管理办法。到目前为止，还没有一部专门管理和规范智库的法规。

（四）结构性失衡

与美国民间智库"一统天下"相比，中国目前的智库格局是官方智库数量众多，休眠的高校智库众多，非官方智库则艰难求生。

如果把官方智库称为智库人才的"咸水湖"，民间智库本可以成为人才的"淡水湖"，人才流动性强，有进有出，随时可以邀请到所需要的专家加盟。然而，中国民间智库却很难发挥这样的人才优势，主要的制约因素，是中国人事制度与单位考核机制不融合等原因，造成引入人才只是"挂名"，很难有精力与时间完成智库课题，或很难获得所在单位的配合，其发表的研究成果，因署名单位排序等问题而被所在单位科研考核所排斥。

另一个制约因素，来自官方信息公开与信息获取渠道等问题。相对于官方智库，民间智库往往在及时和充分把握政府信息方面，没有得到法律及制度上的有力支持，导致智库在进行现状分析与对策研究中，未能形成令决策者心仪的成果。政府信息受限，也影响到智库选题设定等工作，民间智库一般会选择远期战略性研究，而回避对策性课题。同时，国家尚无智库的“国标”，无标准化建设，对优良的民间智库的进一步发展并不利。最后一个需要注意的制约因素，就是“需求”。当前中国政府与国有大型企业在多大程度上愿意聆听到独立的民间智库的声音，这是一个值得深思的问题。

八、新型智库建设应关注的三个问题①

罗峰认为：在中国现阶段，智库建设面临的主要问题是增量和存量中的问题，即增量方面的智库创立与充分涌流的问题，存量方面的“政学”（公共政策制定中枢与智库、学界）连通机制和智库能力的提升问题。这三个方面直接关涉智库体系能否形成、智库资源开发效度的高低和智库咨政能力的大小，它们构成了中国特色智库建设中的核心议题。

（一）智库的创立问题

在转型期的中国社会，智库的发展处在前所未有的黄金期、机遇期：首先，各项改革的渐进、深度推进，需要各类智库提供改革方案与智力支持；其次，随着体制改革所释放的日益增多的流动资源，社会的自由活动空间逐步扩大，那些流动资源可能被输入到智库发展中，新的自由活动空间也可以为智库发展提供适宜的土壤和良好的环境；最后，特别是党的十八大、十八届三中全会明确提出要加强社会主义

① 参见《学习时报》2015年1月5日。

新型智库建设，这直接为智库的发展与壮大提供了政策上的支持。

但是，社会上一批有影响力智库的涌现，除了靠智库组织自身的努力外，也需要相关部门科学化的制度支持。从智库的类型学上划分，当前有两类智库：一是原单位体制下的内设智库，即单位类智库，如党政部门、党校行政学院、社科院所和高校等；二是与社会组织相连的智库，也就是社会类智库。一般来说，社会类智库的相对独立地位能保证其研究成果的客观与中立，因而这类智库是单位类智库的重要补充。新型智库建设的重要任务之一就是要让不同类型的智库都得到发展，形成相互补充、相互促进的智库体系。从智库的创立来说，不同类型的智库可采用不同的策略。

对单位类智库而言，这些单位要结合自身的研究实力与研究特色，打破院所等内设部门的行政建制，成立专门的跨部门、跨学科的智库，并通过科学化的制度安排激励研究人员提交高质量的咨政报告。在当前，这类智库在创立过程中面临的最主要问题是其在推进过程中的“运动化”倾向，即有些单位与部门没有考虑自身的特色、优势与实力，在智库建设上一哄而上或目标定位上的好高骛远，以至于已建成的智库只是一个“空壳”或仅停留在宣传上，片面追求对高层甚至对世界的影响力，对基层或社会上面临的“真问题”视而不见或搞选择性忽略。实际上，后者是前者的基础，智库对更高层面的影响力是建立在对基层、社会现实问题的精准解读上。这种“运动化”的倾向是这类智库在创立时应该避免的。

对社会类智库而言，其发展壮大是社会活力的体现，更是社会发展理性化的显现。社会上的相关组织与个人针对区域性甚至是全球性的公共问题，注入资源或付出精力，这不仅能减轻政府的负担，而且有利于良性社会资本的培育，最终促进了社区、社会和谐。但在当前，这类智库的生成、发展与一般社会组织发展所面临的制度化困境相类似，即现行的双重管理体制使其在登记、税收减免等方面面临着现实的困难，这些不仅影响到社会智库的生成，也影响其发展壮大。因而，要按照十八届四中全会关于“发挥人民团体和社会组织在法治社会建设中的积极作用”的要求，改革双重管理体制，为更多有影响力社会智库的创立奠定一定的制度基础。

（二）“政学”的连通问题

对一项公共政策，政界有其现实的看法，而学界或智库有其理论上的分析，因而，理性化的公共政策制定过程就有一个政治行动与知识行动的连通问题，即公共政策制定的中枢机构怎样有效吸纳智库、学界的观点。在当前，“政学”之间的连通还没有制度化，两个领域的联系带有一定的人格化色彩：对一般的智库而言，除了高层的官方机构外，其研究成果与观点还缺乏稳定的制度化通道来影响相关的公共政策制定，即便产生了一定影响，也主要取决于机构领导或专家个人所拥有的关系网络及其质量；对公共政策的制定中枢而言，面对社会众多的“智库”或“外脑”，其选择还有待制度化，其依据的主观性色彩还比较浓厚，以至于人为地影响决策过程和决策结果，从而影响到公共政策的制定质量，也浪费了宝贵的社会资源。

要建立起制度化的“政学”连通机制，对政府部门等公共机构而言，要建立健全发挥“智库”“外脑”作用的相关制度，特别是其研究成果的采纳、专家作用发挥的程序等方面的制度建设，让高水平的研究成果和专家能进入决策中枢的视野，从而提高公共政策的理性化程度。

（三）能力的提升问题

能力建设是智库建设中的核心问题。从规范意义上说，在考量影响一个组织能力的多种要素中，人员、资源、战略和制度是其重要组成部分。一个影响力大的智库，一定是有高素质的专业人才、较充足的研究经费、有着科学化的发展战略和理性化制度安排的组织。基于此，智库能力的提升可从以下四个方面着力。

首先，专业人才方面。对单位体制内的智库而言，要立足特色，注重在专业人员的整合、引进上多下功夫，且在激励制度设计上，不能忽视基础研究，因为没有扎实的基础研究，也就谈不上高质量的咨政成果；对社会智库而言，研究经费固然重要，但其在生成之初要注意组织目标的清晰定位和组织愿景的设立，它们是吸引高素质专业人员进驻的原初条件。其次，资源方面。资源是支撑组织运转的刚性化条件，采取何种有效方式来吸纳资源，这是所有智库都必须考虑的问题。在这方面，智库及其专业人员应该有一种营销意识，即要通过各种方式影响目标部门和新闻媒体，让研究成果的价值在更大范围内得到张扬，以此赢得更多的“订单”和资源输入。再次，战略方面。除了政府部门的智库外，其他的智库一般要注意在发展过程中推行“多元化”战略，即其“客户”不能是单一的，即便都是服务于政府部门，也要有来自不同地域、不同层级的政府机构，否则，这种依附性发展很难保证智库研究成果的客观性与理性化，最终也影响到智库的存续。最后，制度建设方面。智库在资源吸纳、人员激励和发展战略等方面要建立起科学化的管理制度，这不仅能理顺智库内部的运作流程，提高活动效率，更重要的是，这些有效的制度安排向外传递了该智库运作规范化、公开化的信息，从而有助于赢得更多的社会信任、吸纳更多专业人才的加盟和更多的资源输入。

总之，智库建设包括外部推动与内部挖潜两方面：外部推动方面，既要突破相关的制度瓶颈，促进社会智库的创立与充分涌流，也要盘活“存量”，整合单位体制内的研究力量与资源，并建立起制度化的“政学”连通机制；内部挖潜方面，智库要加强自身的能力建设，在人员、资源、战略与制度等方面协同推进。这两个方面的努力是政府与智库双向互动的过程。

九、党校新型智库要精准定位[①]

满新英认为，加强党校新型智库建设，发挥好党校思想库作用，既是《中国共产党党校工作条例》的基本要求，也是提高党校地位和

① 参见《学习时报》2015 年 3 月 2 日。

影响力的重要标志。党校要发挥好新型智库作用，需要精准判断发展定位，打造科研精品，提升政策咨询影响力。满新英认为党校智库建设的紧迫性、优势和作用如下。

（一）党校建设新型智库的紧迫性

党的十八大以来，党中央越来越重视智库的作用，逐步把发展中国特色新型智库提升为国家重大战略。党的十八届三中全会《决定》明确提出，“加强中国特色新型智库建设，建立健全决策咨询制度”。中央颁发《关于加强中国特色新型智库建设的意见》，对发展中国特色新型智库事业作出重要决策和部署。2014 年 1 月 22 日，上海社科院发布《中国智库报告——影响力排名与政策建议》，数据充分显示出中央党校在党委政府决策中的咨询作用。但从全国总体情况看，党校系统存在研究成果精品少，决策咨询活动少，咨政影响力不大等问题，党校智库对政府决策的参考价值还未得到充分发挥。当前国内外发展环境都在发生深刻变化，在这种情况下，决策的强度、密度和复杂程度越来越大。智库作为现代决策的智囊机构，可以有效减少决策失误，克服盲目决策的弊端，帮助政府提高决策科学化水平。党校姓党的原则，决定发挥新型智库作用既是党校应尽的义务，也是提升党校地位和影响力的有效途径。因此，党校要更新发展理念，精准定位，全面规划，系统考虑，力争成为具有影响力和竞争力的智库。

（二）党校发挥新型智库作用的优势分析

政治优势。从组织属性看，党校不同于侧重理论的学术思想库，它是党委的重要部门，距离决策机构距离近，熟悉政策制定过程，能够较为便利获取政策信息，调用相关统计数据资料。在课题研究方面，可以承接党委、政府委托的各类课题；在沟通渠道方面，可以通过内参或呈阅件的方式，直接将思想观点报送相关决策层。

学员优势。党校学员是来源于党政机关、企事业单位的领导干部，他们既是党校发挥咨政功能，提供决策服务的对象，又是其培训对象、受训主体。一方面，学员丰富的实践经验，为党校获取政策信息、了解实际政策需要提供便利条件。另一方面，学员在党校学习期间，通过学员论坛、专题研讨和调研等多种教学形式，政策研究能力得到强化的同时，也提升了党校的咨询研究效果。

学科优势。党校既是干部培训的主阵地、主渠道，同时也具有教学科研属性。多年来，党校为了适应大规模培训、轮训领导干部的要求，逐渐形成结构合理、特色鲜明、优势明显、方向明确的学科体系。在马克思主义理论、哲学、政治学、经济学、法学、公共管理、社会学等一级学科方面有较长时间的学术积累。马克思主义基本原理与马克思主义中国化理论研究，是党校的传统学科、基础学科；党史党建方面的研究，在党校有悠久的历史和专业优势；为提升领导干部综合素质和驾驭经济社会发展能力，经济学、法学、公共管理、社会管理、领导科学等成为党校重点研究领域。党校智库依托这些学科优势，较易结合党委政府关注的热点、难点和重点问题，提出有现实针对性和可操作性的政策。同时学科上的积累，有利于党校展开对重大社会现实问题为中心的基础理论研究，为提供精品决策咨询打下厚实基础。

（三）精准定位，发挥党校新型智库作用

发挥政治优势，提高成果转化效率。一是完善成果报送反馈机制，改进成果推广方式。创办科研型内刊，定期向党委政府以及有关部门呈送科研成果，让具有决策参考价值的研究报告、对策建议能直接、迅速进入决策咨询视野。二是畅达联系渠道，加强与相关职能部门合作，拓宽科研平台。积极承担探索党委、政府相关部门关心的重大理论和实践问题，力争在重大决策中承接更多任务，提供及时的智力支持。三是针对经济社会发展中的理论热点和重大现实问题，举办高层论坛、召开研讨会、开办讲座，影响和推动政策的制定与执行。四是加强同媒体合作，通过组织专题采访、专栏文章、专家讲座，阐释好党的方针政策，积极主动地解答大众普遍关注的热点、难点和重点问题，扩大智库的影响力。

利用学员优势，拓展咨政渠道。一是做好学员调研报告的质量提升和成果转化工作。要充分利用学员了解熟悉基层和社会状况的优势，鼓励教师和学员合作研究，通过论坛讨论和社会调查，共同推进科研成果，实现教育培训和决策咨询的相互促进。对于学员的优势调研报告，可呈报党委、政府及相关部门。二是在教学活动中实现决策咨询功能。在教学中设立中央的重大战略部署和地方党委的中心工作相关专题，并进行系统集中研讨，提出应用对策，为党校学员提供新的决策思路，影响并促进决策的科学化、正确性，实现教学和决策咨询的结合。

发挥学科优势，提供高质量成果。在理论研究的基础上，应转变科研发展方式，发挥实证分析、政策研究优势，加快科研转型。一是实施课题带动战略。充分发展党校各种研究基地、研究中心的力量，制定有咨政价值的调研课题。二是组织专项调研和专项系列调研。开展深度调查调研，掌握第一手资料，在客观全面地把握现实的基础上，找到制定政策的客观依据，为深层次研究提供翔实可靠的信息和数据，提供高质量、有深度、有说服力的成果。

完善保障机制，促进新型智库常出新成果。一是健全人才培养机制，提高政策研究能力。加大对应用性人才的培养、引进、交流和锻炼力度，着力培养学术领军人物和学科带头人，加大对青年科研人员培养力度，造就一批马克思主义理论功底深厚的理论专家，造就一批懂政策、善调研的应用对策咨询专家；整合人才资源，注意吸纳党校学员和党委政府相关部门人员，建立多元化的科研队伍，通过协同合作，促进科研成果的针对性。二是完善科研管理机制，为推进新型智库建设提供正能量导向。及时补充、修订和完善对决策咨询研究成果的激励机制，并在可研究资金上体现政策倾斜，激发教师从事应用性研究的积极性、主动性和创造性。三是健全信息保障机制，提供丰富的信息资源。丰富完备的信息资源是做好智库工作的基本前提，要加强政府文件数据库、信息统计数据库、专题成果数据库、简报数据库和案例数据库等特色数据库建设。

十、中国智库发展存在的问题[①]

中国行政体制改革研究会课题组认为：尽管我国智库发展已经取得长足进步，但不可回避的是我国智库发展还存在着提升空间。中国行政体制改革研究会课题组提出，我国智库发展主要存在如下问题：

（一）智库整体发展水平亟须提升

高质量智库建设滞后。尽管宾夕法尼亚大学智库评价团队存在着数据收集和方法上的缺陷，但其评价结果大致反映出中国智库在全球智库发展中的影响力还有很大的上升空间。在亚洲排行榜中，中国大陆获 6 个名次，印度获 5 个，日本和新加坡各 4 个，澳大利亚、韩国、马来西亚和印尼各 2 个，孟加拉、乌兹别克斯坦、中国台湾地区和香港特别行政区各 1 个。无论从经济规模还是人口、国土面积等考量，这一结果反映出的中国智库发展状况，尤其是高质量智库的状况都是和我国经济发展的基本情况不相称的。

中国智库整体发展水平不平衡。多数省市区及重点城市社科院和高校下设的政策研究与咨询机构的思想产品产出能力，尤其是高水平思想产品产出能力与国内外知名智库存在较大差距。地方政府理解、细化、执行国家层面公共政策的情况，直接影响了国家层面公共政策的实际效果。因此，提升这些地方智库的发展水平，就和建设高质量智库一起成为影响中国智库整体发展水平的重要方面。

（二）智库经费支持存在双重不足

中国智库发展面临政府资助和国内社会支持双重不足的问题。2009 年《瞭望》杂志一个关于中国智库发展的调研发现："一家半官方研究机构，其经费来源中来自主管单位的资金只占 2%；委托课题

① 参见《学习时报》2014 年 8 月 25 日。

费用占 27%；一家美国慈善基金和一家德国跨国企业的资助共占 63%。”虽然这家智库的经费结构并不代表我国智库经费来源的总体情况，但基本反映了中国智库经费来源双重不足的现状。

中国智库经费支持的双重不足引起国外资金的介入。美国智库发展经费主要来源于政府委托课题资助和社会捐赠，而且整体上后者占较大比例；德国智库的发展 80%以上依靠政府全额资助。中国政府资助和社会支持双重不足，必然导致智库寻求其他的经费来源渠道。近年来，跨国公司与国外基金的支持力度逐渐增多，中国智库经费支持既要增强政府资助支持力度并做好在各类型智库间的合理分配，又要为国内社会资金支持创造良好环境，逐步培育社会支持智库发展的风气。

（三）智库参与制度化有待加强

我国已经基本建立了决策咨询制度。国务院各部委及各级地方政府大多成立专家咨询委员，建立相应决策领域的专家库，并制定专家咨询委员会工作制度（条例），规范了决策咨询的适用范围、工作程序、咨询形式、激励机制等。但是，据中组部“建立决策咨询机制”研究组在浙江、江苏、广东、上海等 13 省、直辖市和自治区的调查发现，“开展得不平衡，主要靠领导推动”与“缺少对专家的激励约束和咨询效果的评估”是目前公共决策专家咨询中存在的主要缺陷。持上述两种观点的被调查专家分别占 48.2%和 53.7%，被调查省直相关工作人员分别占 56%和 61.5%，被调查县市工作人员分别占 61.3%和 53.2%。可见，智库参与的制度化仍然受限于领导的推动力和智库评价的滞后导致的参与低效现象。

同时，智库参与决策咨询在实践中还会遭遇以下问题：某些地区对重大事项界定不清，决策者有选择地对重大事项进行决策咨询；决策咨询需求不公开透明，有选择地确定决策咨询机构或专家个人；决策咨询过程和结果并没有形成完善的记录和档案管理，导致决策咨询缺乏责任追究机制；决策咨询工作走过场，智库或智库成员成为决策者的附庸和利益代言。这样的决策咨询现状，反映了智库参与的制度化不仅仅是参与文件的制定，更重要的是把政策真正地落到实处。智库参与决策咨询制度本身不健全，或者因不细化而有漏洞，就会减弱智库决策咨询参与的实际效果。

（四）智库成长环境缺乏有序竞争

目前，我国政策分析市场并未形成公开、公平、公正的竞争环境。政策分析市场还存在着归口管理的行政化倾向，大多数事业单位型智库和高校下设智库，可以很方便地从其主管部门获取委托课题开展决策咨询活动，而其他类型智库甚至根本不知道委托课题的信息，或不被给予竞争的资格，或突击式的申报不给其他智库准备时间。很多委托课题虽然以招标形式进行，但是在申报条件中却通过各种限制条件将竞争者排除在外。即便给予竞争资格，在评审中也存在诸多暗箱操作问题，造成看似公平实则“走过场”的现象。我国智库发展的舆论环境处于总体趋紧状态。智库开展学术研究、学术交流、发表意见建议都会有很多正式的或非正式潜在的制约，使得智库间不能形成宽松自由的思想创新和锤炼的环境。智库发展舆论环境的总体趋紧，不利于形成智库间思想观点的传播、交流、辩论、碰撞的平台。

（五）智库发展亟须科学化评价

智库评价在全世界来看，都是一个难题。主要原因在于还没有一套科学化的智库评价模式，具体而言科学化的智库评价需要明确的智库评价目标；评价指标体系反映智库目标和智库运行的因果关联；智库评价指标能够客观真实地采集到系统运转的现实指征。如果这三者做不到或者只具其一的话，就难免导致系统运转产生偏差。

中国智库评价一直处于缺失状态，自然只能参考国外的结果。目前，在中国产生较大影响的是宾夕法尼亚大学的智库评价团队所做的评价。但是，该团队的方法本身也存在一定缺陷，这就影响了智库评价的科学性。媒体、学界等对智库排名结果的过度放大和不合理的解读，导致这一评价结果并未起到应有的规范引导中国智库整体健康发展的作用，反而使得智库间容易迷失在“为评价而评价”的陷阱，甚至为获得评价排名而不惜扭曲本身发展的目标和路径。

（六）智库国际影响力存在差距

中国智库的国际影响力和全球知名智库相比，还存在着较大差距。按照对智库的界定和分类，我国各类智库已超过2000家，这一数量比美国公布出来的数量还要多。但是从影响力对比上看，在国际上影响力显著、获得足够认可、能够在国际公共事务治理和调整国际关系发挥重要作用等方面，我国还处于发展初期阶段。我国各类智库的政策咨询和研究重点大多停留在国内现实问题上，决策机构往往因现实问题而提出咨询需求，这是智库接受决策机构“拉”的需求而导致的，而且这一情况会因中国所处的社会转型期各类政策问题剧增而持续下去。因此，中国智库整体发展境况中越来越呈现出来的问题是，中国智库习惯于现实性问题而受困于现实性问题，弱化思想、理论层面的创新，导致智库向更具广度、深度、高度的影响力方向停滞不前。在全球化深入发展的今天，战略性、前瞻性、国际性和理论性的问题往往交织在一起，更增加了这些国际性战略问题的复杂性。对这些问题的研究一旦失去话语的主动权和领先优势，必然会给中国智库的国际影响力带来更大的挑战。

十一、中国特色新型智库建设的总体思路①

中国行政体制改革研究会课题组认为，建设中国特色新型智库，既是对智库个体提出的要求，更重要的是继续凝练各类型智库分工互补的特色，建立适应国家社会发展要求的中国特色新型智库体系。这就要确立一个总体的发展目标定位，确立一个致力于推进中国特色新

① 参见《学习时报》2014年7月14日。

型智库体系形成的组织载体，确立一个保证中国特色新型智库建设的管理机制。中国行政体制改革研究会课题组提出了中国特色新型智库建设的总体目标、激励机制、监督机制、竞争机制。

（一）总体目标

中国特色新型智库的提出，显示了中国领导人对中国智库发展道路的坚定决心。建设中国特色新型智库首先需要明确“中国特色”和“新型”的内涵及关系。中国智库的特色主要基于发展环境的差异性，而“新型”则体现为中国经济社会发展的新形势要求。建设中国特色新型智库要将“特色”和“新型”结合起来。

对于中国智库特色的凝练，需要识别中国智库发展环境的差异性。这一差异既与“苏联模式”不同，也不同于“美国模式”。“苏联模式”强调智库影响力的发挥建立在和政府之间直接而紧密的关系渠道，以便将研究成果向政府决策者输送，其优势在于参与政策过程的直接高效，其缺陷在于受制于体制因素智库专家不敢向领导人提出反对性的意见和创新性的建议。“美国模式”强调智库保持独立性，认为智库必须和政府保持距离，以便不受政府领导人意志的影响，传播独立见解，但刻意为之或者标榜，也难以真正发挥智库的独立性。

事实上，每个国家选择的智库发展道路与该国政治发展水平、制度规范、社会组织成熟程度等具有很大关系，中国智库探索和继续完善发展的“中国特色”可以概括为：智库多元化格局下的合理分工。随着党的十八届三中全会关于“加强建设中国特色新型智库，建立健全决策咨询制度”决定的出台，民间智库必将在中国迎来蓬勃发展期，中国智库发展的多元化格局将趋于完善。三类智库间既在决策咨询市场呈现竞争态势，又在某种程度上以各种形式实现合作，形成中国智库整体多元化并合理分工互补的特色格局。同时，智库参与的协商性将为中国智库多元化格局下分工互补提供更为广阔的发展空间。

综合起来，我们认为：中国特色新型智库的总体目标是提升国家软实力；具体而言，“服务决策”是根本，“适度超前”是关键，表现为内部提升公共政策质量，外部增强国际影响力；发展前提是健全决策咨询制度，落脚点是建设高质量智库。

（二）激励机制

任何一个组织在运转中，都需建立起相应的激励机制，以使组织成员在其利益诉求和价值偏好引导下实现组织目标。如此，激励机制从组织内部而言，是引导组织成员为组织目标实现而奋斗的激励性制度安排；从整个组织体系而言，是引导整个组织体系为提升整体目标实现能力的激励性制度安排。

所以，中国特色新型智库建设的激励机制应该从内外两个方面着手建设。从智库内部而言，应该在组织中建立起物质利益和精神利益相结合的激励机制，同时做好组织绩效的测量和记录工作，为如何衡量智库成员绩效做好准备；从整个组织体系而言，应该着重通过智库的声望和影响力评价进行激励。智库作为稳定且独立运作的政策研究和咨询机构，其工作重心主要为政策研究，类似其他学术共同体，智库对其声望和影响力异常重视，智库提交的政策建议被采纳并在实践中获得较好的社会效益，这种社会价值实现的成就感，是对智库的最高奖励。尤其是一部分智库的确在按照非营利组织的模式运转，对其激励应以提交的思想观点、政策建议的决策机构采纳度、社会认可度和实践效果的总体评价作为声望奖励。同时激励机制也应考虑政策实施绩效的滞后性，对其评价也应该将智库的长期绩效和短期绩效评价结合起来，以便能够更加全面、更加长远地衡量智库的绩效。

（三）竞争机制

一个组织体系的良性运转有赖于组织体系随外部环境变化的自适应能力。这个自适应能力来自组织体系中各构件的相互竞争。要确立一个智库间适度竞争的机制安排，通过公平竞争，提升中国特色新型智库体系的整体质量。这实质上是指智库在思想市场竞争的规则问题。智库作为思想市场思想观点和解决方案的供给方与决策需求方是这个适度竞争规则的共同制定者和实践者。目前受制于种种因素，中国当下的思想市场是个典型的“买方市场”，尤其是政府决策咨询业务的特殊性，使得这个“买方市场”的地位将在相当长时间内持续下去。所以竞争机制确立的主导者在于买方——政府决策机构。政策决策机构应该制定相应的规则使智库能够在公开公平的环境下竞争政府决策咨询业务，同时也意味着政府决策机构应该允许智库发出不同的声音，提出不同的观点、方法，并通过制度化使之持续下去。

（四）合作机制

智库间的竞争机制发挥到一定程度，会造成智库的优胜劣汰和分工调整。从整个智库产业而言，因竞争造成智库寻求不同的竞争优势。同时，智库间本身存在着不同领域的竞争优势和因所在区域不同而造成的区域政策问题竞争优势。这样的划分将会使竞争态势下的智库表现出各具特色的智库生态。但是，各个国家面临政策问题的发展趋势在全球化的进程中愈发凸显出其复杂性，智库间的合作就成为获得更大范围竞争优势的必由之路。智库间的合作机制的确立不像竞争机制一样主要以政策决策机构为主导，也不像激励机制一样分为内外部而需要不同的主导者。合作机制的建立是智库间自我组织的一个结果，需要不同竞争优势的智库间在合适的政策环境、政策问题及智库生存环境下的自我选择并按照协商的规则进行合作。近年来，教育部推出和倡导的协同创新中心计划，在哲学社会科学领域也开始出现协同创新中心，其实质就是智库间的合作，甚至是智库和其他科研院所、企业间的协同合作。

（五）监督机制

智库管理机制中的监督机制主要发挥其规范智库发展的纠偏功能。智库在发展的过程中，难免会因经费资助方的利益诉求而使智库赖以发展的公共性大打折扣，也可能会出现智库成员在思想观点和政策建议中寻求个人私利或伙同他人渔利的现象。这就需要一套完善的监督机制发挥纠偏的功能。如何能将多元的利益诉求整合起来为组织目标实现而努力，并保证努力的方向在既定的轨道而不越轨，监督机制的建立必不可少，这也是组织管理职能中控制职能的一个体现。智库监督机制的建立应该从三个层面进行：一是智库内部的监督机制，比如各种财务制度、保密制度等；二是从智库协会的角度，行业内的监督机制，比如学术不端之类的数据造假、观点思想抄袭等；三是从政府监管的角度，主要从立法和执法的角度，比如智库活动在保密法或其他法律法规框架下的监督检查等。管理机制的确立过程是中国特色新型智库建设规划涉及的具体政策制定和逐渐完善的过程，也是推动中国特色新型智库建设的总体思路。

十二、怎么看国外智库的中国问题研究[①]

中国行政体制改革研究会课题组认为，近年来，随着中国全球影响力的逐步提升，国外各大智库逐步加强对中国问题的研究。这些研究，既反映了国际社会对中国发展和中国问题的认识，也在相当程度上影响着各国政府的对华政策。中国行政体制改革研究会课题组提出，当前，国外智库关于中国问题的研究呈现出以下显著的特点：

第一，选题具有很强的针对性、实用性和前瞻性。以美国智库的情况为例，中国崛起与美国重返亚洲战略，中国的能源战略，朝核、美伊关系对中国的影响以及未来的中印关系等，都是美国智库中国问题专家们关注的重要内容，当今国际秩序转变环境下中美两国如何相互适应是他们探讨的重要问题。研究中国问题时，美国各大智库的一个显著特点是注重将中国问题研究同中美关系、美国东亚政策乃至全球战略联系起来考察，它们密切关注中国崛起对亚太地区权力结构的影响，把研究中国对外战略及中国与周边国家的关系作为其制定重返亚洲战略的重要考量。从欧盟各国及日本智库关于中国的研究来看，

① 参见《学习时报》2015 年 3 月 2 日。

也同样如此。

第二，研究人员和研究成果具有较高水平。从国外知名智库的情况来看，其研究人员主要由从事各项公共事务研究的专家学者和“退居二线”的政府官员构成，许多智库的研究人员身份并不完全固定，而是在政府、智库和大学之间有序流动，这一现象在美国表现得尤为突出，有人形象地称为“旋转门”。国外各大智库中的中国问题研究专家，绝大多数都接受过比较严格的社会科学的学术训练，能够从政治学、社会学、经济学等学术角度对中国问题进行广泛深入的研究和思考。“退居二线”的政府官员多是长期从事对华工作的高级官员，具有丰富的工作经历。由于角色的经常转换，他们既具有深厚的专业学识，又具有丰富的实践经验，在中国研究方面往往具有独到的见解，其研究成果往往具有较高水平。

第三，影响面较宽，影响力较大。这种影响，既体现为影响政府的决策，同时也影响社会舆论。仍以美国为例，各大智库努力通过各种渠道和方式，包括承接政府课题、出席听证会、发布研究报告、接受媒体访问、举办研讨会、向政府输送高级人才等来影响政府的对华决策与公众舆论，从而实现其研究价值。例如，卡内基国际和平基金会为增强其关于中国研究的观点在美国国会中的影响力，在国会山上多次举办有关中国问题的辩论会。又如，美国的各大智库近年来更是广泛运用现代媒体扩大自身的影响力，最突出的就是各主要智库都开办了自己的网站，大量发表各种关于中国的研究成果，包括各种研讨会材料和视频、录音、各种研究报告、各种研究论文和评论等等。与此同时，美国各大智库不断拓展新的渠道，如开办中文网站、与中国内地相关机构合作设立研究机构和开展项目、选派研究人员到中国的高校和研究机构作访问学者、在中国内地刊物上发表研究成果等多种方式，以提高其研究水平及影响力。

由此可见，当代中国已经成为国外各知名智库研究和关注的焦点，其成果直接影响到各国政府的相关决策和社会舆论，甚至对中国内地也开始产生一定的影响。那么，应该怎么看待国外智库关于中国问题的研究呢？中国行政体制改革研究会课题组认为应当从以下几个方面着手：

高度重视，及时追踪、分析国外智库关于中国研究的进展情况。对于国外智库的中国研究，首先应当从思想上高度重视。当代国外智库的中国研究，基本上涉及了当代中国的所有重要问题，其研究的出发点和目的在相当程度上是维护他们的国家利益，而实现这一目的的基本途径就是通过其研究成果影响政府决策以及社会舆论，其研究成果一旦影响政府的相关决策，就会对我国的国家利益和安全构成影响。因此，必须从维护国家利益和安全的高度，及时追踪、分析国外各大智库关于中国问题的研究成果，从中把握有关国家对华政策的价值取向和一般趋势。需要指出的是，国外各大智库对于中国问题的研究，有些观点和见解确实比较深刻独到。例如，近年来，美国各大智库关于中国问题提出的一些观点和结论，比如“利益攸关者”就很能给人以启发和思考。又如，日本的一些智库在肯定中国崛起的前景的同时，也指出了中国崛起过程中存在的一些问题和隐患，如经济管理体制存在很多漏洞、对政府债券的过分依赖、结构性调整的困难、人口老龄化问题、环境问题、各阶层和地区间收入不平衡问题等，他们认为这些问题将在一定程度上阻碍甚至损害中国经济社会的发展。这些中肯的论述确需引起学术界和决策层的高度重视。对于国外智库的中国研究成果，必须及时跟踪收集，全面解读和分析，除研究结论以外，还应特别关注其分析问题的角度和方法，采用的事实和理论依据，研究结果可能产生的决策和舆论影响等问题。

积极主动地介入国外智库的中国研究项目。以往，我国各学术机构以及研究人员介入国外智库关于中国问题研究的较少，即使有，大多也比较被动，很难将我们的相关认识和观点融入国外智库的研究中。如前所述，目前国外的一些知名智库正积极同我国的一些智库机构开展合作。我国政府和相关部门应该充分利用这一机会，有意识地通过民间活动、民间组织介入国外智库的中国问题研究。可以采取多种行之有效的方式，比如，设立我方有关机构与国外智库进行合作研究的项目，在研究项目中向国外智库或研究人员进行招标，有计划地派出研究人员进入国外智库进行研究活动等等。通过这些积极的介入活动，有意识地影响国外智库的当代中国研究。例如，目前欧洲学者在研究与中国相关的各种问题时，对中国智库的合作需求比较强烈，欧盟各种研究项目纷纷向中国开放，这些都为中国学者影响欧洲智库的中国问题研究提供了机遇。

加强内引外联工作，积极推进中国智库与国际智库的交流合作。从我国智库目前的情况来看，无论是官方智库还是民间智库，其研究水平和影响力，都还不太理想，与国外知名智库相比，还有不小的差距。要解决这一问题，除了自身努力以外，还应坚持大胆“引进来”、积极“走出去”的原则，不断加强与国外各知名智库的交流与合作。在这方面，国内的一些智库已经开始探索和实施。比如，中国行政体制改革研究会自 2010 年 4 月成立以来，一方面立足本国发展实际，通过举办中国行政改革论坛、专题研讨会等形式，深入研讨当前行政体制改革方面的重点和难点问题；另一方面积极与美国布鲁金斯学会、德国国际合作机构、新加坡公共服务学院等国际智库和单位建立合作渠道，进一步加强沟通联系，推进相关国际项目合作，积极为决策层建言献策。又如，中国国际经济交流中心自成立以来，已成功举办了三届“全球智库峰会”，其目的在于搭建一个开放的平台，促进世界各国智库之间的沟通、交流与合作，了解彼此研究的现状，探讨一些共同关心的问题。特别是针对当前国际政治经济新形势、新发展，提出一些战略性的新思维，以期影响决策者和社会舆论，推动全球和平、稳定与发展。

十三、智库建设要树立六种意识①

姜卫平认为：当今世界，智库是一个国家软实力的重要组成部分，

① 参见《学习时报》2013 年 9 月 9 日。

是影响政府决策和推动社会发展的一支重要力量。但是，我国智库的现状与党和国家事业发展的要求以及大国地位极不相称，完善和发展智库成为当务之急。姜卫平提出，智库要努力提升创新能力和研究水平，肩负起时代责任，关键在于树立六种意识：

服务意识。智库作为生产思想和对策的研究机构，其主要目标受众是政府决策者和社会公众。当前，改革已经进入“攻坚区”和“深水区”，经济社会发展面临严峻挑战，政府、企业、团体等无时无刻不面临着发展过程中的决策选择，这就使智库的服务成为一种客观需要。近年来，各种研究机构不断涌现，智库之间的竞争更加激烈。为了在市场竞争中赢得目标客户的青睐，在与竞争对手的博弈中胜出，牢固树立服务意识就成为基础性要求。智库的领导者、学者要增强社会责任感和历史使命感，坚决维护国家利益，关注社会民生，勇于创新，建言献策。要立足于为人民服务，为中国特色社会主义服务，为实现中华民族伟大复兴的中国梦服务，要以党和国家关注的重大问题为研究主攻方向，坚持以人民为中心为导向，让研究成果满足理论和现实需要。只有这样，智库研究才能不走偏，对策建议才能有的放矢。

问题意识。问题是时代的声音，是理论的先导。面对深刻变化中的中国和世界，智库只有准确把握世情、国情、党情，科学回答时代和实践提出的问题，其研究才能更加贴近社会现实、成果更加符合需要，其工作也才能凝聚正能量，推动中国的繁荣、稳定和发展。智库要坚持问题导向，善于发现问题、提出问题、直面问题、研究问题、回答问题，重视全局性、战略性、综合性问题的研究，提供对路有效的对策建议。要深入研究党和国家面临的一系列亟待回答和解决的重大理论和现实问题，以及干部群众普遍关注的热点焦点难点问题，以高质量的科研成果，更好地为党和国家的决策服务，为全面建成小康社会服务。

创新意识。创新是学术研究的灵魂，也是智库生存发展的不竭动力。智库要提高研究成果质量，扩大社会知名度及政策影响力，离不开创新意识。要坚持百花齐放、百家争鸣的方针，提倡不同观点和学派充分讨论，兼收并蓄、博采众长，把创新精神贯穿研究全过程。首先，进行科研方法创新。提高智库专业化水平，熟练掌握和运用智库研究工作所专属的研究方法、研究技术、研究手段。重视利用网络平台，建立各种数据库和联机检索系统，及时为研究搜集、处理和提供信息服务。其次，进行学科体系创新。智库工作虽然以对策和应用研究为主，但是离不开基础理论的支撑。智库要提高运用马克思主义指导科学研究的能力，坚持基础研究和应用研究并重，传统学科和新兴学科、交叉学科并重，结合我国实际和时代特点，建设具有中国特色、中国风格、中国气派的哲学社会科学创新体系。最后，进行管理创新，建立高效的智库运行机制。在内部机构设置上，明确智库以研究部门和研究人员为核心，其余各部门围绕研究、服务于研究，为学者创造宽松的学术环境。

人才意识。国以才立，业以才兴。一个智库能否持续推出公信度高的分析报告和影响力大的对策建议，很大程度上取决于其研究人员的素质和厚度。在最根本的意义上讲，人才是智库发展的关键。要树立强烈的人才意识，寻觅人才求贤若渴，发现人才如获至宝，举荐人才不拘一格，使用人才各尽其能。首先，广泛吸纳人才。提高门槛和标准，将专业背景深厚、研究视野宽阔、话语权和影响力强大的学者纳入麾下，形成成熟的人才结构。其次，精心培养人才。创新智库人才培养模式，努力造就一批马克思主义基本理论功底扎实、熟悉世情国情、具有理论创新能力的理论家和高端研究人才，推出一批博古通今、学贯中西、善于开展跨学科研究的复合型人才。重视年轻人才培养，为年轻人才提供学习深造和提高业务水平的机会，造就一批具有国际视野和世界眼光、能够在国际交流中直接对话、有实力争取话语权的中青年学术英才。加强人才储备，为智库在未来占领对策研究的制高点打下坚实基础。再次，合理使用人才。适应智库的对策和应用研究的特殊性，在人才使用上，改变原有的偏重单一学术背景、论资排辈的模式，大胆启用不同年龄、学术背景各异的复合型综合型人才。最后，建立人才流动机制。借鉴智库人才流动成功经验，建立智库学者到政府任职、卸任官员到智库从事政策研究的机制，畅通智库学者和政府官员之间的流通渠道，以期实现智库研究成果与社会实践的密切结合，理论研究与政治实践之间的转换的目的。在现有制度条件下，选派专家学者到各级党政部门挂职锻炼是比较可行的途径。

开放意识。随着全球化进程的加快，当今世界各国面临的问题越来越具有国际化特征，需要各国智库加强合作，共同应对。随着中国国际地位日益重要，作为一个负责任的大国，中国将承担更多国际责任，更广泛地参与国际事务，越来越需要具有开放意识和创新能力的智库提供智力支持。这要求智库树立开放意识，打开国际视野，进行战略思维。首先，坚持立足中国、面向世界，积极实施学术“走出去”战略，进一步提升我国智库在国际上的影响力和话语权，为中国软实力的构建和公共外交的推进发挥应有作用。充分发挥学术外交、文化外交作用，增进国际社会对我国政治、经济、社会制度及中国梦的理解和认同。其次，坚持以全球视角思考发展战略，加强与国外智库的交流与合作，整合研究资源，构建面向全球的研究网络。邀请海外高端智库知名学者特别是对所在国政府或执政党决策具有重要影响的知名人士来访和讲学，及时准确掌握政策性信息和资料。定期举办全球智库研讨会、大型论坛和学术会议，就智库建设和国内外热点焦点问题进行深入讨论。最后，智库学者增强全球意识，在专注于国内问题的同时，关注全球性战略议题，抢占话语权和制高点，避免受制于人。选派优秀学者走进国外高端智库，阐释中国思想，介绍中国观点，传播中国声音，就全球性问题进行合作研究。中国智库不但为国内决策服务，还要走出中国、影响世界。

品牌意识。为了保持核心竞争力与政策影响力，智库要树立品牌意识，在全球范围内加强品牌的传播和推广。要精心打造“拳头产品”，不断强化智库的品牌形象。世界著名智库基本上都有自己的思想阵地——定期出版的刊物和一些特色研究项目，比如美国外交关系委员会主办的《外交》双月刊为美国国际事务及外交政策研究领域最权威、影响力最大的学术杂志。建立强有力的研究成果推销机制，提高市场营销能力。好酒也怕巷子深。作为生产思想产品和政策建议的工厂，智库要想方设法强化其研究成果的传播力度，积极采取各种方式和渠道扩大自身影响力，避免"藏在深闺无人识"。同时，利用网络媒介提升智库的品牌知名度和政策影响力。智库要建设好自己的网站，凭借这一平台，推销思想观点、研究成果和政策主张，营造氛围，从而对公共政策施加独特的影响。

十四、智库建设须完善政策支持①

潘华认为：当前，高水平、国际化的智库既是国家软实力和国际话语权的重要标志，也是推进国家治理体系和治理能力现代化的重要力量。因此，党的十八届三中全会提出要加强中国特色新型智库建设，建立健全决策咨询制度。为实现这一目标，潘华提出从以下方面不断完善相应的政策支持。

（一）需求支持政策

随着现代决策科学性、专业性、系统性的增强，迫切需要在制度上正式将智库的"谋"作为决策体系必不可少的一环，形成政策咨询的"需求市场"。为顺应这一趋势，亟须实现决策过程中"谋"与"断"的分离。也就是说，决策过程中专业性、技术性较强的论证工作（即"谋"）交由具备相应资质的智库来完成，政府的作用在于政策方案的选取（即"断"）以及决策的执行。

目前，公共政策咨询制度化已经成为许多国家实现科学化决策的重要举措，主要做法是由政府购买智库的决策咨询服务。借鉴国际经验，应规范政府的决策程序，将智库的决策咨询作为决策的必要环节，政府专注于政策方案的选取以及决策的执行；理顺政府与智库之间的关系，政府作为决策咨询服务的委托方，智库作为受托方，两者依据

① 参见《学习时报》2014年10月27日。

《政府采购法》建立基于合同的合作伙伴关系；建立健全智库建言献策的渠道，使之正规化、常规化、多元化和动态化，并对各类智库一视同仁。

（二）财政支持政策

智库的研究经费来源对其思想倾向和决策咨询服务质量产生重大影响，因此许多国家非常重视为智库提供财政支持。比如，美国政府设置的国家科学基金会每年掌握着十几亿美元的资金专门用于资助各种智库，英国政府是本国智库 1/3 业务的雇主。

目前，我国的大部分智库是官方和半官方的附属型智库，其研究经费主要来源于政府的财政拨款。这种“供养”方式存在两大弊端：一是智库等、靠、要现象严重，积极性、进取心不足；二是滋生走关系、走后门等不正之风，“跑部钱进”现象在智库领域也有所体现。对此，应改变经费资助方式，以“科技计划”“项目支持”等竞争性方式取代简单的政府“财政拨款”；通过项目招投标和申报等形式，取代通行的“内定”“任务式”的方式，使各类智库都能平等地参与决策咨询服务的提供；设立民间智库发展专项基金，对有突出贡献的民间智库给予一定的资助，促进其成长为我国智库领域的重要力量。

（三）税收支持政策

与一般的营利性企业相比，智库的逐利倾向较弱而公益倾向较强，因此许多国家在税收政策方面给予一定的支持。在西方发达国家，智库享有免征企业所得税和财产税的优惠政策，公司和个人对智库的捐赠可从应缴纳的税额中扣除。比如：加拿大规定小企业凭咨询专家的证明，可以到税务局退现款；日本政府从税制上对本国企业在国外承接咨询业务给予一定的税收优惠。

目前，我国的税收政策所涉及的主要是数量较少的民间智库。根据注册类型，我国的民间智库可以分为民办非企业法人型民间智库和公司法人型民间智库。根据企业所得税法的规定，民办非企业法人型民间智库免征企业所得税，其从事的公益性业务享受税收优惠政策。然而，对公司法人型民间智库并没有相应的税收优惠政策。为促进公司法人型民间智库的发展，应对其承担的财政性经费课题免征企业所得税，实现与其他类型智库一视同仁；对其承担的其他公益性研究课题，给予与民办非企业法人型民间智库相同的税收优惠；对企业、社会组织和公民个人公益性研究项目的捐赠给予适当的税费减免。

（四）信息支持政策

能否得到全面、准确的信息对于智库的生存和发展产生决定性影响，因此许多国家十分重视给予信息上的扶持。比如，西方发达国家的政府通过驻外使馆、贸易部、联合国等国际机构取得有关国外咨询业务或项目的相关情报，再通过国内有关部门传递给各个智库。同时，西方发达国家非常重视建立各种数据库和联机检索系统，为智库搜集、处理和提供信息。

与此相比，我国政府对智库的信息支持仍然比较薄弱。目前，各级政府共享的主要是面向操作业务和管理的信息，而面向研究和决策的信息则相对缺乏。此外，我国在大型数据库和联机检索系统的建设方面仍然比较滞后，智库发展所需的信息共享机制尚未充分建立。对此，应不断完善相应的信息支持政策：一是进一步扩展政府信息共享的范围，更多地共享面向研究和决策的信息；二是充分挖掘和利用互联网、云计算和大数据等新兴信息化技术，加快建立各种大型数据库和联机检索系统，为智库搭建数字化信息平台；三是合理配置政府部门的信息公开经费，破除政府信息的使用壁垒，使各类智库都能平等地、充分地使用各种信息；四是探索建立各种智库协会或者智库联盟，充分汇聚专家、学者、公民、企业、官员和媒体等多方智慧，实现信息互通、成果共享。

（五）法律支持政策

为智库发挥作用提供法律上的保障，也是西方发达国家扶持智库发展的重要举措。比如：在美国，咨询是政府决策过程中的法定程序，政府项目的论证、运作、绩效评估等各个阶段都必须要有不同的咨询报告作为参考；20世纪50年代以来，日本先后制定了《中小企业指导法》《中小企业诊断实施纲要》《企业合理化法》《综合研究开发机构法》等一系列法律和法规，为智库的发展提供法律支持。

与此相比，我国对智库的法律支持仍然非常薄弱，甚至存在阻碍智库发展的法律和法规。比如，按照目前的政策，民间智库既难以注册成民办非企业单位（原因在于难以找到挂靠单位），也难以注册成企业（原因在于无法享受税收、财政、社会捐助等方面的优惠政策而难以生存）。对此，应不断完善相应的法律支持政策：一是进一步完善政府决策相关法律，把咨询作为政府决策的法定环节，并贯穿于政府项目的论证、运作、绩效评估等各个阶段；二是进一步完善社会主义市场经济相关法律，规范各市场主体尤其是企业的市场行为，促使企业将咨询作为提升其运作效率的重要手段；三是加快制定中华人民共和国社会组织法，进一步放宽民间智库注册成社会组织的条件，同时对《中华人民共和国公司登记管理条例》等法律进行必要的修订，使公司法人型民间智库在提供公益性决策咨询服务方面享受一定的优惠政策。

十五、智库发展需重视五大问题①

崔珏认为：现代意义上的智库在我国毕竟是个新生事物，我国智库的创新能力、政策影响力、舆论影响力和国际话语权与国外知名智库还相距甚远。崔珏提出，适应改革发展的需要，提升智库影响力需重视五方面问题。

（一）明确组织定位

并不是所有咨询公司都能够称为智库，智库是指那些专门研究国

① 参见《学习时报》2014年9月8日。

内外政治、经济、社会、自然科学发展动态和趋势，向政府提出政策建议，以影响政策制定和社会观念的政策研究机构。智库面对的主要是政府和公众而非企业和个人。

我国的智库大体上可以分为官方智库、高校智库和民间智库，也出现了中国（海南）发展改革研究院、综合开发研究院（中国·深圳)、中国国际经济交流中心等“半官方”智库，对国家和地方发展提供了一些政策支持。但各种智库的定位、目标不够明确，未能真正成为公共决策、公共传播、公共外交中的一种重要力量。美国著名智库兰德公司每到年底都要回顾一年里在政策制定过程中发挥的作用。思考三个问题：第一，我们正在着手研究的问题是否已经接近和到达政策议程？第二，我们的研究和分析是否为决策者和广大民众知晓，并由此提高了政策讨论的水平？第三，我们的研究成果是否带来了政策内容与实践的显著变化？这鲜明地凸显了他们的组织目标。

智库各有特点，既可以从事综合性政策理论研究，也可以重点关注某一领域的政策问题，但基本工作都是研究、传播与推广，将研究成果作用于公共政策，进而影响和改变社会。智库所追求的影响力应包括决策影响力、社会影响力、学术影响力以及国际影响力。

（二）彰显思维独立性

独立性是智库影响力、公信力的基础。智库的任务不是诠释政策，而是理性地分析和判断，是用高质量、专业化的研究成果影响决策，让政策更加合理。综合来看，独立地、专业地从事公共政策或者更广义的政治经济社会研究，以促进当前或长远政治决策的科学性与公正性，是现代智库的主要含义，而这样的政策研究组织对一个国家来说是非常重要的。

我国各级政府部门内部的政策研究机构在“知情”方面有独特的优势，掌握大量与政策相关的信息资源，熟悉政策制定的关键所在，符合主流思想，其意见和建议容易被纳入决策程序。但这些研究机构置身于行政科层结构中，通常会过滤社会中多样化的意见和诉求，强化行政体系内部的政策设想，导致某些政策缺乏足够的公共性。

从我国基本国情看，智库的独立性不能用国外智库“组织独立、经费独立、价值中立”来衡量，并不是一定从组织体系上独立于党和政府，而是从系统的开放性、研究的专业性和创新精神彰显智库的思维独立性，这样其研究成果对于党政机关决策才真正具有参考和咨询价值。需构建多层次的政策研究系统，在充分发挥现有政策研究机构作用的同时，重视依托高校、科研院所的政策研究组织的建设，并积极鼓励民间智库发展，突破信息在行政系统内部的自我循环，将更大范围精英的见识和民众的意见纳入决策过程，以增进社会共识。同时，关注现实需要，从发展中的实际问题出发去做研究，而非主要致力于指定课题的研究和政策性的解释，逐步减少智库对体制的“内生依附性”。

（三）培育智库人才

智库是政策精英汇聚的地方，各著名智库都拥有一批有影响和高学历、高素质的研究人员，人才是研究工作成功的关键因素。加州公共政策研究所（PPIC）总结其成功经验，第一条就是“一流的研究者”，他们认为，“好的政策研究和分析只能来自那些训练有素、能够并善于以通俗易懂的语言陈述复杂问题的人”。

智库要由专职和兼职的资深专家提高影响力，也要综合多学科、多领域的研究人才形成研究团队，因为现代政策研究面对的是各种各样的复杂问题，具有综合性特征，涉及众多学科领域和社会各个方面，因此智库研究人员的构成需要注重多学科背景，善于运用科学、理性的系统方法，借助当代先进的技术手段进行跨学科的综合研究，应对复杂的政策难题，为实现社会目标寻找更好的路径。

（四）提升公共影响力

智库的作用还在于引导社会对政策问题的认识，搭建沟通的平台。极少有一种思想能够从智库产生后迅速地变成公共政策，许多智库研究者都清楚地认识到他们的工作“需要时间，有时一个全新的思想从不为人知到被广泛知晓至少需要 10 年”。因此更多的思想是通过间接的方式影响决策者和民众，形成一种政治氛围，以达成共识，取得认同。智库在公共领域实际上还承担着教育引导功能，这种教育引导既是针对普通百姓的，也是面向决策者和社会精英的。

在改革向纵深发展的今天，社会问题复杂而不确定，公共政策的制定如果不是建立在广泛咨询、论证基础上，没有社会共识作基础，往往会受到公众质疑，导致政策实施受阻，影响政府公信力。近年 PX 项目在各地引发的群体性事件就是一个突出的例子，这不仅是科学问题，也是民主决策问题。政府需要向公众普及科学知识，同时还应完善政府与公众双向沟通的决策机制。在这些问题上，智库应当提升专业性、权威性、公信力，充当政府与公众沟通的平台，向政府传达公众诉求，增加公众对政策的理解，引导公众舆论。

智库研究的目标不是站在任何特殊的立场上去改变或终止目前的政治系统，而是明确问题之所在，分析相关因素，提出解决办法，并把这些见解传播到广阔的领域。从这个角度看，智库的工作不仅有助于提升政策水平，也有助于达成社会共识。

（五）增强开放性

改革开放以来，中国以强劲的发展速度，在经济、科技、社会等领域创造了许多奇迹，但软实力方面（教育、文化、外交、政治等）水平不高，我们的社会制度、价值观还没有得到应有的认同和尊重。我们应当重视智库的参与，通过国际合作、国际交流提高国际影响力，以中国智慧增强应对复杂多变的国际环境的能力。值得我们关注的是，一些国外著名智库在对外政策制定中具有增进双边政策对话及沟通的功能，并可以在媒体和国会听证上发挥表达民意及舆论的效用，目前许多国家和地区都视之为可以善加运用的平台。发展新型智库应视为国家软实力提升和公共外交推进的重要途径。

随着中国国际地位的上升，对中国发展趋势的研究成为大国智库关注的热点。尽管我们可以充分借鉴国外智库的观点和判断，但不能指望它们来实现中国的国家利益。我国智库加强沟通合作的同时，应拿出具有说服力的研究成果，争取国际话语权，对中国的发展乃至全球性战略问题传播中国声音和影响力。

十六、社会科学支撑智库建设要实现三种平衡[①]

南开大学朱光磊教授认为，发展社会科学事业是建设中国特色新型智库的重要条件，从当前的整体状况看，社会科学在支撑和服务智库建设中需要特别注意三个方面的平衡：

第一，中国意识与国际意识的平衡。理论研究包括两个方面，一是理论本身的发展，二是对现实的理论抽象。社会科学支撑和服务智库建设离不开前者，但后者更重要。在当前国际社会联系越来越紧密的背景下，研究并提出应对国内外各种重大问题的对策方案，需要在经济全球化以及与各国对话交流的语境中进行，而不能只是埋头做自己的研究，也不能自说自话。因此，为了更好地支撑和服务智库建设，社会科学研究应注意中国意识与国际意识的平衡。在这方面，应做到“一进一出”。现在，几乎所有正规的对策研究报告，都有一部分专门介绍和分析国外处理相关或相近事项的思路与做法，这是十分必要的。对国外社会科学研究中适合我国国情的内容与方法要引进，但应注意，引进不是照搬照抄，而应在充分了解掌握的基础上移植，并在移植的基础上产出自己的东西。

第二，问题意识与学科意识的平衡。做好智库工作需要树立强烈的问题意识。问题意识要求我们淡化学科差异而关注产生某一问题的现实因素。问题意识与学科意识的平衡就在于将问题和学科双向打通，进而在相关学科之间实现协作创新。这就要求既在广度上又在深度上培育和推动综合性高水平智库建设。在这方面，应注意不能出现简单

---

① 参见《人民日报》2015年10月27日。

强调跨学科的倾向。跨学科是必需的，但应当是有重点的，做到“一科为主、多科并用”。因为不同学科之间，在思维方式、基本问题、概念体系、逻辑思路等方面是很不相同的。研究一个课题，还是应根据某个问题的基本性质锁定一个主要背景学科作为基本概念坐标，然后根据需要，大胆而有序地与相关学科领域实现融合、交叉，积极吸收和借鉴。否则，就会出现主线不清、概念冲突、逻辑混乱等问题。

第三，人文做精与社科做强的平衡。人文学科属于基础学科，是传统文化积淀和现实理论建构的表达。如果这方面做得不够精，就无法为具体社会科学研究提供充分合适的概念和有解释力的现实理论基础。人文学科往往具有鲜明的民族特色、文化特色，是智库建设以及开展对策研究的根本。但是，人文学科研究及其成果运用在智库工作中属于较为体现个体化特点的部分，甚至是有某种模糊性色彩的部分。所以，对于智库建设来说，人文学科发展宜求精，重在把握长期趋势，甚至需要一些学者的个人体悟，不一定要有很大的人员规模。而智库工作对社会科学学科的要求则是直接和紧迫的。新型智库工作的对策性及其工作对象的复杂性非常强，需要用一手资料和数据说话，要有扎实的调研基础、足够的方法论支撑和理性分析，即需要有强大的社科理论支持。社科方面的“强”，表现在可以充分利用各种研究手段，最大限度地利用好各种材料，能够直接面对社会现实问题和实际需求，包括为此适当扩大研究队伍和鼓励采取团队工作方式，以更好地服务国家需要、推动国际合作。实现人文做精和社科做强的平衡，实际上就是要实现智库成果的“软”“硬”结合、“快”“慢”结合。

第五部分　国外经验

一、当前国际知名智库的主要研究趋势[①]

李安方认为：国际智库一般围绕着自己的核心研究领域，根据当前国际社会和本国的经济社会发展面临的重大政策问题确定自己的研究选题，除了一些特色项目的中长期跟踪研究外，当前国际智库的重大选题主要集中于以下四个方面：

第一，新兴大国的研究。新兴大国的崛起往往会对国际格局产生影响与冲击，也会对现有大国的政治经济利益产生重大影响，因此，对新兴大国的研究一直是国际智库的重点研究领域，特别是欧美国家从事国际战略问题研究的大型智库，近年来纷纷将新兴大国列为重要研究对象。在新兴国家中，中国和印度往往又处于国际智库研究的核心位置。如英国的外交政策中心近年来分别成立两个项目组，对“中国和全球化——描绘中国在未来世界中的远景”“印度和全球化——印度在未来世界中的远景”进行研究。美国各大智库近期也纷纷推出中国项目，探讨研究“中国崛起”对中美关系和亚太地区的政治、经济、安全的影响。布鲁金斯学会重点研究项目中就包括“新大国的崛起”，在美国各大智库中首推中国项目，该项目旨在探讨中国转型和兴起的内在动力，分析中国崛起带来的机会与挑战，并为政策制定者提出建

① 参见《学习时报》2013 年 7 月 29 日。

议。卡内基国际和平基金会从2006年起，连续举办为期一年的“重塑中国政策”系列辩论会，辩论议题涉及中国的政治体制和经济发展、台湾问题、中国军事现代化、中国在亚洲的地位、中美贸易问题、温室气体排放、能源、反恐等方面。日本智库纷纷组织力量开展有关中国与印度等新兴大国的研究。如日本的经济产业研究所（RIETI）甚至专门设立中文网站，开展对中国中长期经济发展和政治变动、企业改革、政治体制、农村改革与农村生产结构、资源与环境制约下的经济可持续等问题的研究。

第二，全球性问题的研究。随着全球化浪潮的进程加快，一些事关全人类共同命运的全球性研究议题（如能源问题、环境保护问题、消除贫困、全球气候变化、可持续发展等）正在成为国际智库研究的新热点。如日本的亚洲经济研究所将可持续增长与发展、消除贫困、和平与安全作为其研究任务的三大支柱。英国外交政策中心将能源问题列为其重要研究计划，以西方的观点和新生力量如中国、印度和俄罗斯的观点来看待全球能源问题。布鲁金斯学会重点选题中包括塑造全球经济的动力、脱离贫困之路等内容。美国未来资源智库长期以来一直关注环境、能源和自然资源问题，近期的选题也继续关注污染控制、能源政策、土地和水的使用、危险的排泄物、气候变化、生物多样性和发展中国家的环境挑战等问题。

第三，热点地区问题的研究。在地区研究方面上，当前的一些国际热点地区始终是国际知名智库的研究热点，特别是中东地区几乎是所有研究国际问题智库都密切关注的重要研究选题。英国的外交研究中心对中东地区有两个大型研究项目，一个项目是“文明计划：为中东改革提出西方的策略”，这一项目旨在为中东政治改革提出策略；另一项目是“伊拉克之后的新国际主义和世界秩序”，主要研究伊拉克冲突之后国际社会如何建立一个基于多边规则的秩序。布鲁金斯学会地区项目包括中东危机和外交、伊拉克重建、应对东北亚的挑战、与印度和巴基斯坦打交道、达尔富尔的形势等内容。欧洲的一些智库还将区域研究的重心放在非洲的一些冲突地区，如埃塞俄比亚和索马里的反贪污管理、南非的石油和天然气、西非政治和安全、几内亚海湾石油输出国等研究项目。

第四，社会政策问题的研究。传统的智库研究领域主要关注军事、外交、政治领域，特别是一些保守派别色彩浓厚的智库，往往热衷于研究大国关系、国际局势、军事态势等事关国家生存的政治性议题，以及支撑大国地位的经济实力。但随着当前国际政治形势总体上趋于稳定，全球经济发展和社会问题风险的不断积累，一些与世界各国繁荣与发展密切相关的社会政策议题逐渐被提到国际智库的研究议程上来，并且开始占据越来越重要的地位。这些社会政策议题通常是以改善弱势群体和广大民众的生活状况为目的，以排除分配过程中的弊害促进社会发展，如妇女权利的保护、社会福利与社会保障、文化教育公平、医疗卫生、城市贫民的住房保障、人口政策、劳动与就业、食品安全等。有些智库已经开始将社会政策作为其核心研究领域。如德国的阿登纳基金会近年来非常关注社会政策领域的研究选题。美国就业研究学会以研究失业的影响和提出减轻失业的措施为己任。

李安方认为，国际知名智库在科研组织上一般采取项目小组的方式，并与政府机构、大学以及其他社会组织建立密切的联系，从国际智库的近期发展来看，以下几个动向值得关注。

第一，大力推进研究人员的交流，不断提高研究活动的开放性。智库的研究需要不断地汲取新思想、新观念，并在汇集集体智慧的基础上形成高质量的研究报告。国际知名智库在项目的研究过程中非常重视与外部的思想交流与合作，常常借用“外脑”，通过引进访问学者、召开专题研讨会等方式为研究活动带来思想火花，扩大智库研究的社会影响，这样既开阔视野，又增强自身研究实力。如美国企业研究所目前就与世界上约300多所大学保持合作关系。一些国际智库还通过与政府机构和大学之间的人员交流，聘请在大学、政府机构等工作的兼职研究员（教职研究员、顾问研究员、客座研究员）。日本的一些智库通常采取独特的“派出研究员”制度，即政府、大学、企业、研究所向智库机构派出研究员，工作两三年，工资由原单位发，到期回原单位工作。据统计，日本43.2%的咨询机构有这样的“派出研究员”，其中80%来自企业。如日本综合研究开发机构共有33名研究人员，其中长期聘任人员仅有3名。

第二，努力组建以领军人物为核心的“金字塔”型研究团队。“问题导向型研究”是国际智库的主要研究方式，这种研究方式决定了智库人才队伍建设必然是围绕核心科研人员组建项目小组开展专题性研究。一般来说高级研究人员是智库的主体，智库的高级研究人员需要在某一专业领域浸淫多年，具有较高造诣，对该领域的国内外研究进展有清醒的认识和把握，对问题的发展趋势有较为准确的预测，并且能够对某一问题进行长期跟踪研究，以便为领导决策或者社会实践提供超前的思路。为了保证研究工作的效率，智库非常重视高级研究人员与研究助理的合理配置，即围绕某一专业研究课题或者研究领域组成一个专业化研究团队，由1～2位资深专业人士作为团队核心，以数名科研骨干担任科研组织支撑力量，并由多位科研助理或者科研辅助人员提供必要的科研或者技术支持。如在美国布鲁金斯学会，高级研究员与辅助人员（包括秘书和研究助手等）的比例为1∶2，在胡佛研究所，这一比例更高达1∶2.5。

第三，最大限度地保持研究活动的独立性。独立性被认为是智库生命力的根源。虽然大多数的国际智库在其政治立场上是有倾向性的，或者说智库本身通常与政治谱系（左派、右派、绿党、自由党等等）上特定的政治主张相认同，但就研究工作本身而言，智库并不是某种权力实体的附属物，其研究工作一般保持较高的独立性。大多数智库认为严肃的研究和科学方法论是其研究工作的必要的条件，没有真正独立地、自由地进行思考，就不可能产生真正有价值的思想，也就不可能成为有实际意义的智库，智库的业务工作必须是自主的、独立的，研究人员的思想必须是自由的。一些智库在资金来源上虽然依靠大财团的资助，但通常在管理上实行高度分权和尊重研究人员个人创造性的体制，管理部门只负责组织专题研究，实行“课题小组负责制”，保持研究工作的独立进行。如美国的布鲁金斯学会的管理机构是一个理事会，负责布鲁金斯学会总的管理，理事会成员由非常优秀的商业领袖、学者、前政府官员和社团领袖组成，任期 3 年，每年例行会面 3 次，理事会负责认定学会的研究范围和确保本机构成员工作的独立性。其他一些美国大型智库，无论是财团斥巨资建立的卡内基国际和平基金会，还是政府部门资助成立的兰德公司、国会研究部，抑或是社会名流倡议设立的传统基金会、卡特中心，其在体制上是独立于政府和财团权力控制之外的，“独善其身”仍是其自立的最后屏障。

二、世界智库发展的总体状况与差异①

田蕾认为：智库作为一种相对稳定的、独立于政府决策体制的“外脑”，已经成为现代政府公共决策链的重要环节，不断推进政府决策民主化和科学化。智库起步于 20 世纪初期，在二战后智库数量呈现出爆炸性增长，一批国际著名智库成长起来，在国家政治、经济、社会发展和军事竞争中发挥着巨大的影响力。

田蕾认为，世界智库发展的最新状况表现为：

根据最新发布的《2012 年全球智库报告》显示，全球智库现有 6603 家，其中以北美和欧洲地区的智库数量最多，约占全球智库的 57%。美国智库以 1823 家的数量位居全球第一。以中国、印度为首的亚洲地区智库发展势头强劲，现如今智库数量已经达到 1194 家，约占全球总量的 18%。中国大陆地区入围 429 家智库，在数量上仅次于美国。而在中东和非洲地区，智库规模较小且发展缓慢。在影响力方面，美国是全球智库领域的绝对领导者。全球十大顶尖智库中，美国占有 5 个席位，尤其是布鲁金斯学会更是连年稳坐“全球第一智库”的宝座。而英国的智库实力紧随美国之后，有查塔姆社、大赦国际、国际战略研究所 3 家智库进入全球十大智库排行榜。值得注意的是，全球智库五十强以北美和欧洲智库为主，鲜有亚洲智库的影子，中国大陆

① 参见《学习时报》2013 年 3 月 25 日。

地区则仅有中国社会科学院等 3 家智库入围，日本也只有两家智库进入排名。

据估计，当前世界智库中约有 2/3 产生于 20 世纪 70 年代以后，半数成立于 20 世纪 80 年代以后。以美国为例，美国现有智库中有 90.5%是 1951 年后成立的，1980 年以来智库数量翻了一番。进入 21 世纪以来，世界范围内每年新成立的智库数量大幅减少，智库发展进入内部整合阶段。由于智库之间的激烈竞争，最近几十年来新成立的智库很少有综合性智库，多数智库使用专业化策略定位提升核心竞争优势，围绕某一专业领域，提供针对性的政策建议。此外，咨询公司、法律公司和电子传媒等营利性企业纷纷参与智库的竞争中，力图分得一杯羹。

田蕾认为，欧洲智库与美国智库独立性的差异是：

英国、德国等西欧国家的智库通常有强烈的党派倾向。在全球十大“最优秀的政党智库”里，德国和英国智库坐拥 8 个席位。在英国，影响力较大的一些智库都是由保守党或工党成立的，以满足参与政治意识形态辩论的需要，但政党与智库之间在组织架构上没有直接的隶属关系。德国智库的经费绝大多数来自联邦政府和各级政府的财政支持，或是通过法律规定的财政拨款，或是通过政府研究委托合同的方式支付。在法国，政府主要部门都建立了研究中心，从事本领域的中长期趋势研究，如国防部建立的战略事务委员会和装备总委员会，外交部建立的分析预测中心和法国现代中国研究中心，法国计划总署建立的前景研究与国际信息中心。而那些独立于政府和政党的智库，由于缺乏稳定的资金支持，发展规模和影响力远不如政党型智库。

与欧洲智库相比，美国智库更遵循了一种市场化的运行方式，恪守了思想独立、资金独立和政治独立的行为规范。不同于其他国家政党，美国政党是组织分散、权力分散、稳固的两党制。民主党和共和党虽是全国性的两大政党，但没有中央领导机构，没有形成统一的权力核心，彼此独立，各自为政，选民可以随便改变立场。这样松散的政党制度导致的直接结果是政党自身没有建立有规模的研究机构，而必须依靠智库发挥作用。这种背景下，美国智库成为历届政府人才与思想的强大后盾。尽管美国很多智库和政党或政府关系密切，依靠政府的政策支持，优先获得政府的咨询项目，并通过“旋转门”猎取政界高端人才，但多数美国智库不隶属于政府部门，保持中立的政治态度，其研究课题、研究过程和结论均不受政府或党派影响。政府部门需要咨询服务时，一般采用招标方式，委托智库自主进行研究，研究人员和智库不受任何社会力量和利害关系的左右。

田蕾提出，西方智库与东方智库发展的文化与体制差异的根源在于：

以美国为代表的西方社会，长期奉行多元和公开辩论的政治文化。受“参与型政治文化”主导的美国公民有着高度的政治意识、鲜明的政治倾向，有积极影响政府决策的兴趣，希望通过智库研究加强政府决策民主化、科学化。这种主观能动性，从本质上鼓励了政治精英和社会各阶层民众在智库中占据一席之地。同时，美国政治体制以三权分立和权力制衡为基本特征，造成权力分散、决策机制公开化与开放化，政策制定者强烈需求并依赖于前瞻性、独立性的政策信息。作为总统制国家，美国国会和以总统为首的行政当局两大部门分立，经由不同的选举渠道产生，经常出现意见相抵的情形，需要进一步斡旋协调。由于国会所讨论、审议和立法的问题复杂，涉及内政外交的各个领域，尤其需要“外脑”辅助。这为美国智库创造了充足的发展空间。

不同于西方文化中重个人、重竞争、重利、重法的观念，东方文化重社会、重和谐、重义、重情。在儒家文化盛行的亚洲国家，“服从型政治文化”占主流，公众对政治系统运行和决策过程存在着盲从倾向，参与政治决策的意愿较低，不愿公开、主动地表达不同政见。同时，政府对独立政策分析的需求也不强，通常很少重视和支持智库的发展。由此，东方国家的智库发展一直相对缓慢，在世界舞台上难以形成影响力。但随着国际形势的日益复杂化、国内经济发展和政府决策的民主化和科学化，这类智库将面临转型，迎来新一轮发展机遇。

田蕾认为，发达国家智库与发展中国家智库的国际话语权之争有：

从研究课题范围和国际影响力上看，欧美等发达国家智库主导着国际社会事务的话语权，而发展中国家智库在世界舞台上处于一种集体“失语”的状态。美国著名智库的研究不但涉及美国国内经济、社会及其改革问题，而且很多的议题都是全球性的战略性问题。相对而言，目前多数发展中国家的智库仅专注自身发展问题，埋头做国内公共政策研究，很少参与国际性、全球性事务，更很少有机会在国际组织或会议中表达观点，缺乏国际影响力。例如，我国智库很少有鲜明的、突出的全球研究视野，很多的全球性战略议题都是国外智库研究引起强烈的社会反响后，国内的智库才开始研究，从而在话语权和影响力上落后于国外，并在政策上受制于人。而在印度，也仅有约15%的智库开展安全和外交政策领域的研究。

从运行机制上看，缺乏资金来源，专业研究人才和合法、独立的地位是阻碍发展中国家智库发展的三个关键问题。发达国家的智库研究定位明确，拥有专长的研究领域、研究目标、稳定的资金来源和服务对象，具有较强的连续性、前沿性和计划性的特点。与之相比，目前发展中国家的智库在发展中以临时、短期性研究合同为主，还没有形成比较稳定的运行模式，智库的资金来源和研究成果质量不稳定。

近年来，发达国家的智库对发展中国家智库的支持也逐渐增强，如，向发展中国家的独立政策研究机构提供非限制性的运行经费，在研究方法与技能、沟通与对外联系和组织发展三个方面提供长期帮助。世界银行也主办了一些会议和研讨会，帮助发展中国家和新兴民主国家的智库成为推进社会、政治和经济变革等方面的最有效途径。同时，随着新兴经济体在全球政治经济体系中日益增强的影响和作用，发展中国家之间的智库合作与交流也越来越紧密，如，金砖国家智库峰会，对增进共识、扩大合作，促进国际社会对金砖国家的积极认知起到了积极的作用。

三、美国智库的主要发展阶段与趋势①

刘旸辉认为：近几十年来，智库在西方国家内政外交政策的制定中发挥着重要的作用，在美国的影响力尤为显著。它以精准全面的分析研判、与政界广泛深入的联系以及在社会公众中的影响力，左右着美国政治、经济、社会、军事、外交、科技等方面的重大决策，以致被学者视为继立法、行政和司法之后的“第四部门”。

（一）发展：从政策研究到政治家后援

复旦大学国际问题研究院副院长任晓按美国智库在不同时期的性质和特点，将其大致分为四个发展阶段。

公共政策研究机构起步阶段。时间为 20 世纪初到第二次世界大战。初期成立的智库大都从事长期性的政策研究，致力于把科学知识运用于研究和解决广泛的公共政策问题。当时的智库主要有拉塞尔塞奇基金会、政府研究学会、胡佛研究所和对外关系委员会。

政府合同型智库兴起阶段。时间为二战结束到 20 世纪 60 年代初。在这期间，美国政府开始重视由工程师、物理学家、生物学家以及社会学家相结合所产生的综合研究成果，所以二战后迅速出现了大批与政府签订研究合同的智库，最具代表性的便是成立于 1948 年的兰德公司。

政治宣传型智库发展阶段。时间为 20 世纪 70—80 年代。这一时期国际形势的发展使得智库具有浓厚的意识形态色彩，它们向政策制定者推销政治主张，灌输各种思想。这些智库一般都有鲜明的政策、党派和意识形态倾向，力求影响当时的政治或政策。这类智库主要有传统基金会和凯托学会等。

政治家后援型智库发展阶段。时间为 20 世纪 90 年代至今。一般

① 参见《学习时报》2012 年 9 月 24 日。

由具有政治雄心的人物或其支持者以及离任后着力进一步推进政治和意识主张的前总统等人创办。这类智库关注的是推广其政治主张，主要有卡特中心和尼克松和平与自由中心。

（二）本质：财团和政府的“第三只手”

剥去标榜的外衣，美国智库实际上是美国财团和政府的“第三只手”。

智库一般都强调自己的“非营利性、独立性和无党派”色彩，但这只是最初的情况，现在的情况则要复杂得多。智库都由董事会全面负责研究计划、立项及执行核查，并“保留智库的独立性”，但这种独立性只是相对的。首先，智库从一开始就有自己的定位，或保守，或中性，或激进，这些都为智库的研究先天性地设定了“有色眼镜”。而且董事会成员的背景和理念也决定着智库发展的方向和研究趋向，特别是一些完全依靠美国政府和军方合同的智库，虽然表面上极力证明自己的“民间独立身份”，但是细察其“捐助榜”，就可知道它在为谁效力。

中国现代国际关系研究院战略研究中心副主任陈向阳认为，美国智库的背后大多是一些利益财团，包括近年出现的一些新型科技集团和金融集团。这些财团出于保护经济利益并获得更大收益的需要，通过智库发表调研报告，影响社会舆论，左右政府决策以实现自己的利益。当然也有一些财团出于西方宗教信仰及道德传统的原因，资助智库进行一些有利于社会的超前研究。

美国政府也喜欢通过智库这个渠道来为一些政策的出台进行预先试探和寻求理论支持。陈向阳说，由于智库的非官方性质，一些美国高官经常就重大外交政策在智库演讲，一来试探各界反应，二来寻求理论支持，并制造声势，影响舆论，为推出新的政策铺路。所以，在美国特有的政治体制下，财团、智库和政界三者密不可分。华盛顿的“K 街”号称“智库一条街”，美国智库云集于此，天天盯着国会和白宫，想方设法把自己的政策分析和研究结果“塞进”国会议员和政府要员的大脑。

（三）功能：智库怎样影响政策

任晓和中国社会科学院美国问题研究院张立平等专家认为，智库在美国的政策形成过程中发挥着多种作用，但通常是履行以下四种主要的社会功能。

探求和产生新的政策思想，并长期坚持和倡导这些思想理论，以期得到广泛认同，继而被确认为政策或法规。

为政府提供全面、专业、具体的政策方案。尤其是在总统就任前后，竭力对政权施加影响。

提供和储备人才。一方面，美国智库为政府输出具有丰富专业知识的人才，使这些学术精英“摇身一变”成为决策者；另一方面，智库又为政府换届后的去职官员提供重要栖身之处，这使得美国智库积蓄了丰富的人脉资源。智库与政府之间频繁地交流人员，形成了美国特有的“旋转门”现象。

智库还具有教化功能，赋予自身教育社会和公众的责任。美国智库一般的研讨会都对公众开放，这样既可以提升自身的知名度和扩大影响力，又能潜移默化地影响社会公众接受和认可自己的政策及理论，从而造成有利于这些理念实施的社会民意基础。

（四）趋势：智库影响力仍在上升

美国智库经过一个多世纪的发展，数量非常庞大，而新型智库也在不断涌现。陈向阳认为：美国智库目前呈现出以下发展趋势。

产业化。美国智库已形成了较具规模的政策咨询产业和战略谋划产业，并将此转化为巨大的效益。智库都声称是“非营利机构”，但实际上都是营利的，它们主要通过研究报告、委托合同、出版刊物、网络付费高级会议等形式获利。

研究议题多元化。美国智库议题无所不有，除了传统的政治、经济、军事和外交外，一些前沿科技议题，如气候变化、环境保护等，也都被列为重点研究对象。

高度国际化。美国智库的服务对象、研究领域以及对外交流等，都具有高度的国际化特征。比如布鲁金斯学会每年都会邀请很多来自世界各地的访问学者和高级参谋进修、交流。

信息化。美国智库非常重视新媒体的发展和运用，利用网络这个平台进行大量信息交流，比如研讨会用视频进行直播，这使很多国家的学者不用出国就可以“参加会议”。

重视对亚洲尤其是对中国的研究。随着亚洲经济的迅速发展和国际地位的持续提高，美国各智库不约而同地开展了跟亚洲有关的研究和讨论，中国已成为美国各智库的主要研究重点。而印度、日本、韩国和中国台湾地区等也认识到了这一点，纷纷针对美国开展“智库外交”，以影响美国的政策，为自身利益服务。

影响力还在上升。智库是美国外交政策的一个传声筒，国际社会都很重视与美国智库的关系，纷纷加强对美国智库的工作，并尽可能地收集美国高官对智库透露的重要信息。

四、美国智库的主要优势和发展特点①

许共城认为：在当前全球智库中，美国智库虽然起步比英、德、法晚，但在战后，美国智库的发展却跃居世界的首位。美国的大型智库实力雄厚，经常从事全局性、战略性、综合性的研究，常常被称为“影子内阁”“美国政府的外脑”等，在一定程度上影响着美国政治、经济、军事、外交等一系列重大决策。目前，美国作为西方发达国家的“领头羊”，其智库发展已经形成了非常成熟的经验和较为完善的运作机制，呈现出国际化大型智库的显著特点。

第一，美国智库依托政府又独立于政府。美国智库和政府保持着密切的联系，依靠政府的政策支持，得到政府的优惠资助，优先获得

① 参见《学习时报》2013 年 3 月 14 日。

政府的咨询项目，甚至吸纳了不少政府机构卸任人员。但是，美国智库又不隶属于政府部门，它们具有相当的独立性，其研究过程、研究结论均不受制于政府，各政府部门无权干预智库的研究咨询工作。政府部门需要咨询服务时，一般采用招标方式，委托智库自主进行，被咨询人员和被咨询机构不受任何政治力量和利害关系的左右，他们站在客观独立的立场上，凭借自己的信息资源、业务准则、智力判断来获得结论和提供咨询。美国智库的这种独立性确保了咨询行业的自主立场和超脱态度，保证了咨询服务结果的客观性和科学性。

第二，美国智库具有良好的社会经济基础和人才优势。美国是西方市场经济高度发达的国家，竞争异常激烈，社会生活和经济生活面临激烈的挑战，企业、单位、组织、团体随时面临着发展过程中的决策选择，这就使智库的服务成为一种客观需要。美国智库一方面专业分工越来越细、服务越来越多样化，另一方面综合性越来越强，以应对复杂性、综合性大型课题的咨询需要，为大型企业和政府部门提供关于重大课题的咨询服务。美国咨询业的成熟发展客观上要求高素质的从业人员。美国咨询业对从业人员的要求非常严格，不但要求从业人员有较高的专业知识，还要求从业人员要有其他领域的研究视野，同时又要有职业道德和咨询经验。绝大多数咨询公司都拥有很高比例的硕士、博士学位人才，相关专业方面的专家，甚至还有大型公司和具有政界管理经验的高层人士，其人才优势非常明显。

第三，美国智库有规范的行业管理措施和很强的国际竞争力。美国设有咨询协会，协助政府管理咨询产业，咨询协会一方面将政府的法规、政策转化为具体的行业制度，对会员行为进行约束，对行业实行自律性管理。另一方面又负责与政府及相关团体进行联系协调，为咨询机构服务，维护咨询机构的权利。规范的行业管理制度，加上丰富的咨询管理经验、高水平的人才优势，使美国的咨询业具有很强的国际竞争力。

第四，美国智库具有高效的市场营销能力。美国智库竭力采用各种方法追求智库舆论影响力的最大化。美国智库作为生产策略和思想的工厂，其主要的目标受众是政府决策者和社会公众。进入21世纪，随着网络的快速发展和信息传播的全球化，美国智库与时俱进，竭力强化其研究成果的传播力度，积极采取各种方式和渠道加大自身的影响力。通过人际传播、组织传播和大众传播等，扩大智库的舆论宣传。如借助“旋转门”机制赢得官方的重视支持；通过智库协会、行业组织，甚至官方团体等传播智库的研究成果和案例效果；通过各种传播媒介，如纸媒介、电子媒介等，拓展新型的传播途径，引导舆论助推智库的影响力。

进入21世纪后，智库数量的剧增，媒体信息传播的实时化和全球化，金融危机影响下发达国家经济的持续低迷，亚洲特别是中国的崛起，为美国智库的发展带来了严峻的挑战，也促使其形成了一些不同于以往的新趋势。

首先，由于金融危机和经济的持续低迷，造成了智库资金来源的不确定性和短期性，也促使美国智库更关注热点问题和更追求研究成果的实效性。当前，在智库的资金来源中，固定、长期的资金逐渐减少，很多时候，为了保证正常的运营，智库不得不作出一定程度的妥协，其研究结论就受到了影响。像美国外交政策的敏感问题，美国与各大国之间的贸易竞争问题，美国所介入区域的社会、政治、军事问题，金融危机，全球经济低迷状态，中东地区的冲突，中国台海局势等，越来越成为美国智库关注和研究的热点课题。

其次，美国智库越来越走向国际化。一方面，美国的超级大国地位，使它更广泛地涉足全球各地区的事务，必须时时应对来自全球的挑战，需要智库提供具有全球性视野的解决方案和建议；另一方面，美国国内经济、社会问题不少，超级大国的地位受到来自各方面的挑战，美国更需要转移国内矛盾和应对国际挑战。美国智库也随之越来越国际化，研究方向从原来冷战时期主要针对苏联等国家转移扩大到研究各主要地区的经济、政治和社会问题。

此外，美国智库随着亚洲特别是中国的崛起，以及美国全球战略中心向亚洲转移，越来越重视对中国的研究，特别是探索中国的崛起对亚洲局势的深远影响。近几年来，美国智库把对中国研究作为重中之重。比如，布鲁金斯学会设立约翰·桑顿中国中心，并在清华大学设立了清华布鲁金斯中心，该中心主要聚焦于中国的崛起及其对美国、中国邻国乃至整个世界的影响。布鲁金斯学会会长斯特罗布·塔尔博特认为，中国“和平发展”是一个好的口号，“和谐社会”也是一个好的口号。他还强调，美国、中国和印度三角关系非常重要，而且无论是美中关系、中印关系还是美印关系目前都很好。在未来几十年内，美、中、印三角关系将决定世界的格局。

关于中国的热点问题，美国智库也给予了特别的关注。比如，美国国际战略研究中心（CSIS）高级顾问葛来仪（Bonnie Glaser）最近在布鲁金斯学会举行的研讨会上分析中方在钓鱼岛海域的行为时指出，可以看出中方在钓鱼岛问题上的行动很有协调性，法律、外交、经济等手段多管齐下，其协调性好于2010年中国在南海问题上的表现。又如，美国政治风险咨询公司欧亚集团总裁伊恩·布雷默认为，中日争端是2013年全球最重大的冲突风险，中日爆发严重冲突危险系数甚至超过叙利亚。

五、美国智库的人力资源管理机制[①]

朱雪宁认为，美国智库的用人之道的特点如下。

第一，人才选拔。人才的选拔是人才管理的基础。只有做好人才的选拔工作，人才管理的后续工作才具有意义。

在人才的选拔方面，美国智库秉承公开竞争和择优的原则。为了得到优秀的人才，美国智库注重从多种渠道公开招聘人才：一是名牌大学刚毕业的硕士和博士。比如美国的兰德公司每年都会选择一些优秀的博士到兰德撰写毕业论文，这些人往往会成为兰德公司未来的研究人员。二是政府卸任的官员。政府官员熟悉政府工作流程，具有丰

① 参见《学习时报》2013年1月14日。

富的政治阅历，因而也成为智库人才的来源之一。美国智库有一种独特的“旋转门”机制——政府官员有机会到智库工作，而智库的研究者也有机会到政府担任要职。比如美国对外关系委员会的成员中曾任国务卿的有十多位，曾任财政部长、国防部长和副部长的也有数十位。三是大学的专家和企业界的精英。大学是人才聚集的地方，很多学者本身就是某方面的专家。而企业界中的精英往往具有丰富的实践经验，因而美国的智库也和大学、企业建立了良好的合作关系，从大学和企业聘请专家。四是其他智库的专家。在美国，智库人员的聘任多采用合同制和聘用制，因而智库人员的流动性比较高。而且在智库工作过的人员也往往因熟悉智库的工作环境和工作方式而被其他智库认可并聘用。

在人才的选用标准上，美国智库坚持学术造诣和实践经验并重的理念，注重人才的综合能力，并不欢迎学究式的研究人员。以美国的兰德公司为例，它不仅要求其工作人员应该在一两个学科领域受过严格的训练，而且要求其能够献身于解决实际问题。因为智库面对的研究课题复杂多样，因而在对人员专业的要求上也呈现出多样化，多数智库人员的专业构成也是多种多样。在兰德公司现有的员工中，不仅有工程技术人员、物理学家、数学家、系统分析专家、计算机专家等自然科学专家，也有计划统计专家、经济学家、社会学家、心理学家、法律专家，还有文学家等人文社会科学领域的专家。

第二，人才考核。人员被选拔进组织后，如何评价人员的工作表现，就需要对人员进行考核。考核也是对人员进行奖励的基础，只有通过对人员工作的准确考核，才能真正起到鼓励先进、鞭策后进的作用。

在人员的考核方面，美国各智库的方法和标准虽有差异，但相同点就是都有一套严格的考核制度。比如美国斯坦福国际咨询研究所1973年制定的人员评价系统就非常详细，该评价系统按功能可分为专业成绩、提升、委托关系、计划领导、系统管理五个项目，每个项目又可分为六个等级。兰德公司的考核制度也非常严格。在考核标准上，兰德公司主要有两个：一个是兰德高质量研究标准，另一个是反映兰德特征的“兰德特殊研究标准”。在考核方式上，兰德公司有内部考核和外部考核两种：内部考核是各研究部门的管理团队对自己部门的研究质量进行内部评级和总结。外部考核是由来自兰德公司以外的人员和兰德公司其他部门的人员对某一部门进行的考核，被考核部门的管理人员不得参加和干预本部门的考核。

第三，人才激励。要留住人才并使人才长期保持对工作的热情，就必须依赖健全的激励机制。

美国智库通过以下途径来激励工作人员。一是物质激励，主要是提供良好的工作环境和待遇。一般来说，美国智库都采取高薪来留住人才，比如兰德公司研究人员的工资比同等资历的大学教授的工资要高出 1/3。另外，兰德公司还设立了“总裁奖”，专门授予贡献卓越的员工，给其时间、财力和物力的支持，肯定和鼓励其进行的研究活动和取得的研究成果。二是通过晋升进行激励。一些美国的智库也会通过考核，对优秀的工作人员进行职务上的晋升，这也是一种激励人员的方式。三是帮助研究人员提升知名度，主要是通过一定的方式，帮助工作人员提高学术素养和学术声望。对于从事研究工作的人员来说，知识的积累和更新是非常重要的，所以美国一些智库也采取提高工作人员学术声望的方式来激励员工。比如美国的国会研究会就是通过帮助工作人员提高学术声望的方式进行激励。在国会研究会，资深的研究人员可以自己确定研究课题，并将其报告提供给议员，如果报告质量高，则议员会在遇到同类问题时首先想到咨询该研究人员，这对研究人员来说就是一种肯定和激励。

第四，人才培训。在信息社会，知识的更新速度非常快，为了让研究人员能够获取最新的知识信息，提高研究能力和水平，美国智库特别注重对其研究人员的培训工作。

在人才的培训方面，美国智库采取多种渠道和方式。一是建立自己的研究院，这往往是比较大型的智库选择的培训方式。比如美国的兰德公司早在 1970 年就成立了帕迪兰德研究院，专门进行政策分析和研究方面人才的培养。二是让研究人员到政府等实际部门进行考察学习，目的就是让研究人员了解政府、企业等实际部门的环境和需求，从而使其研究贴近现实，去掉“学究气”。三是派研究人员到国内外的其他智库进行交流，做访问学者。比如兰德公司派人员前往英国伦敦战略研究所进行访问和学习，而英国的伦敦战略研究所也定期派访问学者到兰德公司。美国的斯坦福研究所则经常和日本的野村综合研究所进行人员交流。另外，一些智库也会让研究人员定期和政府部门的政策负责人和政策规划小组进行接触，从而让其了解政策的实际运行过程。

六、美国智库建设的宏观体制安排与保障[①]

刘恩东认为：美国智库在建设中坚持了独立性、非营利性、特色化、现实性和简洁性的发展方向。独立性是美国智库的本质特征和核心价值，体现在机构独立、研究独立和经费独立。非营利性重点强调政策研究、影响公共政策、推动社会发展和社会进步的组织目标。特色化主要体现在明确的价值取向和发展方向、自身特色，重视对重大问题的长期跟踪研究，努力打造智库品牌三个方面。现实性强调研究成果的对策性、实效性。简洁性体现在文风、迅捷的研究成果、富于针对性和实效性的决策咨询建议。美国智库的特点和建设做法发人深思，值得借鉴。

国家的财税与法律支持是智库健康发展的重要保障。国家财税政策支持对美国智库产业的发展有重要推动作用，如：美国政府专门设立了国家科学基金会，每年有十几亿美元的资金专门用于资助各种智库；政府对智库还有税收方面的扶持，智库享有免征所得税和财产税，公司和个人对智库的捐赠可从应纳的税额中扣除。为智库发挥作用提供法律保障是美国扶持智库发展的又一重要举措。在美国，咨询是政

① 参见《学习时报》2014年5月19日。

府决策过程中的法定程序，政府项目的运作与论证等各个阶段都必须要有不同的咨询报告为参考。这为智库充分发挥咨政作用创造了条件。

多元化、多渠道的资金来源是确保智库运作的独立性和灵活性的重要基础。美国智库的经费来源于公司团体、基金会、政府、个人的捐赠、本机构的基金收入等多个渠道，如布鲁金斯学会，4%的经费来自政府，74%来自公司和个人。多元化的、充足的研究资金来源，既保证了研究的资金支持，也有利于免受利益诱导而丧失研究的独立性和灵活性。

着力打造智库特色“拳头产品”、树立“品牌”形象是智库强化核心竞争力与政策影响力的重要内容。保持智库的核心竞争力与政策影响力是智库在日趋激烈的竞争中立于不败之地的法宝，为此，许多智库都非常重视打造“拳头产品”和树立“智库品牌”。智库的“拳头产品”既包括一些特色研究项目，也包括一些有重大影响的学术刊物。国际智库大多定期出版自己的刊物，近年来，国际智库在学术期刊上的投入不断加大，有些智库甚至将学术期刊提升到与所在机构同等重要的地位，努力打造学术精品和“思想载体”，不断强化智库的品牌形象。例如战略与国际问题研究中心《华盛顿季刊》，布鲁金斯学会的《布鲁金斯评论》，卡内基国际和平基金会的《外交政策》，尼克松中心的《国家利益》季刊，而外交关系委员会的《外交》双月刊则影响最大、地位最高。

高度重视政策咨询成果的质量是智库发展的生命力所在。智库政策咨询成果的质量主要体现在三个方面：一是成果的创新性、实用性和针对性。“提出政策理念是思想库的基本任务”。能否提出解决经济社会现实中重大战略问题和关键问题的新思想、新论断、新理论，剖析问题的深层原因、提出富于针对性和实效性的新举措是智库成功的第一要素。布鲁金斯学会、兰德公司、斯坦福研究所等能成为国际一流的智库就源于其新思想、新观点、新理论。二是研究分析的科学化。三是建立了严格的质量管控和成果评价机制。美国智库都很重视咨询研究的质量管理，每个管理库都有一套严格的成果评审制度。为了确保研究质量，兰德公司制定了一套严格的考核标准。考核标准主要有两个，一个是兰德高质量研究标准，另一个是能够反映兰德特征的“兰德特殊研究标准”。兰德公司这些考核标准和程序是兰德享誉全球，成果质量高的基础。兰德公司按照上述标准，对公司内部研究团队和研究成果进行客观评价和考核。考核包括内部考核和外部考核两个部分，每4年或5年进行一次。内部考核是各研究部门的管理团队对自己部门的研究质量进行内部评级和总结。在进行内部考核的基础上，还要进行外部考核。参与外部考核的人员由两部分组成：一部分是来自兰德公司以外的考核人员，这部分人员属于核心成员；还有一部分人员来自兰德公司的其他部门。被考核部门的管理人员不得参加和干预本部门的外部考核。兰德公司还从社会上聘用了约600名全国有名望的教授和各类高级专家，作为特约顾问和研究员，主要任务是参加兰德公司的高层管理和对重大课题进行研究分析和成果论证，以确保研究质量及研究成果的权威性。

灵活、完善的用人机制及良性的人员流动机制是智库发展的根本。一是根据战略定位确立较合理的人员结构。由于智库机构的特殊性，一般要存有一些高端领军人物，要求高、中级研究人员占较大比重，一般是两头小，中间稍大。也需要一批与之相配合的研究力量、管理团队和服务人员，形成在相关领域研究咨询竞争力的基础。同时，应统筹人员的引进、培养和考核，注重人员来源的多元化和学术背景的多样化。二是广泛借助外力为己服务，如通过广泛聘用研究员、客座研究员、高级顾问等多种渠道，扩大智库专业人员的视野，提高研究水平。三是以项目为载体组织人员进行跨学科综合性研究，建立起非常广泛的专家学者网络。四是建立良性的人员流动机制。美国智库建立的“旋转门”制的人才流动机制已成为美国政治的一大特色，即智库成员的身份在政要与研究者之间变换，智库成为政府要员的“供应商”和“蓄水池”。一方面智库将精英输送到政府机构任职，由研究者变为决策者，可以对政府决策产生至关重要的影响；另一方面也为在政府换届中的下台官员提供“落脚点”和“过渡带”，从而蓄积了很广的人脉资源。

以全球化、国际化视野谋划智库发展。是否具有国际视野是衡量智库影响力的重要指标。从当前智库发展的总体趋势看，智库发展的国际化趋势日益明显。全球最有影响力的智库无不具有全球视野，国际著名智库大都纷纷开展国际交流合作、举办国际学术会议和讲座、跨国组织项目研究、拓展研究领域和业务范围、在世界各主要国家建立分支机构并拓展海外业务，获得来自不同国家和地区的真实信息，并站在不同的视野和角度研究问题，不断提升自身的研究实力，推动决策咨询国际化发展，增强智库的国际话语权和国际竞争力。

完善的智库成果传播、转化、应用机制是智库助力政府提升决策水平的助推器。智库决策咨询的最终目标和最终价值在于改进决策水平，提高决策质量。因此，能否构建多渠道的成果推销机制，努力提升智库的社会影响力是智库是否成功的主要标准之一。美国智库通过多渠道全方位推广传播研究成果，起到了广泛的效果和作用。

七、美国智库的政策建议机制——以支持数据驱动型创新为例①

姜桂兴以数据驱动型创新为例，研究了美国智库如何建议政府支持数据驱动型创新。2013 年 11 月，著名智库美国信息技术与创新基金会发布了一份名为《支持数据驱动型创新的技术与政策》的报告（下称《报告》）。《报告》建议，世界各国的政策制定者应采取措施，鼓励公共部门和私营部门开展数据驱动型创新。日益发展的新技术使得数据的收集、存储、分析、使用和传播变得越来越容易，价格也越来越便宜。但是，尽管存在着巨大的数据驱动的创新潜力，这些技术却尚未被很多组织采用。

如果说石油是 20 世纪经济发展的“助推剂”，那么数据则将成为

① 参见《学习时报》2014 年 3 月 3 日。

驱动21世纪经济发展的“助推剂”。数据能够帮助人们更好地认识周围复杂的世界，从而做出更正确的决策。无论是个人、企业，还是政府，都能从数据型创新中受益。通过介绍美国疾病控制中心、美国教育科学研究所、美国证监会、欧洲航天局以及亚马逊、IBM和英特尔等各类公共和私营机构应用新技术进行数据分析的成功案例，《报告》说明了数据驱动型创新推动经济发展的潜力，以及它在公共卫生、科学教育、公共安全、交通运输、环境气候、商品消费、可再生能源等众多领域的广阔前景。

《报告》指出，“数据驱动型创新”是一个崭新的命题，它涉及很多新的概念和术语，其中最主要的包括“大数据”“开放数据”“数据科学”和“云计算”。同时它还需要很多新技术的支撑：一方面，数据规模不断膨胀，且可获性越来越大，极大地刺激了新技术和新方法的发展，包括数据整个生命周期中涉及的所有技术——收集、存储、处理、分析、使用和传播等。另一方面，这些技术反过来又提高了原始数据的使用价值，激励着更广泛、更大规模的数据收集和应用。

《报告》就政府如何支持数据型驱动的创新提出了建议。一是政府应大力培养所需的有技能的劳动力。数据驱动型创新离不开掌握相关知识和技能的人才，然而，这类人才全球短缺。虽然有些大学近期已开始开设数据科学、商业分析和机器学习等相关课程，但是其努力仍将难以满足即将到来的大量需求。未来那些在数据相关领域拥有足够人才的国家将在全球经济竞争中占据优势。通过资助那些发展数据相关学科公开在线课程，扩大统计学和计算机科学的入学人数的工作，政策制定者可以推动数据人才的培养。

二是政府要推动数据相关技术的研发。2012年，奥巴马政府公布大数据研究开发计划，给予该计划一次性2亿美元资助。不过，这类资助应该不断扩大并持续下去。为了确保政府的研究投入直接用于解决公私部门面临的最大挑战，政府部门应该制定数据相关技术的研发路线图，并通过鼓励制定数据相关技术标准推动数据的使用。

数据是数据型创新的基础，因此，政府应该发挥的一项重要作用是，不仅要收集和提供数据，还要制定推动数据共享的法律框架，并提高公众对数据共享的重大意义的认识。政府要首先将自身的数据以便利的形式及时提供给用户。同时，政府要继续努力，让个人能够获知其个人的数据，如鼓励公用事业公司向消费者公布其家庭能源使用情况的数据。政府还应确保制定的法律和管理框架能够促进各个不同产业的数据共享和利用。当众多组织和个人能够为实现其以前不曾想到的一些目的，而主动收集和使用各种数据时，就产生了数据驱动型创新。

通过撬动和利用数据这一杠杆，来解决重大社会问题，推动经济发展，有着惊人的潜力。然而，要实现数据驱动型创新的潜力，政策制定者必须为此建设必要的基础设施和政策框架。当前，首先要做的就是，充分认识和重视数据在推动各领域创新方面潜在的巨大作用。

八、美国智库人才流动机制①

王莉丽认为：在世界各国智库当中，美国智库数量最多，影响力最大，它不但影响美国公共政策和社会思潮，还对世界政治、经济的走向发挥着重大的影响。之所以如此，一个最重要的原因就是美国智库的“旋转门”机制。

王莉丽认为，“旋转门”机制及其主要功能如下。

“旋转门”是美国智库最具特色的现象之一。美国的行政当局是典型的“一朝天子一朝臣”，每次换届选举后伴随着政府大换班，牵涉官员的变动达 4000 多项。政府部长等高级阁员不是由议会党团产生，也极少来自公务员，而是来自精英荟萃的智库。卸任的官员很多会到智库从事政策研究，而智库的研究者很多到政府担任要职，这种学者和官员之间的流通就是美国的“旋转门”。“旋转门”机制使得智库的舆论影响力渗透到政策制定的方方面面。

---

① 参见《学习时报》2012 年 11 月 5 日。

具体而言，“旋转门”的重要功能主要体现在以下三个方面。

构建人际传播网络。所谓人际传播主要是指，智库在舆论传播的过程中依靠人际关系网影响政策制定。人际传播通常采用的方式和渠道有：在政府中直接担任官职；在总统大选期间担任总统候选人的政策顾问；给政府官员直接打电话，或者邀请政策制定者参加私人午餐、内部会议；保持与国会议员密切的私人关系；邀请前政府官员到智库任职等。而“旋转门”是使人际传播方式得以发挥重要作用的一个重要机制。正是通过“旋转门”，人际传播的网络才得以形成，美国智库才可以直接与政府决策者进行沟通，进而影响到政策制定。

搭建知识与权力的桥梁。通过“旋转门”，美国智库不但为下届政府培养人才，使得“在野”者的知识有“入朝”转化为权力的通道和可能性，也为前任政府官员提供了一个休养生息、再次入朝的机会和平台。

美国智库为学者们提供了与政策决策者进行紧密接触的舞台和进行政策研究的最佳环境，使他们不但了解政策研究，还了解政治现实。美国历届政府都大量依赖智库学者来填补高层职位。卡特政府曾吸纳了三边委员会、对外关系委员会、布鲁金斯学会等智库的数十位成员。奥巴马组阁之后，2007 年成立于华盛顿的小型智库新美国安全中心有超过 10 位政策专家获得政府职务，如助理国务卿坎贝尔、副国务卿斯坦伯格等。通过“旋转门”，掌握大量专业知识的智库学者们成功地将知识转化为权力。美国智库之所以乐于聘用这些前政府官员，一则因为他们能够带来在政府内任职的经验和见识；二则也有利于智库在政策领域的公信力；三则是大家经常忽略的一点就是，为他们提供一个再次“旋转”的环境和平台。

推进第二轨道外交。第二轨道是介于官方外交（“第一轨道”）与纯民间交流（“第三轨道”）之间的一种特殊渠道，其突出特征是非官方性和有意识地影响官方决策。美国智库凭借与官方决策的特殊关系以及自身非官方的身份，在国际政治中发挥着独特而又重要的第二轨道外交作用。从某种意义上而言，也正是“旋转门”所产生的政府与智库之间的人际传播网络和巨大的政策影响力赋予了智库特殊的外交地位和角色，有时会成为在幕后推动双边关系的“助推器”。以中美关系为例，美国政府高层官员在访华之前，通常都会选择一家与政府关系密切的智库进行前期的演讲，并且选择一家智库来打前站。智库则带着访华的一些议题与中国各方面进行接触，试探中国的态度，在掌握了各方情况后，为美国政府的决策作充分准备。除了充当“助推器”之外，美国智库还通过组织对敏感问题的对话和对冲突各方提供第三方调停来承担一种更加积极的第二轨道外交的角色。

王莉丽认为，“旋转门”机制产生的基础如下。

美国智库“旋转门”机制形成的背后主要包含以下几个重要的因素：独特的政治文化、开放的政治体制和全方位的独立性。

政治文化创造了思想基础。美国政治文化的核心要素是个人主义、自由主义、社会责任意识和不信任政府思想。正是这些要素塑造了美国国民的意识形态，为美国智库的“旋转门”提供了思想和文化上的基础，是“旋转门”的深层推动力。

美国的政治文化崇尚个人的奋斗和创新，鼓励个人积极表达思想，维护个人的言论自由，这种政治文化为美国智库“旋转门”的产生创造了民主的社会意识和舆论环境。另外，参与的政治文化是美国智库“旋转门”得以形成的基础。正是因为这种参与的政治文化使得美国知识分子、企业家和社会公众关注、参与政治，希望通过智库的创新思想提高政府的决策能力和水平。参与的政治文化从本质上鼓励了知识精英和社会各界积极通过“旋转门”使得思想与政策更好地结合。

政治体制提供了旋转空间。美国政治体制的基本特征是三权分立和权力制衡，这种制度结构必然形成权力的分散和决策机制的公开性和开放性。分权制衡的政治体制和松散的政党制度为“旋转门”提供了巨大的运作空间，同时这种权力的分散和制衡也使得政府决策必须依赖智库的智力支持。

依照三权分立和相互制衡的政治制度，中央政府建立平等而又彼此独立的立法、行政和司法三大部门。这三个部门彼此平等，相互独立，并相互制衡。除了宏观上的分权制衡外，在微观上，无论是行政当局内部还是国会内部，权力也是分散的。在国会，参议院和众议院在立法上各具独立权，除此之外，还有很多委员会和分委员会具有决策的权力。而行政当局则是由很多强大的机构组成的，每个机构都有自己的政策取向。这种“分权”“制衡”的政治制度必然导致权力的分散和决策机制的公开性和开放性，也为智库“旋转门”的运转提供了必要的空间和机会。

独立性保证了持续运转。美国智库的独立性包括思想的独立、资金的独立和政治的独立。这种独立性保证了智库可以产生具有创新性的思想，培养优秀的人才，进而使得智库与政府之间的“旋转门”能够持续运转。

所谓思想的独立是指智库专家们研究的独立性，学者以开放的思维进行研究，并通过对事实的客观分析获得结论。为了保证思想的独立性，美国智库在机构设置上以研究人员为核心，一般分为政策研究和行政管理两大块，政策研究为核心，行政管理服务于政策研究。资金的独立是指智库虽然接受基金会、企业、个人的资助以及政府的合同项目资金，但是智库的研究不受资金来源的影响，每家智库在接受资金捐赠时都力图保证自己的研究过程和结论不受资金来源的影响。为了保证资金的独立性，美国智库的资金来源大都保持尽可能的多元化，包括大量公共和私人的资助方。政治的独立是指美国智库独立于政党政治之外，在研究过程中客观、独立。虽然某些智库的研究带有一定的政治倾向性，但大多数美国智库都力求自己的研究成果不受任何党派和意识形态的影响。一方面，美国智库都力图保持自己研究成果的独立和高品质；另一方面，美国智库的多样性使得不同的观点和声音得以表达，从而在一定程度上弥补了这种倾向所带来的危害。

九、英国智库的总体发展模式①

朱旭峰认为：英国智库具有悠久的历史，其发展繁荣程度仅次于美国，拥有查塔姆社（Chatham House）、亚当·斯密研究所（ASI）、伦敦国际战略研究所（IISS）等国际知名智库。与西方其他国家相比，英国智库具有自己独特的模式，多为“政党依附型智库”，即智库依附于某一政党来实现对权力和决策的影响，具有明确的意识形态倾向。智库的发展模式是由一个国家的历史条件和政治背景等因素共同决定的。英国智库的政党依附属性是英伦三岛特有的产物。

（一）历史机遇造就政党依附型智库

从历史的角度来看，英国最早具有政策研究职能的组织是1884年成立的费边社（Fabian Society）。自那时以来，英国智库的发展经历了三次浪潮。政党依附型智库主要是在第二次浪潮中发展起来的。

一战后，由于政府对外交和经济战略决策的需求，英国智库迎来了第一次发展浪潮。1920年，英国第一家真正意义上的智库查塔姆社成立。10多年后，受华尔街经济危机的影响，政治与经济规划委员会（PEP）和国家经济与社会研究所（NIESR）相继成立。这一时期的智库坚持独立和理性的研究，拒绝党派和意识形态的束缚，致力于为政府决策者提供务实可行的政策建议。

第二次世界大战至20世纪80年代，为迎合政党竞争和冷战时期意识形态宣传的需要，出现了英国智库发展的第二次浪潮。这一时期先是出现了一大批右翼智库，如经济事务研究所、政策研究中心（CPS）、亚当·斯密研究所。这批智库主张回归经济自由主义和“小政府”，它们与保守党关系密切，为保守党的执政提供了帮助。为与右翼政党相抗衡，工党在1988年成立了左翼智库公共政策研究所，致力

① 参见《学习时报》2013年1月4日。

于扩大左翼思潮的影响力。公共政策研究所的主要任务是促进工党的现代化转变并在人民大众中宣传左翼思潮。

英国智库发展的第三次浪潮，是对第二次浪潮时期意识形态严重分歧的反思。这一时期成立的著名智库主要有狄莫斯（Demos）和社会市场基金会（SMF）。它们没有意识形态使命，与政府保持若即若离的关系。如狄莫斯的宗旨是“超越党派、意识形态和学科界限，创造开放的知识和学习”。其研究范围主要集中在民主、学习、企业、全球化和生活质量改进方面。社会市场基金会则声称要同时拥抱左和右，既支持社会主义思想，也拥护社会市场经济。

（二）英国政党依附型智库的政治渊源

英国特定的政治制度是造成智库依附政党的主要原因。首先，英国拥有较强势的文官集团，他们在决策时通常不依赖于政府部门以外的智力支持。其次，作为内阁制国家，英国大选只选出下议院议员，不直接选举政府首脑。在大选中获得议会席位最多的第一大党党首直接出任首相。因此，政党在英国的政治生活中扮演着非常重要的角色。最后，英国在各个选区奉行“简单多数制”而非“比例代表制”。这种选举制度强化了政党之间的对抗性竞争和意识形态分化。在这种情况下，与政党建立有效的联系渠道成为智库实现影响力的理性选择。

长期以来，英国的意识形态以右翼保守主义为主，并夹杂左翼激进主义。而英国的两大政党保守党和工党，则正好分属这两大思想阵营。这种保守主义和激进主义相互竞争、相互依存的局面为智库的意识形态化提供了土壤。此外，英国社会文化中私人捐助慈善事业的传统相对较弱，智库在经费上往往不得不有求于政党或政府。

（三）英国智库能否超越政党依附模式

近年来，人们越来越意识到政党依附型智库的局限所在。依附于政党虽然为智库提供了连接权力中心的便捷渠道，却限制了智库的长远发展。首先，智库的关注议题被局限于宣传党派主张和开展意识形态辩论，不利于开展高质量研究。其次，造成了不同党派智库之间的对立，无助于取长补短、合作与共同进步。最后，政党依附型智库的兴衰很容易受到执政党更替的影响，如撒切尔夫人支持的右翼智库在工党执政后就变得处境艰难。

政党依附属性不但对智库本身造成很大局限，而且对英国的国家和社会发展也很不利。一方面，智库依附于政党限制了其决策外脑作用的发挥，导致政策辩论成为意识形态之争，不利于政府实现理性决策。另一方面，意识形态化和党派化的智库很难在社会中营造开放的舆论环境和理性的政治氛围，导致智库启迪公众的潜力难以充分发挥，反而加剧了整个社会的思想对立。

基于对时代变迁的适应和对传统模式的反思，当代英国智库大都在积极调整发展策略。就目前的状况来看，传统智库的独立性正在增长，党派属性则呈现下降趋势。政策制定者越来越关注具有实际操作性的解决方案而非抽象的意识形态，因此智库受党派的影响有所减弱。同时，智库自身也希望逐渐淡化研究的意识形态色彩。例如公共政策研究所目前已经将主要关注领域转向了对具体政策问题的研究，对研究成果的评价基于其质量和影响力而非意识形态，经费来源也转为主要依靠项目收入而非政党拨款。

同时，新型独立智库虽然在经费和研究水平方面仍然难以和传统智库相抗衡，但是近年来发展迅速，影响力在逐步扩大。另外，依附政党已经不再是智库实现影响力的唯一选择。人们参与政治的渠道更加多元；英国的政党政治逐渐走向衰落；两大政党的党员数量都在不断减少。为适应这一系列变迁，智库实现影响力的途径也随之走向多元。当前英国智库正在反思和转变中走向成熟，并试图超越政党依附型智库的种种局限。

但是，目前英国主要智库的党派属性依然存在，意识形态之争仍有市场。传统的右翼智库大多仍然坚守阵地。如经济事务研究所和政策研究中心仍然强调自身的意识形态属性，拒绝任何委托项目，只接受源于意识形态目的的捐赠。即使是一些新成立的智库也强调自身的党派属性。如 1998 年建立的促进研究会（Catalyst），就旗帜鲜明地站在了工党一边。同年成立的外交政策中心（FPC），虽然对外宣称是独立的政策研究机构，但它是由时任英国首相的托尼·布莱尔一手创建起来的，因此也被认为是左翼智库。

十、德国政府与政党智库——以德国政治基金会为例[①]

袁峰认为：德国是最早建立智库的国家之一，在德国众多智库中，活跃着作为重要政治智库的六大政治基金会。分别是亲基督教民主联盟的康拉德·阿登纳基金会，亲社会民主党的弗里德里希·艾伯特基金会，亲基督教社会联盟的汉斯·赛德尔基金会，亲自由民主党的弗里德里希·瑙曼基金会，亲联盟绿党的海因里希·伯尔基金会以及亲左翼党的罗莎·卢森堡联邦基金会。目前德国联邦议会中的主流政党基本上都有一个自己属意的基金会。

（一）德国政治基金会的产生发展历史

德国政治基金会的产生与德国近代以来民主政治建设的经验和教训有关。一战后，尽管德国建立了拥有民主政治体制的魏玛共和国，但共和国的政治基础并不稳固。19 世纪以来的德国国家主义、民族主义压倒民主主义理念，从民主政治体制中产生了独裁专制的法西斯政权，给德国、欧洲和世界人民带来了灾难性后果。反省国家民主政治的曲折历史和惨痛教训，德国意识到了民主政治教育和广泛的政治参与在现代国家建设过程中的重要性。建立政治基金会的目的就是为了提高民众的政治素质，推广政党的价值观和纲领主张。

1925 年，遵循首任魏玛共和国总统弗里德里希·艾伯特去世后留下的政治遗嘱，德国建立了历史上第一个政治基金会——弗里德里希·艾伯特基金会。1933 年希特勒上台后，艾伯特基金会遭到取缔。

① 参见《学习时报》2012 年 11 月 19 日。

1947年，社会民主党重整该基金会，使之成为该政党最重要的智囊机构。此后相继又建立了5个与德国其他主要政党有着密切联系的政治基金会，都是政党影响下的公益性机构。其中成立于1964年，以德意志联邦共和国第一任联邦总理阿登纳的名字命名的阿登纳基金会，与艾伯特基金会并驾齐驱为德国两个大型政治基金会，分别倾向于德国基督教民主联盟与社会民主党。

（二）政治基金会与政党的重要纽带是分享共同价值观念

在德国，只要政治基金会所倾向的政党能连续多次在联邦议会中获得议席，就可以获得国家财政资助。罗莎·卢森堡联邦基金会就是1998年左翼党进入联邦议会后设立的。基金会获得资助的幅度与政党在议会选举中获得的议席数量挂钩。

由于法律规定在一个政党中担任领导职位的政治家不允许在基金会中出任类似领导职位，所以政治基金会的领导层大多来自所亲近政党的退职要员，理事会主席通常是由该政党的知名代表担任。同时，一些基金会成员也在政党的外交事务委员会等职能部门兼职。所以，尽管在法律上政治基金会被赋予了完全独立的地位，但各基金会的工作都以政党的纲领和世界观为评判标准，在国际事务中除了维护国家利益，也在一定程度上体现政党利益。

为确保符合公共利益，除了少数来自私人捐赠外，德国政治基金会的资金大部分来源于联邦和州的财政预算。国家支持基金会的经费包括两个部分，一是来自联邦内政部用以维持基金会正常运作和政治教育工作的费用；二是项目经费。项目资金除了少部分来自联邦德国外交部，大部分来自联邦经济发展合作部，主要被用来开展国际合作、政策研究、人才培养和留学生资助等项目。近年来，项目资金所占比重不断提高，逐渐成为主导智库发展运行的关键。这一方面有助于将有限的财政资金用于有针对性的政策研究，另一方面也便于追踪资金使用情况。虽然项目资金由政府部门拨付，但是德国政治基金会仍保留适当的自主性。有时会出现一些“基金会外交”与政府外交政策不一致的情况，促使联邦政府对外交政策进行反思、修正和调整，这集中体现在政府对发展中国家的发展援助政策中。

（三）德国政治基金会的发展趋势

首先，政治基金会不仅将公众作为政治教育的对象，也视为影响政策制定的重要目标群体。近年来，西欧国家民众与政党之间的传统组织纽带因为生活方式的改变和科技力量的发展而弱化，以网络新媒体为代表的社会舆论在公共政策制定过程中的影响越来越大。基金会通过提供内部研究报告来影响少数政治精英决策的可能性已经大大降低。在这一背景下，德国政治基金会开始更多地将独立研究或与其他部门机构合作研究的成果通过电视、网络、学术会议、公开刊物等方式向公众开放，将自己影响决策的目标群体从少数政治精英扩大到普通大众，以达到影响政党和政府决策的目标。

其次，政治基金会积极参与推动政党的改革与发展。由于在组织结构和人事上与德国国内权力体系密切相关，政治基金会始终密切关注所属意政党的发展与转型。例如在德国社会民主党陷入选举和意识形态危机时，艾伯特基金会就曾经积极参与讨论，通过专业化的辩论，把政党改革的必要性传递给了各级党员和组织机构、工会和公众，间接推动了德国社会民主党党纲的修订。

最后，政治基金会渗透到外交实践中并对传统外交模式产生了深刻的影响。通过网络化交往和项目化运作，德国政治基金会在国际上编织了从学界权威到政府高官的稠密精英网络。在全球超过100多个国家开展教育、咨询和政策对话，并驻有长期的办事机构，是德国外交决策的重要预警系统、信息来源和咨询部门。另外，作为非官方组织，德国政治基金会本身是由各种不同利益和政治倾向的基金会组成，宽容度高，社会接触面相当广泛，为德国政府提供了对外施加影响的特殊外交途径，使德国向发展中国家和转型国家提供的某些援助更容易被视作善意帮助，而不会被视为霸权主义的干涉内政而遭拒绝。

（四）德国政治基金会发展带来的启示

智库建设必须基于本国国情，未必要照搬所谓国际上的通行规则和一般经验。德国政治基金会是具有德国特色的政治智库，是基于对德国近代以来国家建设历史背景的反思基础上的。

由于影响着国家的政治决策，因此必须强调政治智库的公共性。首先，对于经济发展、综合国力迅速增长的国家，大众的政治参与也会水涨船高，民主政治教育作为公共产品就显得格外重要，在这方面应该发挥政治智库的积极作用。其次，大众政治时代和新媒体的发展要求现代政治智库不能仅满足于成为少数政治精英的幕僚集团，更要注重提高民众参与政治能力，实现政治决策的公共性。同时国家也应该从制度和财政上加强对政治智库的支持。最后，政治智库的公共性还体现在思想的包容性上，也就是说要扩大智库的代表性和活动空间。智库活动也是实现民主政治参与的重要方式，合法的主流思想意识都应该在政治智库中占有一席之地。政治智库则不能满足于静态地反映政治活动历史，更应动态地反映当下社会思潮变化。

十一、加拿大智库及其运作模式①

杨国庆认为：加拿大作为独立民族国家不足百年，大致经历了依赖英国、依靠美国、独立发展几个阶段，现在仍然兼具英美特点。加拿大智库近百年的发展也深深地打上了前宗主国和强邻的印记。

杨国庆概述了加拿大智库发展情况，并分析了加拿大智库发展面临的限制因素。

发展至今，加拿大智库约有100家。根据2014年年初美国宾夕法尼亚大学最新公布的2013年全球智库，北美地区独占鳌头，其中美国1828家智库，加拿大96家。因此，人们在分析全球智库分布状况与

① 参见《学习时报》2014年4月7日。

影响力时，由于美国智库的高度发达，同在北美的加拿大智库往往为人们所忽视。但是，智库数量对于人口仅有3000多万的加拿大来说已不算少，在加拿大公共政策和外交战略中也发挥着独特的作用。智库发育与该国政治社会格局紧密相关，加拿大基本上是个国泰民安的国家，对公共事务的参与也以社会性为主，对外政策与政治安全领域相对更注重全球化等主题。加拿大的一些智库都是跨领域的综合性组织，但也有不少专注于某些特定领域的智库。按照这些智库的主要研究和关注领域，大致可分为如下四类：以经济领域为主的智库，以社会领域为主的智库，以国际领域为主的智库和以区域为关注对象的智库。

加拿大是一个多元文化社会，包括智库在内的各种非政府组织的数量与种类比较多。加拿大智库数量虽多，但对公共政策制定的直接影响力却又较弱，更多地是发挥讨论平台和宣传教育功能，其原因如下。

首先是智库自身资金实力的制约。加拿大基金会虽然发达，但对智库的捐献却非常有限。与美国的精英智库不同，加拿大的绝大多数政策机构现在无法用声誉显赫的专家队伍或数百万美元的预算来打动政策制定者，他们面临的最严峻的挑战是如何获得足够的资金和高素质的员工。资金不足导致人才吸引力不够，人才缺乏又导致政策研究薄弱。而且为了防止智库妨碍公务，加拿大政府规定，当智库在涉及参与政治、影响决策、关乎政策等政治目的的活动时，最多只能支出不超过全部经费的10%。

其次是党政部门组织结构的限制。加拿大政党成员必须遵循所在政党路线的原则、内阁团结等原则，他们在判断智库的思想时要考虑这些思想是否与其所在党的利益和政策协调。加拿大各级政府的机构设置异常庞杂，尤其是政府咨询委员会非常强大，政府本身的咨询研究功能较强。加拿大联邦官僚系统中有与政府机构、王室机构并列的咨询机构。咨询机构包括皇家委员会、政府及其各部的特设委员会以及顾问委员会等，这些机构与智库的某些职能非常接近。集权政党与责任内阁限制了加拿大智库发挥作用的空间，庞杂的机构设置也对相对独立的智库发展空间造成挤压。

最后是公共政策制定传统的限制。加拿大继承了英国尊重权威的精英主义传统，掌握政策制定实质性权力的官僚体系对那些向政府提供建议的外部团体并没有足够重视，这种体制从利益集团处于半灰色地带可见一斑。在美国，高度分散的政治制度，再加上松散的政党制度，为智库促成政治议程提供了空间。与美国相比，加拿大完全由私人发起的智库数量极其有限，发起政策研究与讨论的基本上都是来自政府自身或高级公务员。

在三种文明、两种文化、双重政体构成一个联邦的加拿大，智库地方分散化十分明显，有研究发现，在规模和资金情况相同的情况下，位于渥太华的智库与位于其他城市的智库相比，并不具有决定性优势。由于历史原因与移民因素，加拿大国家建设和民族建设至今仍然面临诸多难题，地方主义作为联邦主义的抗衡力量长期存在。联邦制下的分权导致联邦政府与省和地方政府之间在很多政策领域存在竞争，联邦政府在很多政策领域受到相当大的限制，很多政策权限都归属省政府和地方政府。在这种情况下，绝大部分加拿大智库分散在全国各地，为各省政府和地方政府提供公共政策决策咨询，以及进行地方性的政策讨论和公共教育也就在所难免。

十二、日本智库的发展概况与主要类别[①]

许共城认为：二战结束后，日本有一个稳定的经济发展期，为适应社会经济发展的需要，为了给企业和各种经济机构提供智能服务，日本的智库业得到了较快发展。日本智库的发展先是于战后初期进行摸索、借鉴，继而在战后中期快速发展并经过激烈竞争优胜劣汰，在20世纪80年代迎来了发展高潮，并在发展中逐步形成了自己的基本

① 参见《学习时报》2013年7月22日。

特点。日本智库既借鉴美国智库，但同时又扬弃了美欧智库，形成了具有日本本土特征的“思想库”。

许共城概括了日本智库的发展现状，并进行了分类。

与欧美的发达智库业相比，亚洲的智库起步比较晚，而相对说来，日本智库的发展在亚洲国家中是比较早的，战后日本致力于发展经济，取得了举世瞩目的重大经济成就，也推动了智库业较快发展。

日本智库的发展大体上可分为三个阶段：1970 年以前是第一阶段，属于日本智库开创、借鉴和探索的阶段；1970 年到 1980 年是第二阶段，属于日本智库由激烈竞争转向稳定发展的阶段；1981 年至今是第三阶段，日本智库迎来了发展高潮，也进入了既具综合性又具专业化的发展阶段。

日本智库主要分为四种类型：第一类是由大型财团、银行系统主办的大型智库，这类智库依托大型企业（财团、银行）的优势，充分利用国内外的强大信息资源，拥有出色的人力资源优势，有着较为丰富的咨询研究经验，主要为政府各部门、跨国公司、大中型企业集团等提供综合性咨询服务和课题调研。日本的一些著名综合性智库，例如，野村综合研究所、三菱综合研究所、冈山技研等，由于有大型财团、金融机构或大型企业集团做后盾，已经发展成为非常著名的巨型智库，不仅为日本政府和大型企业集团提供咨询服务，而且还为国外的一些国家的政府部门和大型企业等提供工程、技术等方面的咨询和管理、决策方面的顾问服务。同时，这些大型综合性智库还经常参与日本国防等方面的尖端技术研发。

第二类是由政府部门或政党出资或主要资助的“准官方”的智库，主要是承接为官方政策服务的课题。日本政府和一些政党非常重视智库建设，比如，原田中内阁的官房长官、后任自民党干事长的二阶堂进，就非常积极地倡导和支持智库。他筹建“综合研究开发机构”，联络政界、财界和学术界，亲自主持制订方案，招揽人才，着力把该机构建成日本的全球性战略智库，其研究课题涉及经济、政治、外交、军事以及日本发展道路等重大问题。近 10 年来，日本政府不仅有计划地委托这些“准官方”智库研究许多重大问题，而且有些首脑人物还常直接参加智库举办的活动，甚至有些高官还在一些智库中兼职。这类智库除了二阶堂进倡导的“综合研究开发机构”之外，日本外务省有“日本国际问题研究所”，防卫省有“日本防卫研究所”，内阁府有“经济社会综合研究所”，通产省有“亚洲研究所”，央行有“日本银行金融研究所”，经济产业省有“经济产业研究所”等，这些智库的经费主要是由政府以“补助金”名义提供的，研究成果多为政府决策服务。其中，比较典型的是被称为日本“兰德公司”的“日本防卫研究所”，它专门为日本政府提供防卫政策理论支持，并研究包括中国在内的一些大国的军事发展状况。此外，还有创立较早的“日本经济研究所”，该研究所每年80%左右的经费是通过向政府经济、技术职能部门申请获得的，它为政府提供经济政策建议和经济发展状况研究。这一类的智库可以说是日本政府部门、政党的最亲近的“智囊团”。

第三类是日本政府指定和支持的事业法人智库。这类智库实际上是一种综合性事业开发与管理的准政府性质的行业性指导机构，它们承接中央政府或地方政府委托的研究项目，从咨询方面为中小企业提供全方位的事业支援。它们背后有政府撑腰，获得了政府在政策、资金方面的支持。这类智库的业务范围和服务网络已经覆盖了全日本各个地区、各个行业，对于推动日本经济发展发挥了巨大的作用。例如，“日本中小企业事业团”“全日本能率联合会”“中小企业诊断协会”“日本贸易振兴会”“全国商工会联合会”“中小企业关系团体联合会”“全国转包企业振兴协会”“中小企业地域情报中心”“全国中小企业信息化促进中心等”。这类智库对促进中小企业和行业发展起重要的推动作用。

第四类是各种民间咨询机构。包括个人独立创办的咨询公司和各类团体或企业创办的智库等。它们针对行业内或相关专业领域的发展现状、所遇到的问题、所面临的发展趋势等提供多层次多方面的咨询服务和专题性的课题调研。这类智库反应快捷、服务及时、针对性强、见效快，与财团主办的大型智库相比，它们犹如智库中的“游击队”，服务活动更灵活。例如，“（株式会社）NTT经营研究所”等都是日本民间智库的典型代表。这一类智库绝大多数是由取得中小企业诊断士资格并注册登记、具有丰富经验的经营咨询师创办的，比如，位于大阪的“木村经营研究所”，是由日本咨询界资深的咨询师木村创办的，他任该研究所所长，该所的主要业务是为中小企业提供全方位的经营咨询服务，同时也为外资企业和地方政府提供相关的咨询服务。

十三、俄罗斯智库的发展历程和现状①

李铁军认为：智库一般是指由专家组成，为决策者在处理社会、经济、科技、军事、外交、生态等各方面问题时出谋划策的公共研究机构。与欧美那些更具有独立性的智库不同，俄罗斯智库结构复杂，既有官方智库，也有民间智库，甚至还有外资扶持的智库；既有综合性智库，又有行业、部门和专业性智库。

李铁军对俄罗斯智库发展历程和现状研究如下。

（一）俄罗斯智库的发展历程

俄罗斯现代意义上的智库出现在苏联中后期，准确地说，是在苏共二十大之后即20世纪50年代后期。当时以赫鲁晓夫为代表的苏联执政精英阶层，发起了所谓的“解冻”浪潮，开始认真反思国内经济和政治现实，在对外政策上，列宁主义的和平共存思想取代了斯大林时代与西方强硬对抗的方针。由于长期受困于教条僵化的官方意识形态，当时的苏共领导层对外部世界尤其是西方世界的认知严重不足，客观上要求对世界各国经济和政治进行全面深入的研究，苏联科学院旗下的一系列智库机构由此应运而生。科学院体系内的著名智库机构包括世界经济和国际关系研究所（1956年）、非洲研究所（1959年）、世界社会主义体系经济研究所（1960年）、拉美研究所（1961年）、远

① 参见《学习时报》2013年2月25日。

东研究所（1966 年）、国际工人运动研究所（1966 年）、美国研究所（1967 年更名为美国加拿大研究所）等。

除了科学院体系内的智库，苏联共产党内也设立了一些分析研究机构，主要职能是提升官方意识形态，使之适应新的世界水平和新时代的要求。苏共党内智库最有影响力的“三套马车”是苏共中央直属的社会科学院、苏共中央内部的社会科学研究所和苏共中央马列研究院。专业水平和收集情报能力相对要逊色一些的是各级党校以及共青团的研究机构。此外，国家安全委员会，即大名鼎鼎的克格勃也从事对策研究。克格勃不仅内部成立了很多分析研究部门，还直接管理各学术机构下设的专门研究处。苏联领导层利用这些党内智库来维护意识形态安全。受当时历史的局限，苏共党内智库专家学者的主要职能是证明苏共各种决策的正确性。

到 20 世纪七八十年代，苏联智库机构不断壮大，结构更为复杂，专业分类也更加精细。有的机构专注于信息收集领域，比如全俄科技情报研究所、社会科学学术情报研究所等。有的机构专注于分析研究，比如世界经济和国际关系研究所、美国加拿大研究所、世界社会主义体系经济研究所等。还有的侧重于宣传职能，比如苏联新闻社（俄新社的前身）、苏联保卫和平委员会、青年组织委员会、苏联亚非国家团结委员会等。这些机构之间为赢得对党的最高领导层的影响力而相互竞争。苏共中央领导层对这些智库研究成果的关注度就是衡量各研究所业绩的主要标准。

戈尔巴乔夫发起改革后，苏联智库机构的发展进入新的阶段。苏联政治体制面临向市场经济和民主机制转型等许多问题，戈尔巴乔夫的领导团队试图依靠那些倾向于改革的智库机构学者。一些学者被直接吸纳参与制定新的国策，在新的国家机构里出任要职。比如苏联科学院经济和科技进步预测研究所（1991 年更名为国民经济预测研究所）的沙塔林院士出任国家经济改革委员会委员，负责制定市场经济转型方案；全苏社会舆论研究中心总裁扎斯拉夫斯卡娅院士当选苏联人民大会代表，成为最高苏维埃委员；苏联科学院西伯利亚分部的经济学家阿甘别吉扬院士出任苏共中央总书记经济问题顾问；苏联科学院世界经济和国际关系研究所普里马科夫院士任苏共中央政治局委员；苏联科学院经济学研究所所长阿巴尔金院士出任苏联部长会议副主席等。一些智库专家还尝试提出新的改革方案以供选择，比如亚夫林斯基和沙塔林提出的“五百天”改革方案等。

苏联解体过程中，苏共和苏联国家意识形态基础受到重大冲击，那些为维护和强化苏联政治体制而设立的智库机构可以说首当其冲。在当时的背景下，苏共党内智库的命运尤其令人关注。一些智库经过变更形式和地位得以保留，但在这个过程中流失了大量的研究人员。

苏联解体直接改变了旧的智库体系。俄罗斯的国家机构都开始实施大规模改革，相应的专题分析和研究需求日益增长，新的智库机构也应运而生。俄罗斯新型智库的涌现有几方面的原因。第一，苏联学术界事实存在的国家垄断被打破，国家不再为政治学研究提供经费。第二，随着俄罗斯社会转向选举制、多党制以及政治和意识形态的多元化，很多专业从事选举咨询和操作的智库应运而生。这些智库可以为不同阵营的政治精英代表提供服务，选择不同的政治方向。第三，俄罗斯实施私有化之后，各种商业机构登上政治舞台。从 1992 年起，智库开始承接越来越多的商业订单，很多银行和大公司开始积极成立自己的研究分析机构。1991—1993 年间，俄罗斯社会开始出现私营的自负盈亏的智库机构。第四，各家智库在共同的研究平台上（比如内政、经济政策、外交、社会民意调研等领域）展开竞争。

（二）俄罗斯当代智库概况

当代俄罗斯智库很好地继承了苏联智库的优点，比如工作灵活积极、整合信息情报的方式、撰写研究报告的形式和风格、形势分析、“头脑风暴”“跨学科研究”等优良传统都得以延续。当代俄罗斯的主要智库可以分为三类。

第一，官方智库。官方智库包括俄联邦总统和联邦政府组建的智库，比如总统经济委员会、俄罗斯战略研究所、俄罗斯现代发展研究所，一些由政要领导的准官方智库，比如战略研究中心等以及科学院系统的智库，比如世界经济和国际关系研究所、美国加拿大研究所、经济战略研究所等。此外，莫斯科大学、圣彼得堡大学、莫斯科国际关系学院、高等经济学院、俄联邦总统国民经济和国家行政学院等著名研究型大学也都设有智库性质的分析研究机构。

根据 2012 年 1 月 19 日美国宾夕法尼亚大学国际关系项目组在纽约联合国总部发布的年度《全球智库排行》报告，俄罗斯最老牌的智库世界经济和国际关系研究所排名最高，名列全球第二十四位。

第二，学术性智库。这一类智库属于非商业的独立社会团体，侧重于学术研究，研究成果的学术性强于实用性，一般都与科学院机构和各种学会有关联。智库经费多来自于机构和个人赞助，很多智库接受国外资助。学术性智库的典型代表包括外交和国防政策委员会、“IN-DEM”中心、国家战略委员会、俄罗斯社会政治中心、盖达尔经济政策研究所、战略和技术分析中心、库尔吉尼扬中心等。

第三，商业性智库。俄罗斯商业性智库的客户包括政党社团、政府机构、商业机构、政界和商界精英等，主要业务包括提供竞选技术咨询、民意调研、公关服务等。商业性智库通常采取合同制工作方式，自负盈亏，商业客户较多，力求研究成果和客户群体的多样化。这类智库的典型代表包括“政治”基金会、政治技术研究中心、俄罗斯政治行情研究中心、全俄舆论研究中心、“舆论”基金会、列瓦达中心、效率政治基金会、“齐尔孔”研究组等。

当代俄罗斯正在经历一个复杂的民主和现代化进程，第三部门建设尚处于初步发展阶段。政府、商界、社会和学界四者之间还没有建立成熟稳定的互动机制，所以俄罗斯智库都面临着寻求自身定位的问题。从俄罗斯当前的政治生活现实来看，要建设真正意义上的独立智库还任重道远。

十四、印度智库建设与发展——以印度中国问题研究所为例[①]

马加力认为：印度是中国的重要邻国，双边关系一直是印度政府十分关切的敏感问题。在如何制定对华政策的问题上，印度政府十分看重各个智库的咨询作用，其中最为重要的是汲取乃至听取来自中国问题研究所的政策建议。马加力对印度中国问题研究所如何开展咨询、进行内部管理展开了研究：

印度的中国问题研究所正式成立于 1990 年。其前身是自 1969 年开始一直活跃于印度首都新德里的一个民间组织，即中国问题研究小组。该小组是由印度著名汉学家吉里·德辛卡、前驻华大使馆官员米拉·辛哈（中文名为白蜜雅）、德里大学教授（后转到尼赫鲁大学任教）的华人学者谭中、德里大学教授莫汉蒂等一批有志于有兴趣研究中国问题的学者、退休官员和退役军官以及其他社会名流组成的。其中大部分人秉承印中需友好、印中需交往的理念，在当时两国关系处于困难的情况下寻求改善之道。这些人不辞辛苦，不计代价，以每两周举办一次的频率举行研讨会、报告会。具体时间一般都定在隔周的周三，所以也被称为“周三研讨会”。这个传统一直持续到如今，已经成为该所的知名品牌。

众所周知，自 20 世纪 50 年代以来，中印关系经历了较大的波折起伏。双方建交后的 10 多年里，两国关系非常热络，两国人民之间充满“印中是兄弟”的情感。由于 1962 年双方发生了短暂的不愉快，双边关系急转直下，陷入了反目成仇的困境。1988 年，印度总理拉吉夫·甘地不顾国内一些势力的强烈反对，率团访问中国，圆满实现了破冰之旅，使两国关系开始进入一个新的阶段，其中不乏中国问题研究小组的巨大贡献。两年后即 1990 年，中国问题研究所正式挂牌成

① 参见《学习时报》2013 年 10 月 7 日。

立。此后，中国问题研究所开始作为一个正式的学术机构在印度社会发挥着不可替代的作用。

印度的中国问题研究所最初采取两所长制，即由德高望重的两位学者共同担任所长，近年来则采取单一所长制，谭中教授、莫汉蒂教授、奥布罗伊教授、查克拉玛蒂教授先后担任该所的所长，目前的所长是曾经在印度尼赫鲁大学任教的阿查里雅教授。

现在，印度的中国问题研究所在涉华系统研究、提供培训、学术交流和数据库建设以及服务于社会方面已经取得了很大成绩，在印度的外交政策特别是对华政策方面具有极为重要的影响。该所的涉华研究领域相当广泛，内容涉及中国的政治、经济、军事、外交、社会等等。与印度国内其他一些研究机构有所不同，该所研究人员的研究具有比较专深的特点，他们一般不尚大而化之的学风，而是进行深入细致的资料收集，在扎实厚重的基础上得出令人信服的结论，尽力避免偏激和偏颇。

该所主要通过提交政策建议报告、直接参与决策讨论和向社会传递涉及中国的各种信息来影响政府的对华政策。该所的主要出版物是《中国述评》，每季出版一期。内容十分广泛，大至中国的国家战略、外交政策、经济发展战略、政治改革动向、宗教民族问题，小至中国农村的改革、减贫计划、乡镇基层政权建设、妇女问题，等等。该所的研究人员还坚持尽量到中国进行考察研究的方式，努力创造和争取机会到中国城乡进行实地考察。据笔者所知，研究中国农村改革的莫汉蒂教授就曾多次到中国江苏的华西村进行考察。该所十分注重资料信息的收集工作，除了在互联网上大量收集相关信息之外，还大量购买和订阅各种文种的有关中国的图书杂志，研究中国国内问题的一位教授甚至还订阅中国的《北京晚报》，借此来了解中国国内特别是北京的民情。

印度的中国问题研究所已经与中国国内研究印度的智库以及相关的院校建立了比较广泛的学术联系网络，例如与中国现代国际关系研究院、中国国际问题研究所、上海国际问题研究院、北京大学印度研究中心、复旦大学印度研究中心、四川大学南亚研究所、云南社科院南亚研究所建立了定期或不定期的学术交流机制。在过去的十多年时间里，印度的中国问题研究所还担负起博鳌论坛、印中孟缅次区域合作、中印研究所圆桌会议、南亚智库论坛等机制印方协调人的角色，为进一步加深彼此之间的理解、信任和合作发挥了很好的作用。

另外，该所还与美国、英国、法国、俄罗斯、日本等许多国家的研究机构建立了联系。近年来，它也与中国台湾、香港、澳门的学术机构建立了学者互访的机制。

附录一

中央党校国家高端智库建设试点工作情况介绍

作为轮训培训党的高中级领导干部和马克思主义理论干部的最高学府，作为学习、研究、宣传马克思列宁主义、毛泽东思想和中国特色社会主义理论体系的重要阵地和干部加强党性锻炼的熔炉，党的哲学社会科学研究机构，中央党校长期以来发挥着重要的智库作用。自2015年底被列入国家高端智库建设试点单位之后，中央党校高度重视这项工作，提出一系列重要指示和要求，作出周密部署安排。经过2016年春季学期的逐步推进，目前中央党校国家高端智库建设工作已经取得了不少进展。

一、高度重视

2015年1月20日，中共中央办公厅、国务院办公厅印发了《关于加强中国特色新型智库建设的意见》（以下简称《意见》）。《意见》专门提出，“支持中央党校、国家行政学院把建设中国特色新型智库纳入事业发展总体规划，推动教学培训、科学研究与决策咨询相互促进、协同发展，在决策咨询方面发挥更大作用。地方社科院、党校行政学院要着力为地方党委和政府决策服务，有条件的要为中央有关部门提供决策咨询服务。”

对于国家高端智库建设规划，《意见》提出要“加强智库建设整体规划和科学布局，统筹整合现有智库优质资源，重点建设50至100个国家亟须、特色鲜明、制度创新、引领发展的专业化高端智库。支持中央党校、中国科学院、中国社会科学院、中国工程院、国务院发展研究中心、国家行政学院、中国科协、中央重点新闻媒体、部分高校和科研院所、军队系统重点教学科研单位及有条件的地方先行开展高端智库建设试点”。

2015年12月9日印发的《中共中央关于加强和改进新形势下党校工作的意见》指出，“中央党校和省（自治区、直辖市）委党校要聚焦党和国家中心工作、党委和政府重大决策部署、社会热点难点问题进行深入研究，及时向中央和地方各级党委反映重要思想理论动态、提出有价值的对策建议。建立和完善符合党校智库运行特点的经费管理使用机制，加强智库成果在决策中的转化应用。创新党校学员参与决策咨询机制。建立全国党校系统智库建设协作机制，确立决策咨询模式和智库成员管理模式，提高决策咨询服务水平。加强党校系统与行政学院系统、高等学校系统、科研院所系统的智库交流与合作，构建协同创新的新模式新机制。”

2015年12月11日，在全国党校工作会议上的讲话中，习近平总书记专门对党校科研智库工作提出了“三个希望”：希望党校根据时代变化和实践发展，加强理论总结和理论创新，为发展21世纪马克思主义、当代中国马克思主义作出努力；希望党校聚焦党和国家中心工作、党委和政府重大决策部署、社会热点难点问题进行深入研究，及时反映重要思想理论动态，提出有价值的对策建议；希望党校成为党和国家的重要智库。并且特别指出，“党中央已经把中央党校列入国家高端智库建设试点名单，要抓住这个机遇，在智库建设上取得新成绩。”

以上足见，以习近平同志为核心的党中央对中央党校及党校系统智库建设工作的高度重视。

二、主要思路

中央党校常务副校长何毅亭在中央党校国家高端智库理事会会议上的讲话中提出：“在治国理政新的伟大实践中，党中央需要和期待什么样的思想智慧，中央党校应当和能够贡献什么样的思想智慧？这是中央党校推进智库建设首先要明确和把握好的问题。”

何毅亭围绕“贡献治国理政的党校智慧”这一主题强调指出，建设中国特色新型智库，是以习近平同志为总书记的党中央作出的一项重大战略决策。中央党校作为国家高端智库建设的首批25家试点单位之一，在目标定位上，必须贯穿一条红线，就是要体现“中国特色”，要坚持党的领导、坚持中国特色社会主义方向、坚持立足中国国情，把中央党校智库努力建设成国内一流、国际知名的高端智库。

何毅亭认为，中央党校在开展高端智库建设方面，有以下几个优势。一是学科优势。中央党校的马克思主义基本理论和中国特色社会主义理论体系学科布局完整、特色突出。二是人才优势。中央党校拥有一支政治强、业务精、作风正的教研队伍，其中不乏学科领军人才。三是学员优势。众多来自工作一线而又有理论素养的学员资源，是进行国家高端智库建设不可多得的“思想富矿”。四是平台优势。近些年来，经过努力，中央党校已经拥有一批比较有影响力的理论传播平台、内参报送平台、国际交流平台，在服务中央决策、传递中国声音、扩大对外交流方面发挥了重要作用。五是系统优势。全国拥有县级以上党校近3000家，近10万名教职工，这是开展高端智库建设的重要组织优势。

何毅亭强调，具有优势条件很重要，但关键还是要把优势条件用好，充分发挥作用。这其中最重要的一点，就是要把优势力量和优势资源集中到党和国家最需要的研究领域，聚焦到最重要最急迫的重大问题研究上，形成持续跟踪研究的长效机制。要坚持以马克思主义为指导，坚持“党校姓党”根本原则，以服务党和国家决策为宗旨，以政策研究咨询为主攻方向，以完善组织形式和管理方式为重点，以改革创新为动力，努力建设中国特色新型高端智库，为党和国家科学民主依法决策、为推进国家治理体系和治理能力现代化发挥党校优势，凸显党校特色，发出党校声音，贡献党校力量。

中央党校副校长黄浩涛多次对中央党校高端智库建设提出建设性的要求，并经常听取科研部汇报。黄浩涛认为，一是要塑造党校智库的精神特质：首先，在政治方向和价值追求上坚持姓“马”姓“共”。

中央党校智库工作要紧紧围绕党的中心工作展开，服务于党的事业，服务于党和国家工作大局。要加强对各种社会思潮的辨析和引导，不当旁观者，敢于发声亮剑，善于解疑释惑。其次，在理论方向上坚持以马克思主义为指导，发扬理论联系实际的学风。在高端智库建设中，要秉持理论联系实际的优良传统，坚持问题导向，坚持实践观点和发展观点，解放思想、实事求是、与时俱进，以马克思主义立场观点方法指导智库科学研究。坚持科学精神，鼓励大胆探索，把握好政治立场坚定和科学探索创新的有机统一。最后，在队伍建设上坚持政治强、业务精、作风好的标准。要以学科学术带头人为主体，着力培养造就一批马克思主义理论大家，一批忠诚于马克思主义、在学科领域有影响的知名专家；通过多种途径方式，加强拔尖人才、学术领军人才培养；在共同的使命、价值追求和学术兴趣下，汇聚人才，集结力量，培育壮大以马克思主义为指导的特色鲜明的学术共同体。

二是要发挥党校智库的独特优势。首先，加强理论总结和理论创新，为发展当代中国马克思主义作出贡献。努力创造具有中国特色的哲学社会科学话语体系；坚持和巩固党对意识形态工作的领导，巩固马克思主义在意识形态领域的指导地位，巩固全党全国人民团结奋斗的共同思想基础。注重理论建设，对广大干部群众普遍关注的深层次问题给予令人信服的回答。坚持弘扬主旋律、传播正能量，净化“噪音”“杂音”。其次，聚焦党和国家中心工作、党委和政府重大决策部署、社会热点难点问题进行深入研究，及时反映重要思想理论动态，提出有价值的对策建议。加强对国家中长期发展战略问题的前瞻性研究，加强对重大现实问题和突出矛盾的对策性研究，加强党情政情社情信息反映和研究，加强对党的建设科学化问题研究，加强国际战略问题研究。最后，打造高端交流平台。加强中央党校智库和国际智库之间的交流与合作，打造知名国际论坛，牢牢掌握中国特色社会主义话语权，更加及时地发出中国声音，更加准确地解读中国道路，更加鲜明地展现中国思想，更加响亮地提出中国主张。

中央党校副教育长、科研部主任韩庆祥在中央党校国家高端智库理事会会议上的发言中认为，中央党校在智库建设方面，可从“势”“道”“术”“行”四方面入手。势，就是大势，是世情党情国情政情社情，主要指纵向时间和横向空间两个层面的势。纵向时间的势，指当今中国所处的“历史方位”，横向空间的势，指中国在世界上的“国际地位”。道，就是蕴含在事物中的道理和本质，主要指理念和理论。理念是思想精髓、核心要义，理论是思想体系和分析问题的框架。术，就是布局和方略，主要指战略和对策。战略是时间上的高瞻远瞩、空间上的统揽全局和深度上的把握规律，对策就是解决问题的办法。行，就是做，是行动，主要指做事的整体规划和具体措施。

韩庆祥认为，科研部注重行。智库建设要求中央党校的科研组织和管理方式发生转变。一是要建立中央党校国家高端智库专家库，解决智库建设的主体问题；二是注重从势、道、术三个层面展开专题研究，解决智库建设的特点、重点和优势问题；三是精心培育若干中央党校专业智库学术团队，解决智库建设的科研组织方式问题；四是建立中央党校国家高端智库专项调研基地，解决智库建设的基础性、支撑性和动力源问题；五是建立全国党校系统智库建设协作机制，整合全国党校系统智库建设力量，解决智库建设的集群效应问题；六是向已经列入国家高端智库项目的2016年度首批重点项目提出具体要求，解决智库建设的质量和影响问题；七是抓好工作责任落实，解决智库建设的政治责任感问题。中央党校要加强与上级主管部门的沟通联系；要认真完成中央有关部门交办的研究任务，按时提交高质量的决策咨询报告；要定期向《国家高端智库报告》提供有较强决策参考价值的高质量研究报告等。

三、工作进展

中央党校国家高端智库建设进展与工作情况，以2015年11月9日习近平总书记主持中央深改组第十八次会议审议通过《国家高端智库建设试点工作方案》为节点分为两个阶段。在此之前的第一个阶段，中央党校主要是根据“两办”《关于加强中国特色新型智库建设的意见》的精神和相关部门要求，在深入调研的基础上，报送了《中央党校国家高端智库建设试点工作方案》。该方案介绍了中央党校概况、智库建设的基本情况和条件以及中央党校国家高端智库建设的工作思路与设想。在此之后的第二个阶段，我校被列为国家高端智库建设试点单位，根据相关部门要求，我校又报送了整套材料，包括中央党校国家高端智库简介，理事会、学术委员会名单，管理办法，经费管理办法，工作计划和经费预算等。

中央党校国家高端智库建设不同于其他单位的地方在于，把高端智库建设充分收纳到了“中央党校教学与智库创新工程”之中，体现了与创新工程实施具有高度同步性、结合性的特点。

中央党校按照相关部门和中央党校校委要求，在进行基础材料准备和工作思路酝酿的同时，围绕高端智库建设开展了以下工作：

一是在顶层设计方面：(1) 积极参与“中央党校教学与智库创新工程”，尽力将国家高端智库建设要求融入其中，把智库建设作为中央党校工作的一个重要方向；(2) 召开“中央党校国家高端智库理事会会议”，中央党校常务副校长何毅亭同志在会上讲话，会议明确了中央党校国家高端智库建设的组织架构、工作思路、战略重点等。

二是在建章立制方面：(1) 制定并完善了《中央党校国家高端智库管理办法（试行)》，该管理办法（试行）明确了中央党校国家高端智库建设的主要职责和任务，成果报送和使用，经费保障以及具体的工作机制等；(2) 建立校直属单位智库建设工作联系人制度，及时收集各单位智库建设工作情况与研究成果；(3) 制定并下发《关于加强我校高端智库建设和成果宣传工作的通知》；(4) 制定并下发《中央党校国家高端智库课题管理办法》。

三是在具体工作方面：(1)“中央党校国家高端智库理事会会议”召开后，科研部集中从教研人员、在校学员和地方党校选出一批智库研究成果，并向相关部门《国家高端智库研究报告》和《国家高端智库工作简报》经常性报送智库成果和工作情况；(2) 组织认领和确立了 41 项国家高端智库课题项目，下发《关于 2016 年度中央党校国家高端智库项目研究要求的说明》，推动研究并进行督查；(3) 面向全国党校系统开展了一次智库建设工作情况专题调研，初步摸清了全国省级、副省级党校在智库建设工作方面取得的成绩、存在的问题，以及对加强全国党校系统智库建设协作的意见建议，为进一步推动全国党校系统智库建设协作打下了良好基础；(4) 自 2016 年第十一届全国党校科研评奖开始，增设了“决策咨询”奖这一奖项，这在评奖历史上属于首次；(5) 面向地方党校下发了《关于征集评选〈全国地方党校科研精选文库（2016）〉丛书书稿的通知》，《通知》首次设立了“决策咨询”类书稿征集，与原有的“基础理论”类并列，意在激发和调动地方党校科研人员开展智库性质研究的积极性；(6) 以“2016 年科研部委托课题”名义设立并委托了 13 项课题，由中央党校知名专家学者担任负责人，明确要求每项课题至少报送 5 篇以上有真知灼见、体现中央党校水平的内参文章；(7) 请地方党校持续报送决策咨询内参，作为中央党校内参及其他报送平台的稿源；(8) 创办《中央党校国家高端智库动态》，形成汇集和刊发中央党校、全国党校系统智库成果的重要抓手和平台。

需要指出的是，广义的智库就是以思想和智慧推动社会发展进步，狭义的智库主要指服务决策咨询。因此，尽管中央党校开展高端智库建设试点工作时间不长，但发挥高端智库作用却由来已久。特别是近几年来，智库建设取得了较大成绩。一是在报送内参方面，中央党校内参（已纳入国家高端智库刊物范围）近 3 年已经出刊近 500 多期，领导总批示率占 30%左右。二是在理论宣传方面，中央党校中国特色社会主义理论体系研究中心坚持做思想引领和理论建设的“轻骑兵”，积极主动发声亮剑，取得了显著成绩。三是在建设舆论阵地方面，中央党校《学习时报》开辟科研与智库专版，积极刊发智库研究成果和智库建设工作情况，《理论动态》主要刊发智库类研究成果，为智库成果传播提供了很好平台。四是在教学工作中，积极回应和解答“两带来”问题，以思想理论研究成果有效影响学员。五是中央党校举办的“中美学术论坛”等高端论坛，以及其他中外学术交流活动，在公共外交方面发挥了重要作用。

此外，在“开门办智库”方面，中央党校也已经进行了若干尝试，比如，在前些年合作的基础上，拟与国家开发银行研究院进一步深度合作，围绕周边外交、中国企业“走出去”等展开深入研究；拟与国家海洋局合作，围绕海洋强国战略、南海问题等展开深入研究。

四、工作的机制

从中央党校开展国家高端智库建设以来的体会看，建设强有力的组织领导体制和灵活高效的运行机制，是有效推进高端智库建设工作的关键所在。在体制机制建设方面，根据相关部门要求和中央党校工作实际，中央党校主要形成了以下机制：

（一）领导机制

一是设立中央党校国家高端智库理事会，全面负责智库建设的指导、监督和规范工作。理事会由常务副校长、副校长、教育长、校委成员和科研部负责人组成，常务副校长担任理事长，分管科研工作的副校长主持理事会常务工作。

二是设立中央党校国家高端智库学术委员会，负责智库建设的业务指导工作。学术委员会主任由常务副校长担任，副主任由分管科研工作的副校长担任，成员包括副教育长、副秘书长、七部两院负责人、三家学员部负责人和科研部副主任。

（二）工作机制

在新制定的《关于加强和改进中央党校科研工作的若干意见》中，中央党校科研部按照“发挥优势，补齐短板，打牢支点”的工作思路，坚持“聚焦—一体—集群”的工作方向，把智库建设工作贯彻到了科研工作的各方面，形成了一整套的机制，主要包括：

一是议题设置机制。依托中央党校学科建设和基础理论研究优势，依托广大教研人员、在校学员和全国党校系统优势，围绕党和国家事业发展中面临的热点、难点和重点问题，围绕国家重大战略需求，服务党和国家全局性、长期性、战略性和前瞻性决策，明确中央党校国家高端智库建设中的研究方向。通过科研部主任办公会、部务会以及务虚会等形式，不断设置智库研究课题，加强对中国议题的研究，跟进中央决策需求。

二是课题管理机制。通过智库项目认领、重大课题招标、专项课题委托等形式设立智库研究课题。通过中期检查等形式，督促成果形成。通过严格课题结项要求，提升课题成果质量。

三是学术团队机制。培育“中央党校国家高端智库学术团队”，解决智库建设的科研组织方式问题，在中央党校专家学者学有专长的领域，培育多个专业化智库学术团队，持续发力，形成长期的连续性研究积累。

四是闭门会议机制。主要通过召开内部小型闭门会议方式进行深入而开放的研究，激发、哺育思想火花，形成具有真知灼见的智库成果。2016 年春季学期，我们围绕“一带一路”专门召开了一次小型闭门会议，形成了一份内参报告报送相关部门，获得了中央领导批示。

五是成果转化机制。通过内参，形成向中央报送智库成果的“直通车”；通过中央党校中国特色社会主义理论体系研究中心名义发文、《学习时报》专栏文章等，扩大中央党校作为国家高端智库的舆论引领作用；通过向相关部门《国家高端智库研究报告》和《国家高端智库工作简报》报送智库研究成果和工作情况，及时呈现中央党校国家高端智库建设内容。

围绕高端智库建设中的机制建设，中央党校将着重抓好以下工作：(1) 建设“中央党校国家高端智库专家库”，适当合理吸收中央党校专家学者、在校学员，地方党校专家学者，以及少量党政部门研究人员入库，激发和鼓励他们为中央党校智库建设积极贡献研究智慧和力量，在内外刊物上发表智库成果；(2) 加强全国党校系统智库建设协作工作，拟通过建设中央党校国家高端智库重点调研基地、定期召开全国党校系统智库建设工作会议、建立全国党校系统智库成果报送机制和工作情况通报机制等，推动实现全国党校系统智库建设一体化，上水平、上台阶。这些工作目前已经开始着手准备。

附录二

《中国特色新型高校智库建设推进计划》①

为深入贯彻落实党的十八大、十八届三中全会精神，贯彻落实习近平总书记关于加强智库建设的重要批示和刘延东副总理在“繁荣发展高校哲学社会科学　推动中国特色新型智库建设”座谈会上的重要讲话精神，推进中国特色新型高校智库建设，为党和政府科学决策提供高水平智力支持，制定本计划。

一、服务国家发展，明确建设目标

1. 明确高校智库的功能定位。高校智库应当发挥战略研究、政策建言、人才培养、舆论引导、公共外交的重要功能。一是发挥基础研究实力雄厚的优势，着重开展事关国家长远发展的基础理论研究，为科学决策提供坚实的理论支撑。二是发挥学科门类齐全的优势，围绕重大现实问题，开展多学科的综合研究，提出具有针对性和操作性的政策建议。三是发挥人才培养的优势，努力培养复合型智库人才，为中国特色新型智库建设提供有力的人才保障。四是发挥高校学术优势，针对社会热点问题，积极释疑解惑，引导社会舆论。五是发挥对外交流广泛的优势，积极开展人文交流，推动公共外交。

2. 建立形式多样、结构合理的高校智库组织形式。按照总体设计、点面结合、突出重点、分类实施的原则，创新体制机制，整合优质资源，打造高校智库品牌，带动高校社会服务能力的整体提升。一

① 参见教育部文件（教社科〔2014〕1号），教育部网站2014年2月10日，http://www.moe.gov.cn/publicfiles/business/htmlfiles/moe/s7061/201402/164598.html.

是以学者为核心，支持和培养一批具有重要影响的高端智库人才和咨政研究团队。二是以机构建设为重点，培育建设一批具有集成优势的新型智库机构。三是以项目为抓手，改革科研项目管理，提高应用研究项目质量。四是以成果转化平台为基础，拓展转化渠道，搭建高端发布平台。

二、聚焦国家急需，确定主攻方向

围绕完善和发展中国特色社会主义制度，推进国家治理体系和治理能力现代化的总目标，结合高校优势和特色，统筹规划高校各类科研机构、人才团队和项目设置，凝练智库建设的主攻方向，力求在以下关键领域、关键环节以及亟待解决的问题上取得重大突破。

1. 经济建设。围绕社会主义市场经济体制完善、经济发展方式转变等重大问题，重点推进经济结构调整与转型、创新驱动发展和国家创新体系建设、城乡一体化发展、财税体制改革、金融创新与安全、粮食与食品安全、区域经济协调发展等重点领域研究。

2. 政治建设。围绕社会主义民主政治建设、依法治国等重大问题，重点推进发展人民民主、行政体制改革、公共治理创新、社会主义法律体系完善、司法体制改革、民族与宗教问题等重点领域研究。

3. 文化建设。围绕提升国家软实力、深化文化体制改革等重大问题，重点推进社会主义核心价值体系建设、中华优秀传统文化传承创新、文化产业发展、中国文化“走出去”等重点领域研究。

4. 社会建设。围绕民生保障与改善、社会体制改革等重大问题，重点推进教育现代化、医药卫生体制改革、人口发展战略、收入分配改革、社会保障体系、创新社会治理体制等重点领域研究。

5. 生态文明建设。围绕国家经济社会可持续发展中的重大问题，重点推进国土开发、节能减排、发展低碳经济、应对全球气候变化、环境保护等重点领域研究。

6. 党的建设。围绕提高党的建设科学化水平、保持党的先进性和纯洁性等重大问题，重点推进党的思想建设、组织建设、作风建设、反腐倡廉建设、制度建设等重点领域研究。

7. 外交与国际问题。围绕维护国家主权与安全、促进世界和平发展等重大问题，重点推进构建新型大国关系、周边环境与周边外交、新兴国家崛起、海洋战略与海洋强国政策、反恐维和、全球治理、公共外交等重点领域研究。

8. “一国两制”实践与推进祖国统一。围绕“一国两制”的理论与实践、两岸关系和平发展中的重大问题，重点推进完善与基本法实施相关的制度和机制、深化内地与港澳经贸关系、推进两岸交流合作等重点领域研究。

三、整合优质资源，建设新型智库机构

1. 以2011协同创新中心和人文社会科学重点研究基地建设为抓手，重点打造一批国家级智库。按照“国家急需、世界一流、制度先进、贡献重大”的总体要求，认定和建设一批国家“2011协同创新中心”。深化高校人文社会科学重点研究基地运行和管理体制改革，实行“有进有退、优胜劣汰”的动态管理和弹性经费制度，完善总体布局，推动重点研究基地从整体上向问题导向转型，提升社会服务能力。

2. 实施社科专题数据库和实验室建设计划，促进智库研究手段和方法创新。围绕内政外交重大问题，重点建设一批社会调查、统计分析、案例集成等专题数据库和以模拟仿真和实验计算研究为手段的社会科学实验室，为高校智库提供有力的数据和方法支撑。

3. 以高校哲学社会科学“走出去”计划为依托，扩大高校智库国际学术话语权和影响力。完善结构布局，创新组织形式，重点建设一批全球和区域问题研究基地。推动高校智库与国外一流智库建立实质性合作关系，建立海外中国学术中心，支持高端智库参与和设立国际学术组织、举办创办高端国际学术会议。

4. 加强高等学校软科学研究基地建设。以综合性大学现有的高水平战略研究机构为基础，培育一批面向国家和国际重大科技战略问题的国家级智库。培育、鼓励行业特色院校组建行业、产业科技发展战

略研究中心，形成全面覆盖的行业、产业发展战略与政策研究支撑网络。面向区域发展需要，在高校培育一批面向区域产业发展需要的特色政策咨询机构。

四、发挥人才关键作用，着力培养和打造高校智库队伍

1. 实施高端智库人才计划。遴选确定立场坚定、理论深厚、视野开阔、熟悉情况、掌握政策、联系实际的200多名高校专家，建立咨政研究核心人才库，给予长期稳定支持。构建密切联系机制，引导和支持专家围绕全局、战略问题和重点、热点、难点问题，及时向党中央、国务院各部门提出政策建议，适时向公众发布研究观点，引导社会舆论。

2. 实施哲学社会科学教学科研骨干研修跟踪培养计划。对参加中央六部门举办的哲学社会科学教学科研骨干研修学员进行跟踪培养，组织参与实践考察、社会调研、挂职锻炼，在各类人才计划、团队建设、科研项目、出国访学等方面给予重点支持，培养一支智库建设的骨干队伍。

3. 推动智库人才交流。与有关部门密切配合，有计划地推荐高校智库核心专家到政府部门和国际组织挂职任职。聘请有较高理论素养的党政、企事业单位领导干部参与高校智库研究工作，形成政产学研用之间人才交叉流动的良好格局。

五、拓展成果应用渠道，打造高端发布平台

1. 建设中外高校智库交流平台。围绕国际国内重大热点问题，支持高校与国外高水平智库开展合作研究，举办高层智库论坛，打造高端引领、集中发布、影响广泛的高校智库成果发布品牌，发挥高校智库引导舆论、公共外交的重要作用。

2. 加大智库成果报送力度。进一步加强高校、科研机构、项目团队咨政建议的报送工作。建立咨政报告数据库，定期收集、整理、分析和反馈相关信息。拓展《教育部社会科学委员专家建议》报送渠道，

加大报送力度，建立定向征集、集中报送的工作机制。

3. 加强成果发布管理。制订实施《关于加强和规范高校哲学社会科学成果发布管理的实施办法》，规范发布流程，切实把好政治关和质量关。

六、改革管理方式，创新组织形式

1. 大力推动协同。支持高校智库与实际工作部门联合组建研究团队，主动加强与政府研究机构、社科院、科学院、工程院以及民间智库等的合作，强化高校之间及高校内部的合作，着力构建强强联合、优势互补、深度融合、多学科交叉的协作机制。密切关注、全程跟踪党和政府重大决策，及时提供动态监测、效果评估和信息反馈。

2. 改进科研评价。牢固树立质量第一的评价导向，实施科学合理的分类评价标准，把解决国家重大需求的实际贡献作为核心标准，完善以贡献和质量为导向的绩效评估办法，建立以政府、企业、社会等用户为主的评价机制。协调推进组织管理、人才培养、资源配置等方面的综合改革，构建有利于智库创新发展的长效机制。

3. 改革项目管理。建立后期资助方式，对政府决策产生重大影响的科研成果给予后期奖励和持续支持。密切跟踪重大需求，与实际工作部门合作确定科研项目选题，完善课题立项和申报制度，提高项目设置的针对性实用性。

七、加强组织领导，提供有力保障

1. 健全管理体制。把加强智库建设作为推动高等教育改革发展和繁荣发展哲学社会科学的重点任务，研究制定《关于提高高等学校哲学社会科学社会服务能力的意见》等文件，做好统筹规划，明确任务分工，形成工作合力。

2. 完善政策配套支持。根据新型智库特点和发展需要，在研究生招生、经费投入、项目支持等方面给予重点倾斜，在组织管理、人员评聘、科研活动安排等方面赋予更大的自主权，建立健全政策指导到位、保障措施得力、有利于激发智库活力的管理机制。

3. 加强经费保障。加大经费投入力度，多措并举筹集智库建设经费。完善经费使用机制，加大人力资本投入，实行绩效奖励。规范经费管理，加强绩效评估和审计，提高经费使用效益。

附录三

《中国科学院“率先行动”计划组织实施方案》(摘编)[①]

2013年7月，习近平总书记视察中科院，提出中科院“四个率先”战略发展目标——率先实现科学技术跨越发展，率先建成国家创新人才高地，率先建成国家高水平科技智库，率先建设国际一流科研机构。2014年7月7日，国家科技体制改革和创新体系建设领导小组第七次会议审议通过中科院《“率先行动”计划暨全面深化改革纲要》(简称“率先行动”计划)。贯彻落实党中央国务院的要求，中科院制定“率先行动”计划组织实施方案。现将《“率先行动”计划组织实施方案》中关于科技智库建设的内容摘编如下：

一、指导思想

以中国特色社会主义理论体系为指导，深入贯彻党的十八大和十八届三中全会精神，贯彻落实创新驱动发展战略，坚持民主办院、开放兴院、人才强院，立足当前，着眼未来，既面向国家重大需求做出创新贡献，又面向世界科技前沿追求学术卓越，以深化改革促进创新发展，以重点突破带动整体跨越，发挥集科研院所、学部和教育机构于一体的优势，实施“两步走”发展战略，到2030年率先实现科学技术跨越发展、率先建成国家创新人才高地、率先建成国家高水平科技智库、率先建设国际一流科研机构。

① 参见《中国科学院“率先行动”计划组织实施方案》中国科学院网2014年12月2日，http：//www.cas.cn/yw/201412/t20141202_4266562.shtml.

二、探索智库建设的新体制，强化产出导向，建设国家高水平科技智库

统筹相关研究力量和资源，建立科技战略咨询研究院。发挥学部的主导作用，集成院思想库相关研究力量，有效吸纳国内外高端智力资源。研究院实行理事会领导下的院长负责制，理事会由国家有关部门、学部及院内外科技、战略和管理专家组成。建立研究系统和管理平台，统筹相关研究队伍、项目、数据等资源，发挥“三位一体”深度融合和学科交叉、专家云集的特色与优势，健全统分结合、规范有序、科学高效、富有活力的组织体系和运行机制。

完善重大课题选题机制，提升战略研究和咨询的综合性、系统性和针对性。根据问题导向与趋势导向相结合的原则，聚焦科技促进发展（Science for Policy）和促进科技发展（Policy for Science），从科技规律出发前瞻思考世界科技发展走势，从科学技术影响和作用的角度研究国际国内经济社会发展的重大问题，组织开展重大咨询、学科战略、重要领域战略、科技政策与文化等研究。

以重大产出为导向，持续推出高影响力的品牌产品。构建科技智库产品序列。统筹思想库产品品牌管理，形成咨询报告、月度快报、科技内参、年度报告和专题报告、有关学术刊物及数据库等向中央、全国乃至全世界定期发布的系列产出。承担国家交办的战略研究与决策咨询任务。组织多学科交叉的高水平专家队伍，承担并高质量完成党中央、国务院交办和有关部门委托的战略研究、重大决策研究、第三方评估与决策咨询任务。统筹思想库产品品牌管理。明确思想库成果评议和发布规则，建立研究成果质量把关和统一发布制度，规范成果管理与传播。（学部局、规划局负责）

三、建设服务决策、科学前瞻的科技战略咨询研究院

定位与目标。科技战略咨询研究院是支撑学部和全院战略研究工作的研究和管理执行机构。发挥学部的主导作用，集成院思想库相关

研究力量，有效吸纳国内外高端智力资源，形成整体合力，凸显特色和优势，成为科技界和政府的科技信息源和思想库。

其主要任务是：(1) 及时准确把握科技发展大势，引导学科交叉和技术融合，开展经济社会领域科技相关重大问题决策咨询评议，研究科技健康发展的方针、政策、环境和科学管理模式。(2) 统筹布局科研院所、学部、教育机构有关出思想的各研究单元，统筹协调院相关人才、队伍和经费，院战略研究和咨询研究重大任务选题立项和过程管理，思想库品牌产品的管理、发布和传播。

其总体目标是：发挥多学科交叉、科学前瞻和技术预见的特色和优势，建设有效支持高水平科技智库的研究系统和管理平台，形成重大问题咨询报告、月度科技动态、年度科技报告、五年科技预测预见报告等系列品牌产品，不断对我国经济社会发展重大问题提出科学前瞻的咨询意见和建议，在国家科技规划、科学政策、科技决策等方面发挥权威性影响，同时为院改革发展提供决策支持，成为国家倚重、社会信任、特色鲜明、国际知名的科技智库。

研究布局。聚焦促进科技发展 (Policy for Science) 和科技促进发展 (Science for Policy)，从科技规律出发前瞻思考世界科技发展走势，从科学技术影响和作用的角度研究国际、国内经济社会发展的重大问题。重点研究方向：在促进科技发展方面：(1) 科学前瞻，技术预见，科学自身发展规律研究；(2) 重要领域科技路线图研究和新科技革命可能方向研究；(3) 中国科学院发展战略与规划前期研究。在科技促进发展方面：(1) 创新驱动发展战略研究；(2) 生态文明与可持续发展研究；(3) 科技体制与政策研究；(4) 科学文化与科技伦理研究。

体制机制。实行理事会领导下的院长负责制。构建领域方向和重大任务交叉的两维组织模式，依托相关研究所分别建立研究部和学部研究支撑中心，横向按照学部四个专门委员会职能布局若干学部研究支撑中心，纵向按照领域方向和管理职能布局若干研究部和管理部，组织全院乃至全国相关力量，形成矩阵式网络化结构。

院部学部下放或相关研究所“让渡”部分管理权给研究院研究

（管理）部和学部研究支撑中心，以保障其在研究任务实施、人员管理、研究方向设置与经费调控、绩效激励等方面的自主权。研究院以重大任务为牵引，优化资源配置；争取国家增量支持，用于研究院建设和重大战略研究与咨询任务；其运行经费、人员经费、研究任务经费，研究活动组织、人事管理、考核评价等，执行四类机构共性政策。

工作机制。2014—2015 年，完成研究院组建和核心队伍招聘，建立选题立项、组织执行、评审批准发布的管理制度。围绕全面深化改革、实施创新驱动发展战略开展决策研究，面向“十三五”开展科技战略研究，辨识科技革命和产业革命可能的方向，支撑国家和中科院规划制定。制定中科院思想库建设发展规划，明确 2020 年、2030 年的总体目标、主要任务、建设步骤与重要举措。2016—2020 年，研究院有序运行，有效支撑学部发挥国家科学技术方面最高咨询机构的作用，持续开展重大咨询研究、学科战略研究、重要领域战略研究、科技政策与文化研究，积极承担国家委托开展的决策研究、第三方评估等任务，构建预测、定量分析和政策模拟工具和平台。完善自上而下与自下而上选题相结合的机制，统一全院出思想相关研究与产出的标准、平台和品牌。与国际知名科技智库开展深入合作，人员互访和成果交流常态化。

附录四

首批国家高端智库建设试点单位名单①

2015年11月9日，中央全面深化改革领导小组第十八次会议通过《国家高端智库建设试点工作方案》。首批国家高端智库建设试点单位，共25家，分为四种类型。

第一类是党中央、国务院、中央军委直属的综合性研究机构，共10家：

国务院发展研究中心、中国社会科学院、中国科学院、中国工程院、中央党校、国家行政学院、中央编译局、新华社、军事科学院和国防大学。

第二类是依托大学和科研机构，形成的专业性智库，共12家：

中国社会科学院国家金融与发展实验室、中国社会科学院国家全球战略智库、中国现代关系研究院、国家发改委宏观经济研究院、商务部国际贸易经济合作研究院、北京大学国家发展研究院、清华大学国情研究院、中国人民大学国家发展与战略研究院、复旦大学中国研究院、武汉大学国际法研究所、中山大学粤港澳发展研究院和上海社会科学院。

第三类是依托大型国有企业，共1家：

中国石油经济技术研究院。

第四类是基础较好的社会智库，共2家：

中国国际经济交流中心、综合开发研究院（中国·深圳）。

---

① 参见新京报网站 http：//www.bjnews.com.cn/news/2015/12/03/386602.html.

附录五

《关于加强江苏新型智库建设的实施意见》[①]

中国特色新型智库是党和政府科学民主依法决策的重要支撑，是国家治理体系和治理能力现代化的重要内容，是国家软实力的重要组成部分。为深入贯彻落实中央办公厅、国务院办公厅印发的《关于加强中国特色新型智库建设的意见》，进一步加强江苏新型智库建设，现结合我省实际，提出如下实施意见。

一、总体要求

（一）指导思想。深入贯彻党的十八大和十八届三中、四中全会精神，高举中国特色社会主义伟大旗帜，坚持以马克思列宁主义、毛泽东思想、邓小平理论、“三个代表”重要思想、科学发展观为指导，深入贯彻习近平总书记系列重要讲话精神，以服务党和政府决策为宗旨，以政策研究咨询为主攻方向，以完善组织形式和管理方式为重点，以改革创新为动力，紧紧围绕协调推进“四个全面”战略布局，深入落实“迈上新台阶、建设新江苏”的新任务，努力建设立足江苏、面向全国、放眼世界的新型智库体系，更好地服务国家和全省工作大局，为谱写好中国梦江苏篇章提供智力支撑。

（二）基本原则。

——坚持党的领导，把握正确导向。坚持党管智库，坚持中国特色社会主义方向，遵守国家宪法法律法规，始终以维护国家利益和人民利益为根本出发点，立足国情省情，充分体现中国特色、江苏特点、时代特征。

---

① 参见《新华日报》2015年11月6日。

——坚持围绕大局，服务中心工作。紧紧围绕党和政府决策急需的重大课题，开展前瞻性、针对性、储备性政策研究，提出专业化、建设性、切实管用的政策建议，着力提高综合研判和战略谋划能力。

——坚持科学精神，鼓励大胆探索。坚持理论联系实际，强化问题意识，积极建言献策，科学探索符合国家和江苏经济社会发展规律的新思想、新观点、新理论。提倡不同学术观点、不同政策建议的切磋争鸣、平等讨论，创造有利于智库发挥作用、积极健康向上的良好环境。

——坚持改革创新，规范有序发展。按照公益服务导向和非营利机构属性的要求，积极推进不同类型、不同性质智库分类改革，科学界定各类智库的功能定位。加强统筹协调和分类指导，促进各类智库有序发展。

（三）总体目标。到 2020 年，统筹推进我省党政部门、社科院、党校行政学院、高校、科研院所和企业、社会智库协调发展，形成定位明晰、特色鲜明、规模适度、布局合理的新型智库，初步确立在全国具有一定领先地位和明显优势的智库发展格局。重点建设一批支撑国家和区域发展的专业化高端智库，推出一批具有决策影响力与社会公信力的标志性智力成果，造就一支坚持正确政治方向、德才兼备、富于创新精神的公共政策研究和决策咨询队伍，建立一套治理完善、充满活力、监管有力的智库管理体制和运行机制，充分发挥新型智库咨政建言、舆论引导、社会服务、人才培养、对外交流等重要功能。

二、重点任务

（四）实施高端智库建设发展规划。制定实施江苏高端智库建设发展规划，统筹整合现有智库优质资源，调整优化智库发展布局，形成各类智库有序发展、健康发展、创新发展、加快发展的新格局。按照中国特色新型智库建设基本标准，推进江苏智库发展品牌战略，重点建设若干个党政亟需、特色鲜明、制度创新、引领发展的专业化高端智库。支持省委党校行政学院、省社科院、省科协、省重点新闻媒体、部分驻宁高校和科研院所及有条件的地方先行开展高端智库建设试点。

（五）促进社科院和党校行政学院智库创新发展。省社科院和党校行政学院要积极开拓创新，深化科研体制改革，调整优化学科布局，加强资源统筹整合，重点围绕提高治理能力和经济社会发展中的重大现实问题开展调研和决策咨询研究。支持省社科院实施社科创新工程，深化对区域发展的研究，充分发挥好“思想库”、“智囊团”优势，为省委省政府提供专业高端的决策咨询服务，努力建成在国内具有较大影响力和知名度的综合性智库。支持省委党校行政学院把建设具有江苏特点的新型智库纳入事业发展总体规划，推动教学培训、科学研究与决策咨询相互促进、协同发展，在决策咨询方面发挥更大作用。各地社科院、党校行政学院要着力为地方党委和政府决策服务，有条件的要为省委省政府及有关部门提供决策咨询服务。

（六）促进高校智库发展完善。充分发挥高校学科齐全、人才密集和对外交流广泛的优势，深入实施中国特色新型高校智库建设推进计划，推动高校智力服务能力整体提升。深化高校智库管理体制改革，创新组织形式，整合优质资源，着力打造一批党委政府信得过、用得上的新型智库，建设一批社会科学专题数据库和实验室、软科学研究基地，重点建设一批全球和区域问题研究基地，推动高校应用类协同创新中心和重点研究基地向新型智库转型。

（七）促进科技创新型智库和企业智库有序发展。科研院所要围绕建设创新型国家、创新型省份和实施创新驱动发展战略，注重研究国内外科技发展趋势，提出咨询建议，开展科学评估，进行预测预判，促进江苏科技创新与经济社会发展深度融合。发挥省科协在推动科技创新方面的优势，扎实推进国家级科技思想库建设试点工作，不断探索提高科协系统决策咨询能力新方法、新途径，打造科协系统决策咨询品牌，在我省科技战略、规划、布局、政策等方面发挥重要作用，使其成为党委政府倚重、社会信任、具有创新引领作用的高水平科技智库。支持国有及国有控股企业兴办产学研用紧密结合的新型智库，重点面向行业产业，围绕国有企业改革、产业结构调整、产业发展规划、产业技术方向、产业政策制定、重大工程项目等开展决策咨询研究。

（八）促进社会智库规范健康发展。坚持把社会责任放在首位，规范与引导社会力量兴办智库，确保社会智库遵守国家宪法法律法规，沿着正确方向健康发展。省民政部门根据国家相关政策规定，加大社会智库注册登记制度改革。进一步规范咨询服务市场，完善社会智库产品供给机制。探索社会智库参与决策咨询服务的有效途径，营造有利于社会智库发展的良好环境。

（九）促进党政机关所属研究机构决策服务能力加快发展。建立健全重大决策咨询工作联席会议制度，根据省委省政府确定的改革发展战略，结合全省发展规划，拟定各领域重大研究课题，组织力量跟踪研究。省委研究室、省政府研究室等机构要加强与各类智库的沟通联系，高度重视、充分运用智库研究优秀成果，引导相关智库开展政策研究、决策评估、政策解读等工作。省人大、省政协所属政策研究机构要充分发挥自身优势和功能，在人大建议和政协提案方面加强与智库的沟通合作，更好地为党委政府提供决策咨询服务。省社科联要充分发挥桥梁纽带作用，组织引导全省各类社科研究组织特别是社科类学会（研究会）强化决策咨询服务导向，鼓励更多的优质社科资源向智库建设集中，把全省社科界建设成为决策咨询的强大智库。

三、管理机制

（十）构建完善组织管理机制。按照行政管理体制改革和事业单位分类改革的要求，遵循智库发展规律，推进不同类型智库管理体制改革。强化政府在智库发展规划、政策法规、统筹协调等方面的宏观指导责任。研究制定《江苏省新型智库管理办法》，建立健全智库发展内部治理机制、行业内监督机制、第三方评估与认证机制。积极打造面向全国的新型智库研究与评价中心，开发技术先进的智库管理信息系统平台，构建基于客观数据的科学的智库评价机制与评价体系，引领新型智库建设科学化、规范化、系统化发展。

（十一）构建完善研究运行机制。鼓励智库与实际工作部门开展合作研究，探索在全省有关高端智库设立“工作室”和“联络员”制度，推进智库参与重大决策的制度化、规范化、程序化。健全课题招标或委托制度，加强对省级重大决策咨询研究课题的规划、统筹和管理。省社科基金增设智库研究专项，编制决策咨询研究计划及重点课题指南，建立全省重大决策咨询研究课题发布平台，提高重大问题研究的组织化程度。完善公开公平公正、科学规范透明的立项机制，建立长期跟踪研究、持续滚动资助的长效机制。

（十二）构建完善成果评估和应用转化机制。按程序申报设立“江苏智库研究优秀成果奖”，将评奖要求与标准体现到课题研究、政策咨询、项目评审、人才评价等各个方面，完善以质量创新和实际贡献为导向的评价办法，构建用户评价、同行评价、社会评价相结合的指标体系。建立全省智库成果收集整理、审核报送、成效反馈制度，汇编《智库成果专报》，定期报送省委省政府和国家有关部委，拓宽成果应用转化渠道，提高转化效率。加强智库成果知识产权创造、运用和管理，加大知识产权保护力度，定期编辑出版智库研究优秀成果系列丛书。坚持内外有别，对党委和政府委托研究课题和涉及国家安全、科技机密、商业机密的智库成果，未经允许不得公开发布。对不宜公开的智库成果，建立健全内部报送、参考和运用机制。

（十三）构建完善国内国际交流合作机制。加强江苏新型智库成果对外交流和传播平台建设，定期举办江苏智库峰会，发挥智库在对外开放和国际文化交流中的独特优势，提升我省智库的竞争力和影响力。坚持引进来与走出去相结合，建立与国内外知名智库交流合作机制，积极参与国内外智库平台对话，更多地与国内外著名研究机构、企业等共同合作开展重大项目研究，提升江苏统筹利用国内外各类智库资源和专业人才的能力。加强对境外资金和非政府组织资助江苏智库的管理。规范智库外事活动管理、中外专家交流、举办或参加国际会议等方面的审批程序。坚持以我为主、为我所用，学习借鉴国内外智库的先进经验。

四、制度保障

（十四）建立健全政府信息公开制度。按照政府信息公开条例的规定，依法主动向社会发布政府信息，增强信息发布的权威性和及时性。完善政府信息公开方式和程序，健全政府信息公开申请的受理和处置机制。拓展政府信息公开渠道和查阅场所，发挥政府网站以及政务微博、政务微信等新兴信息发布平台的作用。建立《江苏智库网》，汇集全省智库研究成果与数据，促进智库间成果与信息共享。省统计局、省信息中心等部门及时汇集全省经济社会发展及各区域、各行业相关信息，搭建互通互联的信息交流发布平台，为决策咨询活动提供信息支持。健全政府信息公开保密审查制度，确保不泄露国家秘密。加强对各类智库主办的研讨会、报告会、论坛、网站、出版物以及微博、微信等管理。

（十五）建立健全重大决策意见征集制度。涉及公共利益和人民群众切身利益的决策事项，要通过举行听证会、座谈会、论证会等多种形式，广泛听取智库的意见和建议，增强决策透明度和公众参与度。鼓励人大代表、政协委员、政府参事、文史馆员与智库开展合作研究。探索建立决策部门对智库咨询意见的回应和反馈机制，促进政府决策与智库建议之间良性互动。

（十六）建立健全政策评估制度。除涉密及法律法规另有规定外，重大改革方案、重大政策措施、重大工程项目等决策事项出台前，要进行可行性论证和社会稳定、环境、经济等方面的风险评估，重视对不同智库评估报告的综合分析比较。加强对政策执行情况、实施效果和社会影响的评估，明确相关部门开展评估工作，探索政府内部评估与智库第三方评估相结合的政策评估模式，增强评估结果的客观性和科学性。建立有关部门对智库评估意见的反馈、公开、运用等制度，健全决策纠错改正机制。

（十七）建立健全政府购买决策咨询服务制度。探索建立政府主导、社会力量参与的决策咨询服务供给体系，稳步推进提供服务主体多元化和提供方式多样化，满足政府部门多层次、多方面的决策需求。研究制定政府向智库购买决策服务的指导意见，明确购买方和服务方的责任和义务。凡属智库提供的咨询报告、政策方案、规划设计、调研数据等，均可纳入政府采购范围和政府购买服务指导性目录。建立按需购买、以事定费、公开择优、合同管理的购买机制，采用公开招标、邀请招标、竞争性谈判、单一来源等多种方式购买。

五、组织领导

（十八）加强智库工作组织领导。成立江苏省新型智库建设工作指导委员会，下设江苏省新型智库建设办公室，与江苏省哲学社会科学规划办公室合署办公，具体承担全省新型智库建设的协调指导与管理服务工作。各级党委和政府要高度重视智库建设，充分认识中国特色新型智库的地位和作用，把智库建设作为一项重大而紧迫的任务，列入重要议事日程，纳入工作全局研究部署、检查落实，建立健全党委统一领导、有关部门分工负责的工作体制，切实加强对智库建设工作的领导。

（十九）加强智库建设资金投入。各级政府要研究制定和落实支持智库发展的财政、金融政策，建立智库建设投入与经济社会发展水平和政府财力增长相适应的公共财政投入机制。省级宣传文化发展专项资金增加新型智库建设专项扶持内容，鼓励引导全省智库建设健康有序发展。落实公益捐赠制度，鼓励企业、社会组织、个人捐赠资助智库建设。探索建立多元化、多渠道、多层次的投入体系，健全竞争性经费和稳定支持经费相协调的投入机制。建立健全规范高效、公开透明、监管有力的资金管理机制，探索建立和完善符合智库运行特点的经费管理制度，切实提高资金使用效益。

（二十）加强智库人才队伍建设。制定实施江苏新型智库高端人才培养规划，整合汇集各领域专家学者与业界精英，打造智库高端人才专家库，有重点地推出一批代表国内一流水平和江苏形象的智库领军人才和青年杰出人才。推动党政机关与智库之间人才有序流动，鼓励和支持有较高理论素养和政策水平的党政、企事业单位领导干部参与智库研究工作。建立完善智库专家到党政部门挂职机制，推荐具有高级职称、决策咨询成果显著的智库专家，打破体制壁垒与身份障碍到党政部门和基层单位任职。深化智库人才岗位聘用、职称评定等人事管理制度改革，完善以品德、能力和贡献为导向的人才评价机制和激励政策。探索有利于智库人才发挥作用的多种分配方式，建立健全与岗位职责、工作业绩、实际贡献紧密联系的薪酬制度。加强智库专家职业精神、职业道德建设，引导其牢固树立国家安全意识、信息安全意识、保密纪律意识，积极主动为党和政府决策贡献聪明才智。

（二十一）加强智库建设宣传推介。加大对新型智库建设的宣传推介力度，形成重视智库、发展智库的氛围。着眼壮大主流舆论、凝聚社会共识，依托省内外主流媒体，大力传播和推介智库研究的优秀成果，不断放大智库在研判形势、阐释理论、解读政策、引导公众、疏导民情等方面的影响和作用，让智库更好地传播资政好声音，集聚改革发展正能量。